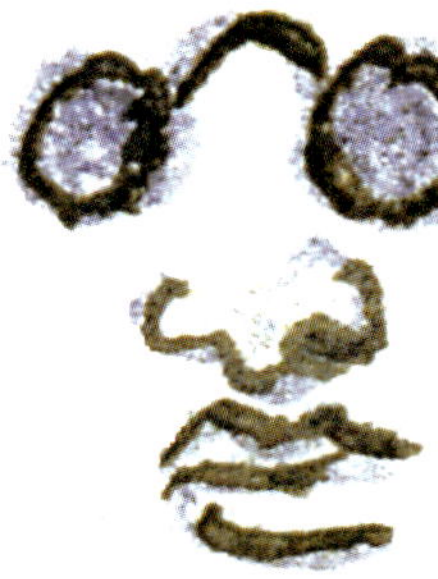

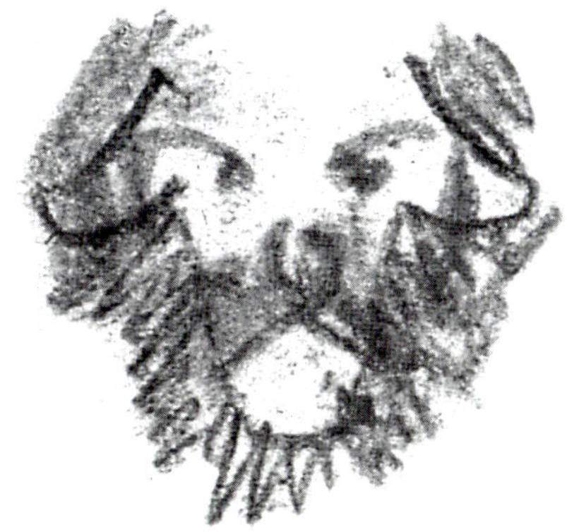

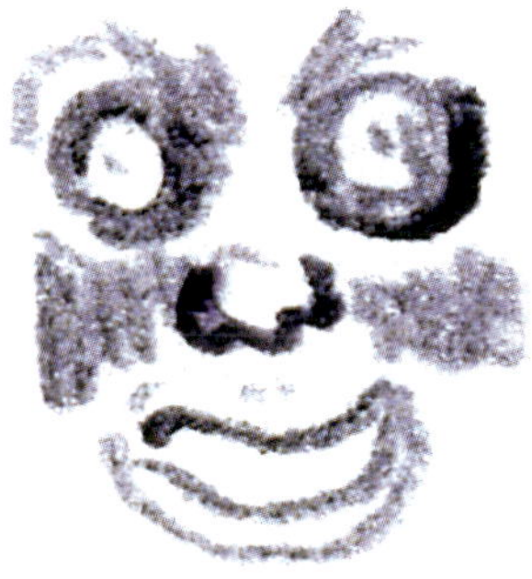

J. Ensor

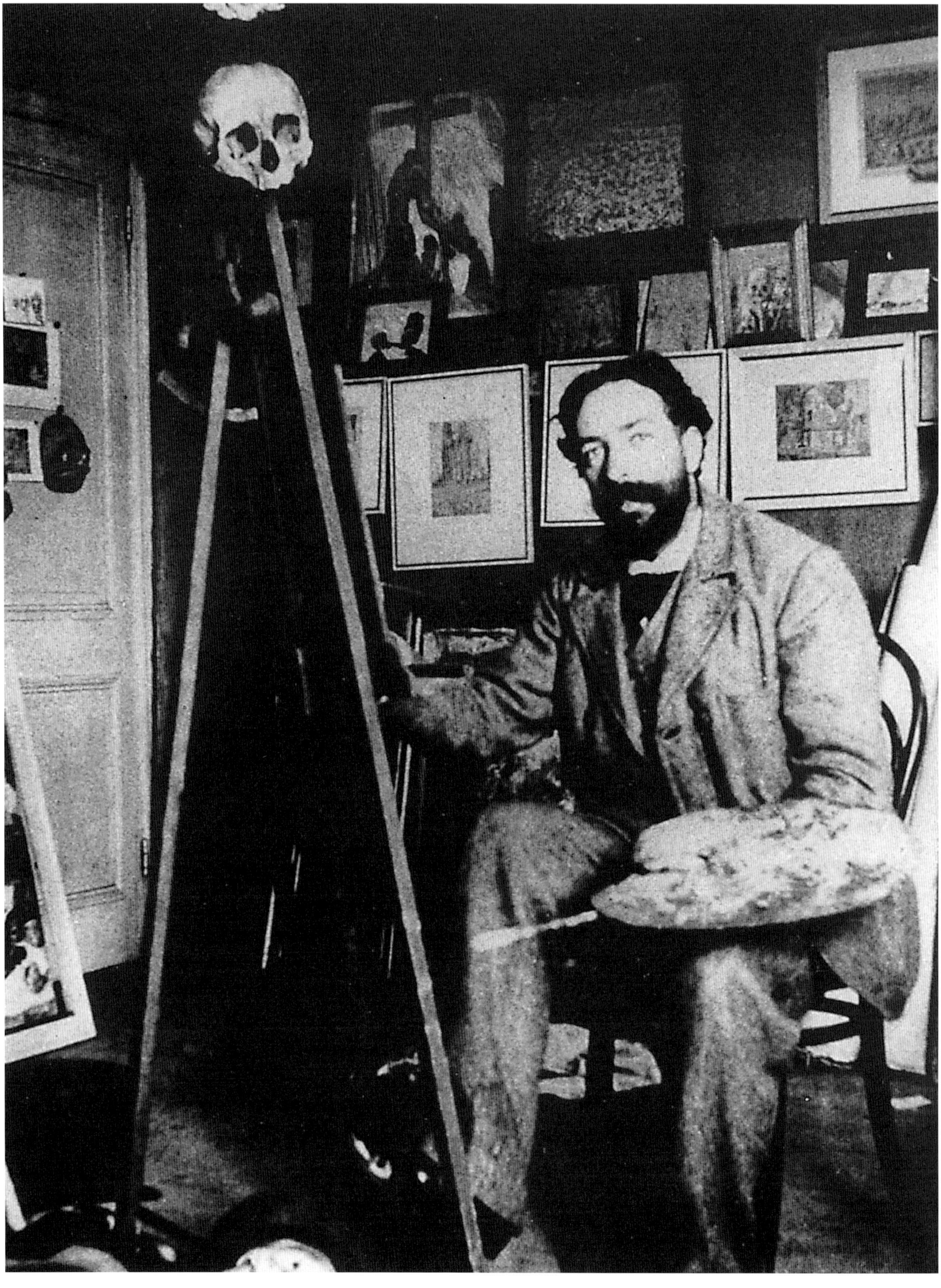

Ulrike Becks-Malorny

James Ensor

1860–1949

Les masques, la mer et la mort

TASCHEN
KÖLN LONDON MADRID NEW YORK PARIS TOKYO

COUVERTURE:
L'Intrigue (détail), 1890
Huile sur toile, 90 x 150 cm
Anvers, Koninklijk Museum voor Schone Kunsten

ILLUSTRATION PAGE 1:
Rangées de masques (détail), 1885
Crayons Conté sur papier, 22,4 x 17,5 cm
Anvers, Koninklijk Museum voor Schone Kunsten

ILLUSTRATION PAGE 2:
Ensor dans son atelier, vers 1897

DOS DE COUVERTURE:
James Ensor, vers 1925

Hohenzollernring 53, D-50672 Köln

Coordination: Michael Konze, Cologne
Production: Ute Wachendorf, Cologne
Traduction française: Michèle Schreyer, Cologne
Couverture: Angelika Taschen, Cologne

Printed in Germany
ISBN 3-8228-6982-1

Sommaire

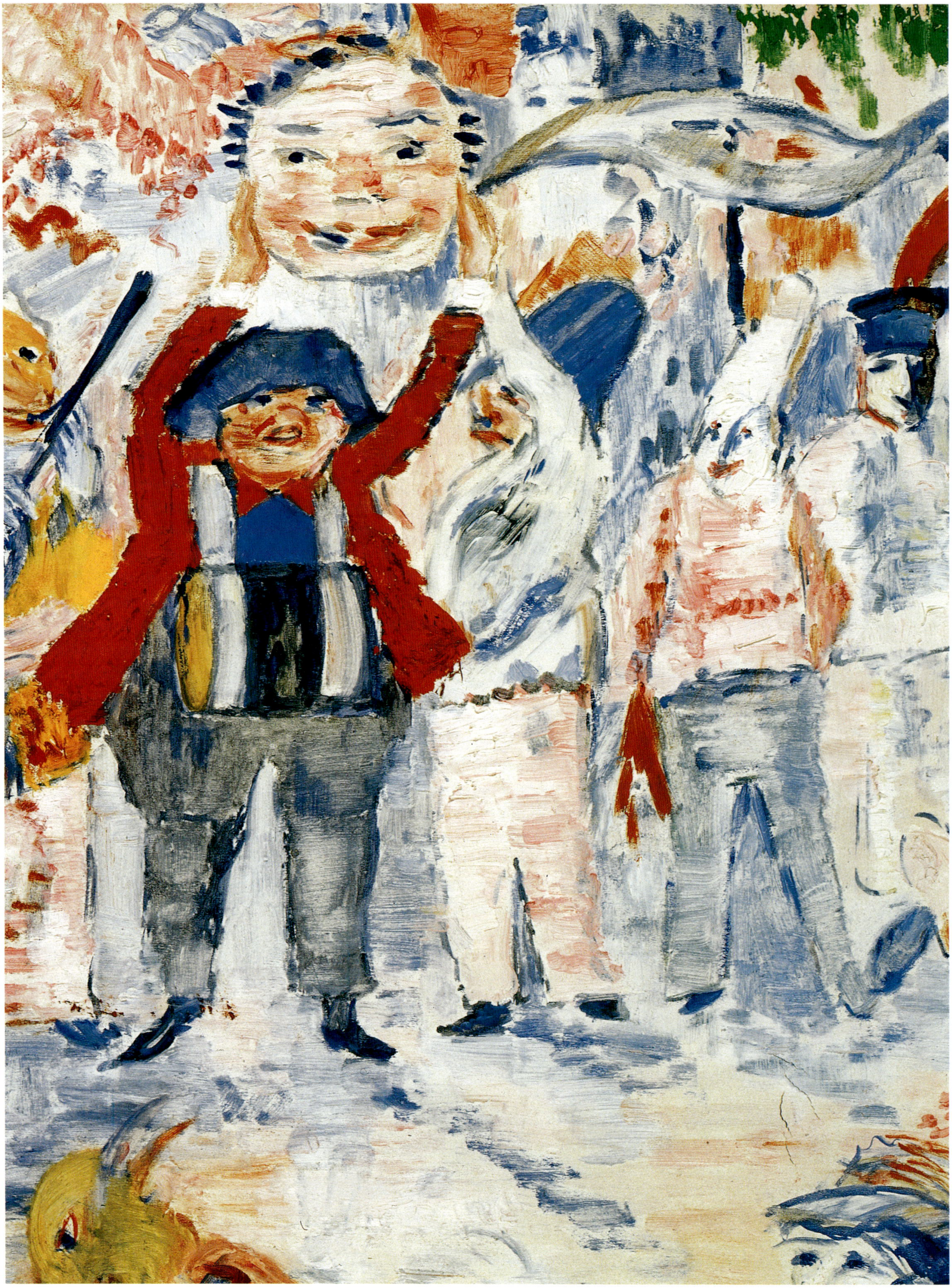

Un être marginal et solitaire

Il est difficile de trouver un artiste du 19e siècle finissant dont l'œuvre soit si complexe, si bizarre, aussi riche en interprétations possibles que celle du peintre belge James Ensor. Il en est d'ailleurs conscient, ne dira-t-il pas lui-même : « Je crois que comme peintre, je suis inclassable ». Il meurt en 1949, laissant de nombreux dessins, gravures et peintures, mais sa période majeure se situe entre 1885 et 1895, entre sa vingt-cinquième et sa trente-cinquième année. Si, de son vivant, ses masques grotesques l'ont fait connaître d'un large public, ses paysages et natures mortes ainsi que ses travaux graphiques insolites restent souvent à découvrir aujourd'hui.

Ensor, aussi obstiné que non-conformiste, ne se soucie absolument pas des courants artistiques décisifs de son temps, surtout marqués par le réalisme de Gustave Courbet et les impressionnistes français autour de Claude Monet. Sa peinture expressive, souvent caractérisée par des formes fantastiques et parfois des tonalités presque grinçantes et agressives, sa vision parfaitement subjective des choses ont influencé durablement de nombreux artistes du 20e siècle ; nous citerons ici en particulier les peintres allemands Emil Nolde (1867–1956) et George Grosz (1893–1959) – qui sera naturalisé américain –, le Suisse Paul Klee (1879–1940) et le dessinateur et graveur autrichien Alfred Kubin (1877–1959).

Mais qui était ce créateur d'un univers fantastique si longtemps controversé, cet homme vivant retiré du monde, dont l'œuvre aux multiples facettes ne cesse aujourd'hui encore d'irriter le public ?

Le tableau *Ensor au chapeau fleuri* (p. 9) réalisé en 1883 et retravaillé en 1888 montre un visage volontaire, opiniâtre même, qui semble fixer le spectateur d'un air distant et critique. Cinq ans après l'avoir achevé, Ensor remaniera cet autoportrait, l'affublant d'un chapeau orné de plumes et d'une couronne fleurie, d'une moustache à la mousquetaire et d'un miroir au cadre circulaire, faisant ainsi allusion à un autoportrait comparable de Peter Paul Rubens (1577–1640), le plus célèbre peintre flamand du baroque. Ensor place-t-il ici son talent au même niveau que celui de son compatriote vénéré ? Parodie-t-il Rubens ou se parodie-t-il lui-même ?

L'artiste, qui se définit lui-même comme un être génial et unique en son genre, annonce en 1911 qu'il aurait « anticipé toutes les aspirations modernes », et cela « dans toutes les directions ». Selon toute évidence, il se considère désormais comme le plus grand peintre moderne des Flandres et pense qu'il a droit, comme Rubens, à une place éminente dans le monde artistique belge. Ses autoportraits tardifs sont, en revanche, plutôt marqués par la déception et parfois aussi l'amertume, la peur et l'obsession de la mort ; on y cherche vainement les traits volontaires et fiers, ainsi que cette lueur d'humour qui caractérisaient les travaux de jeunesse.

James Ensor naît le 13 avril 1860 à Ostende, sur la côte belge. Dans le pays qui le voit grandir, la monarchie n'a guère plus de trente ans, l'Eglise lutte âprement pour garder son influence, les transformations dues au rapide dévelop-

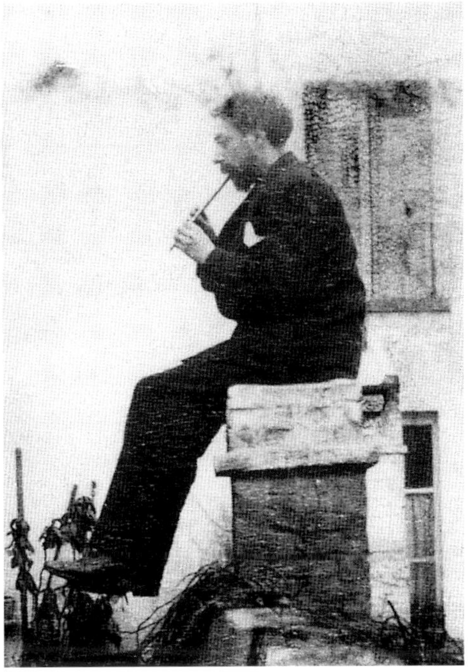

Ensor jouant de la flûte sur le toit de sa maison à Ostende (détail), vers 1881

PAGE 6 :
Carnaval en Flandre (détail), après 1920
Huile sur panneau, 27 x 36 cm
Zurich, Kunsthaus Zürich

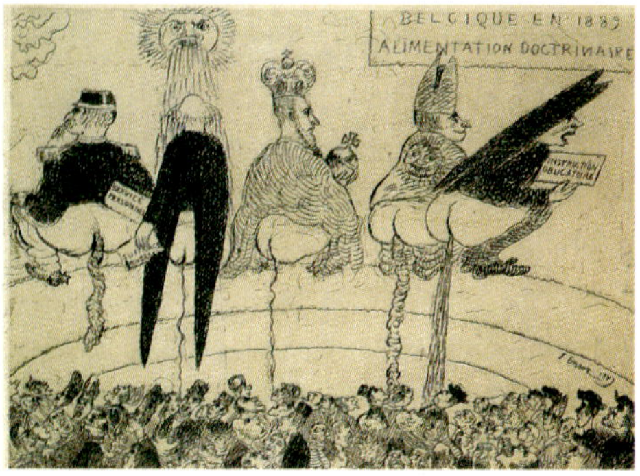

Alimentation doctrinaire, 1889
Eau-forte sur papier Japon, 17,6 x 24,5 cm
Collection Mira Jacob, Paris

Le roi et ses vassaux « chient » sur leur peuple, qui engloutit avidement le « mets ». Une caricature insolente et corrosive d'Ensor sur le thème de la foi totale en l'autorité.

pement de l'industrie génèrent des tensions sociales, et deux groupes ethniques de langue et de tradition différentes s'affrontent, les Flamands et les Wallons. Les rapports de force en Belgique, qu'ils se réfèrent à la situation politique, socio-économique ou ethnique, ne cesseront d'être le thème des tableaux d'Ensor. La manière parfois absolument irrévérencieuse dont il traite les autorités établies choque même ses amis et connaissances. Un tableau comme *L'Alimentation doctrinaire* de 1889 (à gauche), qui représente le roi Léopold II et des représentants de l'armée, de l'Eglise et de l'administration accroupis sur une rampe et réjouissant de leurs excréments la foule à la bouche ouverte, illustre de manière exemplaire sa critique « anarchique ».

Ensor ne quittera pour ainsi dire jamais Ostende. Port de pêcheurs plutôt endormi l'hiver, la ville de seize mille habitants se transforme l'été en une station balnéaire on ne peut plus mondaine, fréquentée par la maison royale belge et la fine fleur de la société européenne et surtout anglaise. Son père, James Frederic Ensor est né dans une famille anglaise prospère. Il a fréquenté la faculté de médecine de Bonn en Allemagne, maîtrise plusieurs langues et passe pour un bon musicien. Il sera plus tard le seul de la famille à montrer de l'intérêt et de la compréhension pour la carrière artistique de James.

Après un séjour en Amérique, et bien qu'il n'ait pas réussi à s'établir professionnellement à Ostende, il reste dans la ville côtière et épouse une jeune fille de souche ostendaise, Maria-Catherina Haegheman, issue d'une classe sociale beaucoup plus modeste. Les parents de la mère d'Ensor, qui ne savent écrire ni l'un ni l'autre, tiennent un commerce de dentelles bruxelloises, son frère vend des coquillages. Avec sa sœur Mimi, elle tient une boutique de souvenirs, coquillages, bric-à-brac exotique et d'articles de carnaval - masques, paillettes, farces et attrapes, déguisements. Ce magasin bourré des choses les plus bizarres, où Ensor adulte allait encore aider sa mère pendant les mois d'été, nourrit déjà l'imagination de l'adolescent. Il écrira plus tard : « ...J'ai passé mon enfance... entouré des splendeurs des coquilles nacrées aux mille reflets irisés et de squelettes bizarres de monstres marins et de plantes marines. Ce voisinage magnifique de couleurs, cette opulence de reflets et de rayons contribuèrent à faire de moi un peintre amant de la couleur et sensible aux reflets éblouissants de la lumière. »

PAGE 9 :
Ensor au chapeau fleuri, 1883–1888
Huile sur toile, 76,5 x 61,5 cm
Ostende, Museum voor Schone Kunsten

Cet autoportrait dérangeant, qui se situe entre le réalisme et le fantastique, est l'un des premiers chefs-d'œuvre d'Ensor. Le regard défiant le spectateur souligne l'assurance de l'artiste narcissique qui se compare à Rubens, le célèbre peintre baroque flamand. Le chapeau, la moustache à la mousquetaire et le cadre circulaire du miroir ne furent ajoutés que cinq ans plus tard quand il commença à utiliser des couleurs plus claires sous l'influence de l'impressionnisme.

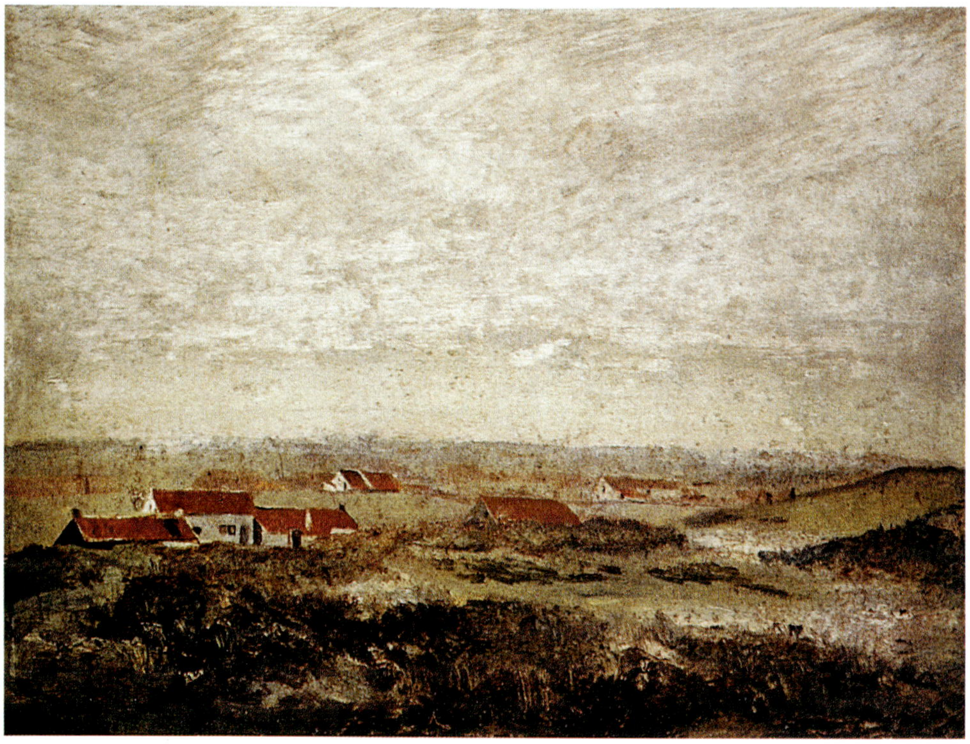

La Plaine flamande vue des dunes, 1876
Huile sur carton, 23,5 x 31,5 cm
Collection particulière

Avant de partir à l'Académie de Bruxelles, Ensor peint une série de petits formats sur du carton rose, qui provient de la boutique de sa mère. Plus tard, il écrira : « Mais à quinze ans je peins d'après nature des vues d'Ostende ; ces petites œuvres sans prétention, peintes au pétrole sur carton rose me charment encore. »

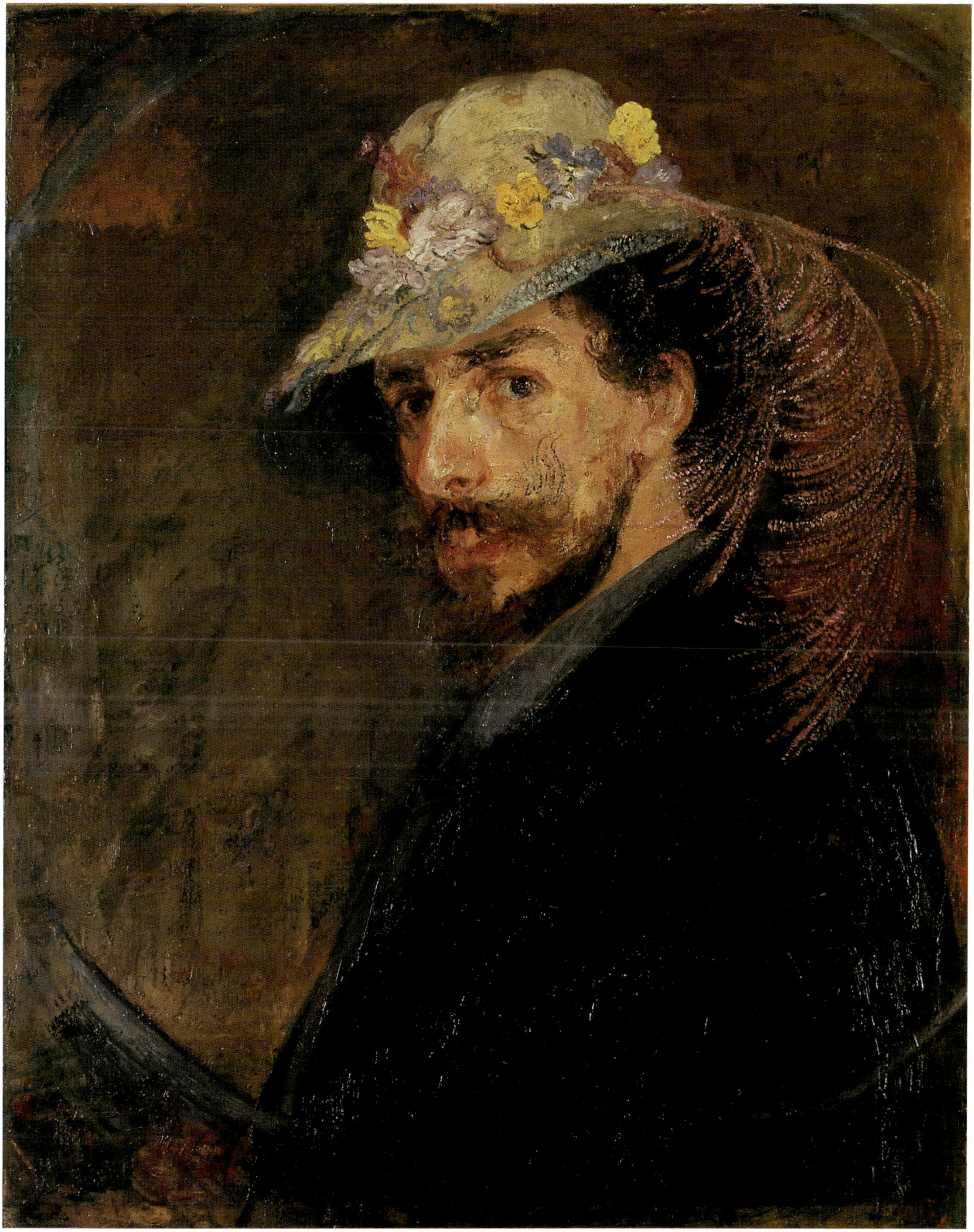

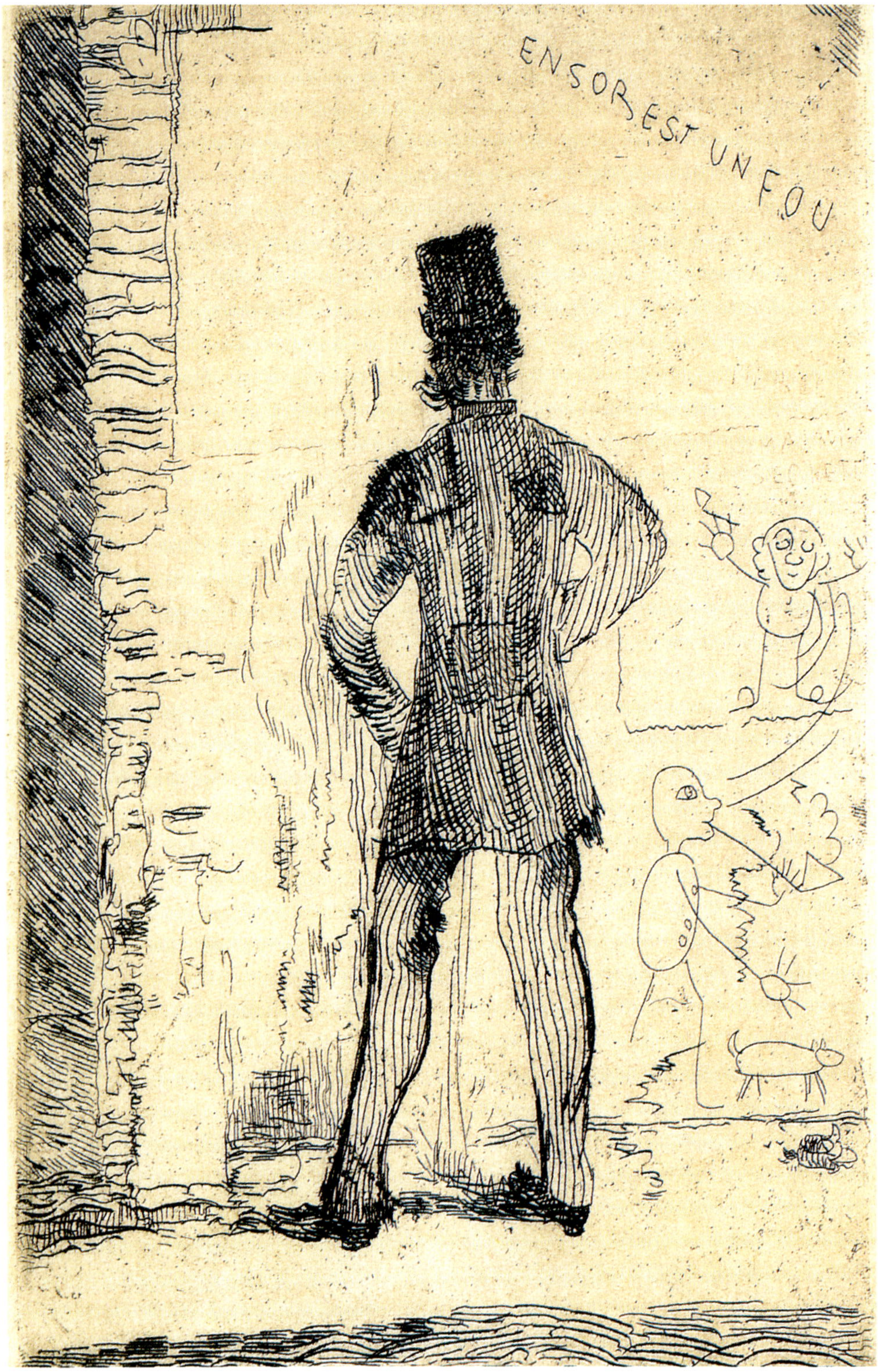

Le Pisseur, 1887
Eau-forte sur papier Japon, 14,5 x 10,3 cm
Collection Mira Jacob, Paris

Ensor a réalisé plusieurs centaines de copies des eaux-fortes des maîtres anciens. Ici, l'artiste traite un motif populaire de Jacques Callot (1592–1635) qui se réfère à sa situation personnelle d'artiste raillé par le monde qui l'entoure.

Pour le père, issu de la riche bourgeoisie anglaise, un homme de grande taille à la belle prestance que le petit James vénère et craint à la fois, travailler dans la boutique est inconcevable. Il préfère se retirer dans sa vaste bibliothèque ou passer la journée dans les cafés. Considéré par les petits-bourgeois de la ville comme un oisif et un raté, il sombre dans l'alcoolisme et devient de plus en plus la cible des railleries. James Ensor grandira dans un univers où l'influence des femmes est prépondérante. Ces femmes, ce sont sa mère qui lui apporte des gâteries de son magasin, sa Tante Mimi, une dame excentrique à l'humeur querelleuse qui se promène sur la digue avec son canari en cage, et la grand-mère folle de carnaval qui mène la famille à la baguette. Dans l'ensemble, la vie familiale est marquée par l'absence de sensibilité, la sécheresse de cœur et la méfiance, le tout joint à une sorte de mélancolie exaltée.

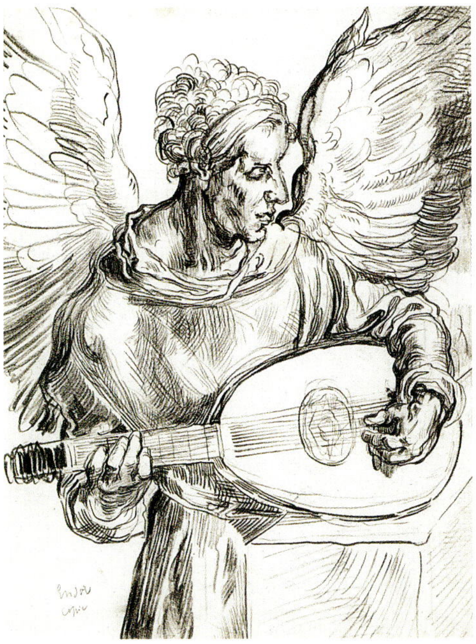

Séraphin au luth, vers 1877
Mine de plomb sur papier, 22,5 x 17 cm
Anvers, Koninklijk Museum voor Schone Kunsten

Le dessin a été réalisé d'après une eau-forte d'Albrecht Dürer, reproduite en 1877 dans la revue artistique française « La Gazette des Beaux-Arts ».

On peut y voir l'une des raisons, à côté de sa dépendance financière qui durera des décennies, pour laquelle Ensor ne se mariera jamais. L'échec du mariage de sa sœur Mitche, d'un an sa cadette, peut lui avoir semblé tout aussi décourageant. La vie amoureuse très libre de cette dernière et son penchant pour les boissons fortes causaient beaucoup de souci à Ensor qui se sentait responsable d'elle ; n'était-il pas le seul homme de la famille après la disparition précoce de leur père en 1887 ?

Les rapports de James Ensor avec les femmes semblent contradictoires : d'un côté il les méprise et s'en méfie (« Ah ! La femme et son masque de chair, de chair vive, vite devenue pour de bon masque de carton... »), d'un autre côté – et surtout à la fin de sa vie – il les vénère ardemment : « La femme représente triomphalement l'Art.... je crie avec admiration : vive la femme... vive l'art. » Ensor recherche la compagnie des femmes tout en la craignant. Sa confrontation avec la sexualité féminine, mais aussi avec sa propre sexualité, se reflète dans de nombreux tableaux, où il représente par exemple la femme comme une sirène aguichante ou une Madone inaccessible. Rares seront les femmes avec qui Ensor entretiendra des relations personnelles étroites : l'amitié qui le lie à Augusta Boogaerts, la fille d'un hôtelier d'Ostende, durera toute sa vie, et une affection profonde le lie à Mariette Rousseau, l'épouse de son ami le physicien Ernest Rousseau, bien que celle-ci fasse preuve aussi d'une grande distance à l'égard de l'artiste.

Ensor n'est pas un bon élève, les seules matières où il se distingue au collège Notre-Dame sont la peinture et le dessin. Son père reconnaît ce talent précoce et lui fait donner, dès l'âge de onze ans, des cours de dessin par deux artistes locaux : l'un est Michel van Cuyck et l'autre, Edouard Dubar (1803–1879), un caricaturiste ostendais renommé. Quand il atteint seize ans, son père envoie Ensor à l'Académie d'Ostende, où il peut travailler, entre autres, aussi avec des modèles. Il réalisera des tableaux de petit format, des études de la nature dans les environs d'Ostende, des vues de dunes et de plage (*La Plaine flamande vue des dunes*, p. 8, la *Cabine de bain*, ci-dessous). Ce sont les « cartons roses », peints à l'huile sur des petits morceaux d'emballage qu'il trouve dans la boutique de sa mère. Même si ces travaux semblent encore maladroits, ils révèlent

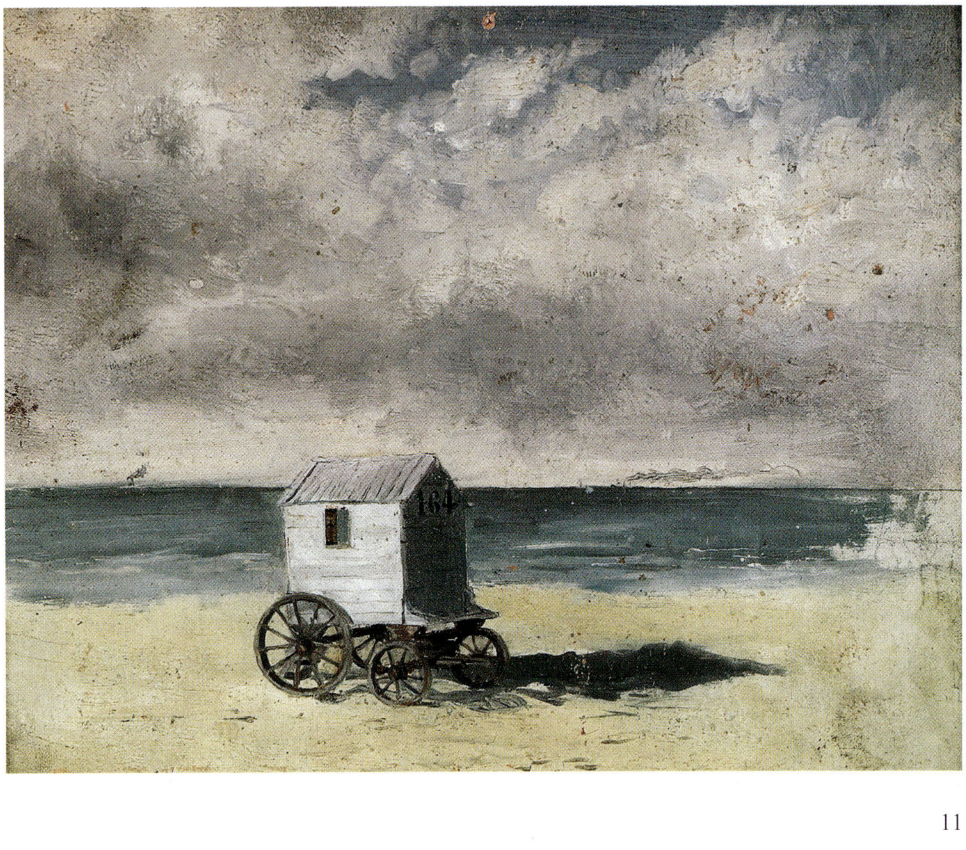

Cabine de bain, 1876
Huile sur carton, 18 x 23 cm
Anvers, Koninklijk Museum voor Schone Kunsten

« Je... voudrais habiter une grande cabine devant la mer. Je la tapisserais de coquillages nacrés et dormirais là, idéalement bercé par le bruit de la mer avec une belle fille flegmatique et blonde, à la chair salée. Quel rêve délicieux et réalisable ! » écrit Ensor, songeur, à son ami Jules Dujardin.

PAGE 13:
***Portrait du père de l'artiste*, 1881**
Huile sur toile, 100 x 80 cm
Bruxelles, Musées royaux des Beaux-Arts de Belgique

Le portrait du père plongé dans sa lecture dégage une atmosphère de calme serein due à la subtile harmonie des couleurs. Il illustre en même temps la solitude de cet homme cultivé, socialement isolé à Ostende, et que les femmes de sa famille méprisaient à cause de son inactivité.

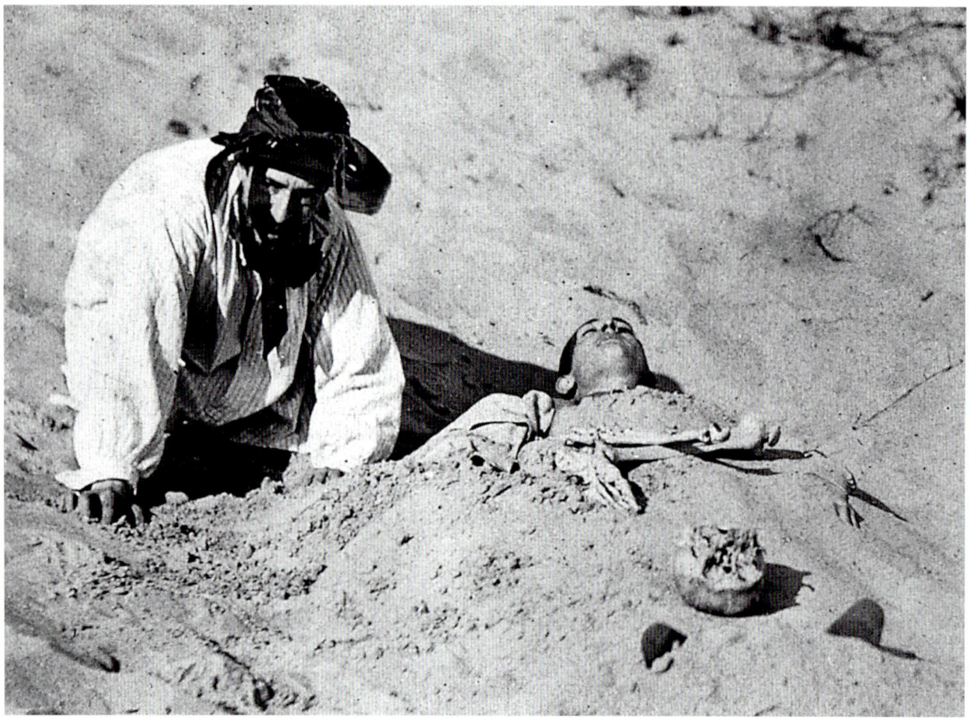

Ensor avec Ernest Rousseau fils dans les dunes d'Ostende, 1892

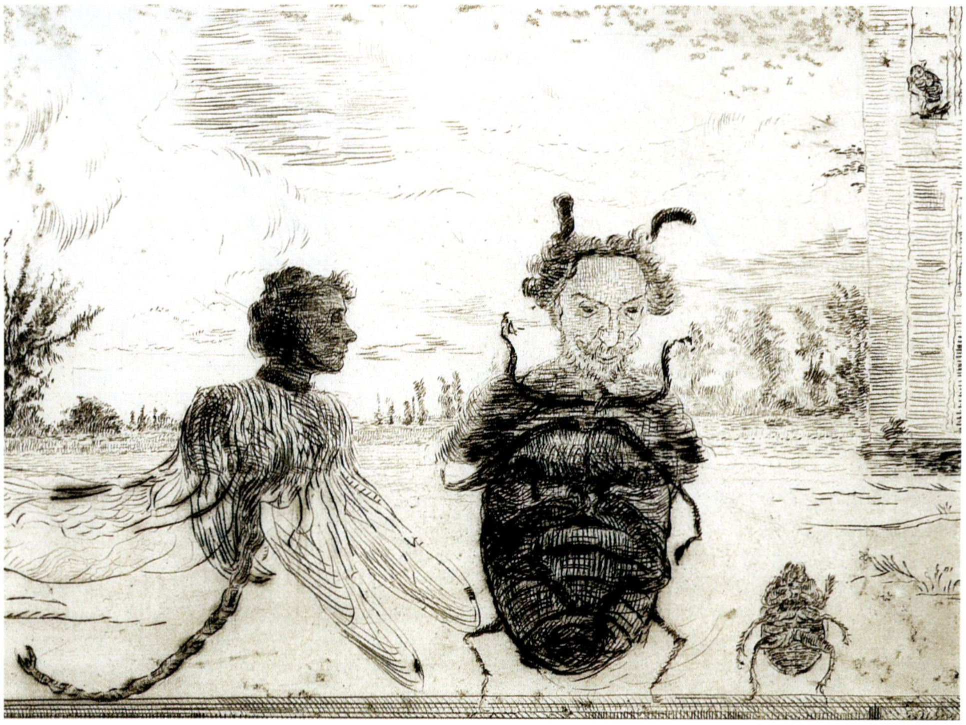

Insectes singuliers, 1888
Pointe sèche sur papier Japon, 11,4 x 15,4 cm
Slijpe (Belgique), James Ensor Archief,
P. Florizoone

Une profonde amitié, teintée aussi de souhaits érotiques, lie Ensor à Mariette Rousseau, l'épouse de son mentor bruxellois Ernest Rousseau. S'inspirant du poème de Heinrich Heine « Die Launen der Verliebten », il la représente ici en libellule et lui-même en coléoptère.

« Le coléoptère affligé était assis sur la clôture.
Il est tombé amoureux d'une mouche.

Tu es, ô mouche de mon âme,
L'épouse que j'ai choisie.

Epouse moi et sois moi favorable !
Mon ventre est d'or pur... »

déjà la sensibilité hors du commun du jeune Ensor pour le rendu de la lumière, et le don qu'il a de représenter le littoral flamand et la mer dans ce qu'ils ont de caractéristique et d'incomparable.

Un an plus tard, il s'inscrit à l'Académie Royale des Beaux-Arts de Bruxelles. A dix-sept ans, il dessine d'après des modèles antiques et peint d'après nature. Mais les cours, trop secs, l'exaspèrent et le déçoivent : « On m'ordonne de peindre d'après un plâtre vierge, le buste d'Octave, le plus auguste des Césars. Le plâtre neigeux m'horripile. J'en fais de la chair de poule rose et vive et je roussis la chevelure au grand émoi des élèves, émoi suivi de brimade, grimaces et horions. Devant mon audace, les professeurs interdits n'insistèrent point et, par la suite, je peignis en liberté d'après modèle vivant. »

Deux ans plus tard, il tourne le dos à l'Académie. S'il prétend n'avoir rien appris dans cette « boîte à myopes », au moins s'y est-il fait des amis, les peintres

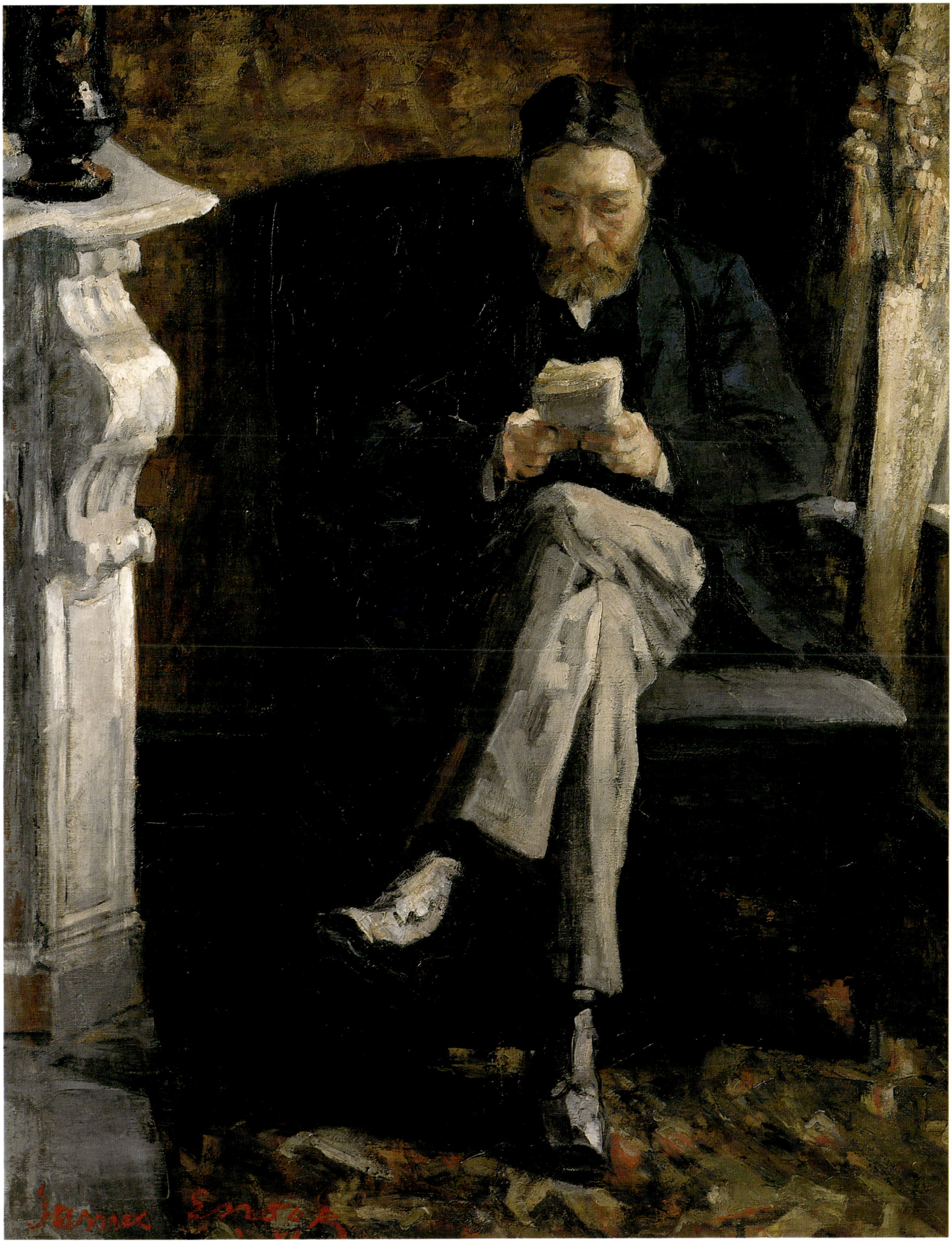
James Ensor

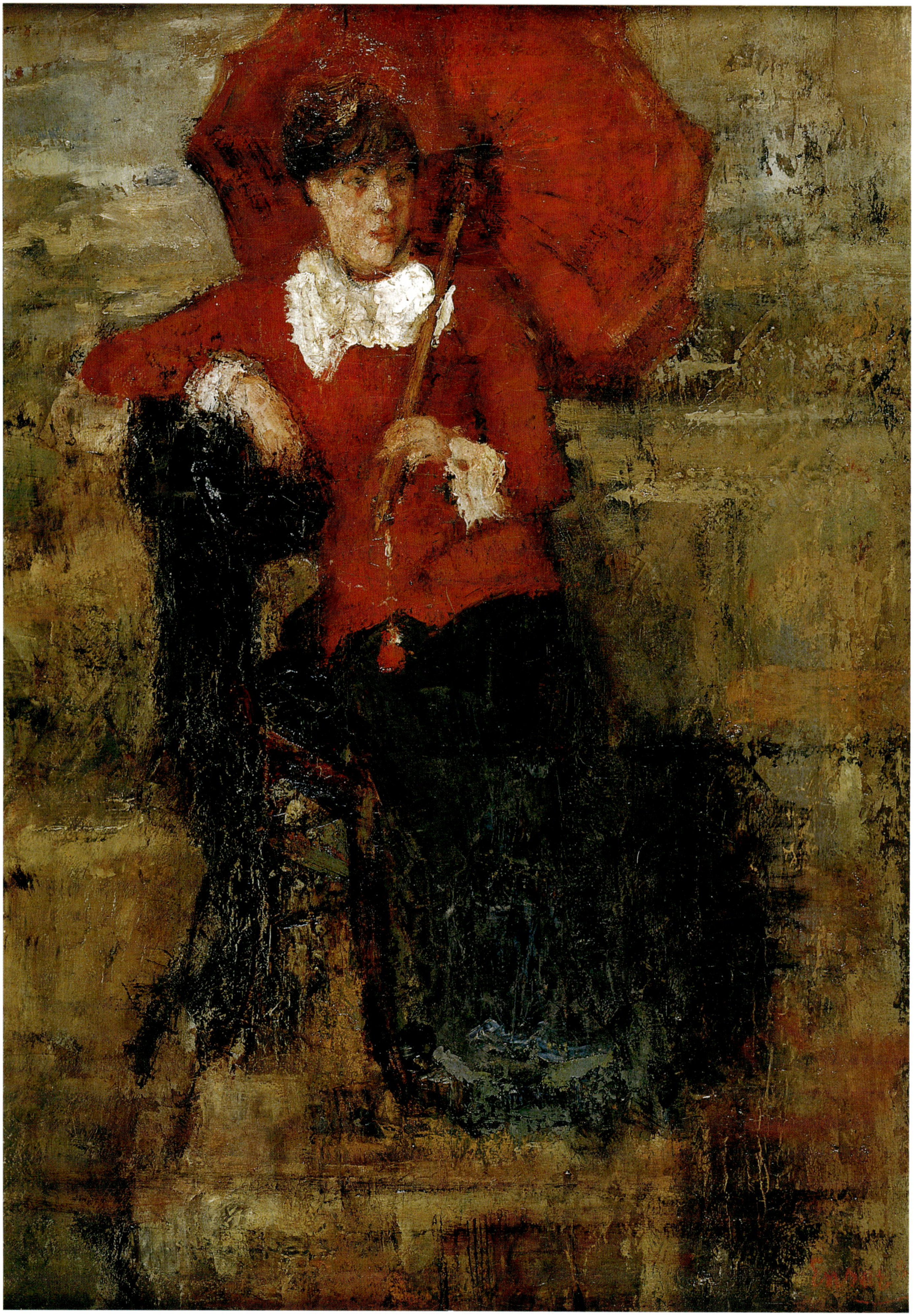

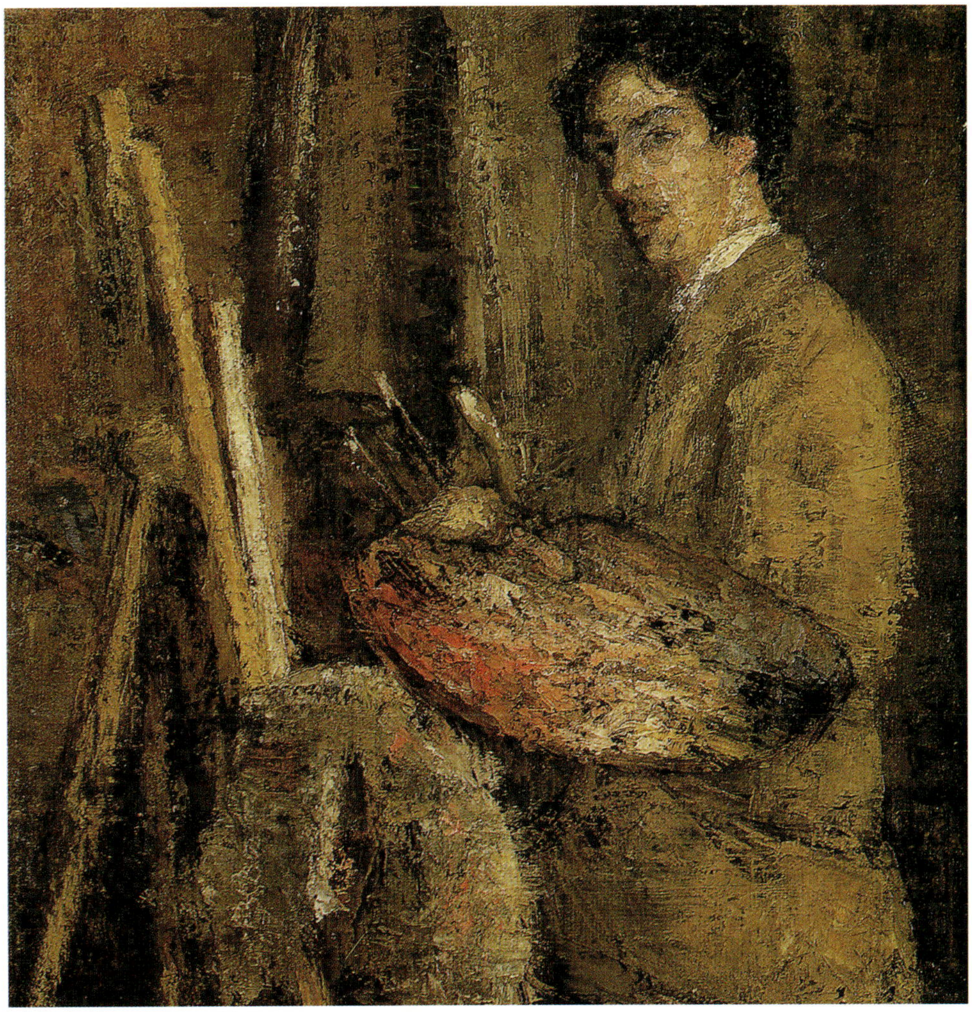

Portrait de l'artiste au chevalet (détail), 1879
Huile sur toile, 40 x 33 cm
Collection particulière

Ce premier autoportrait réalisé par le peintre âgé de dix-neuf ans et le représentant distant et sceptique, montre des couleurs sourdes et des couches de couleur appliquées grossièrement au couteau. Un élève de l'Académie à la recherche de son identité.

Willy Finch (1854-1930) et Fernand Khnopff (1858-1921), et par exemple Théo Hannon (1851-1916), peintre, critique d'art et compositeur qui est aussi membre de « La Jeune Belgique » et poète. Ensor, qui se rend souvent dans la capitale même après avoir interrompu ses études, fait la nuit en leur compagnie la tournée des cabarets et bistrots littéraires de Bruxelles.

Trois ans plus tard, en 1883, Ensor et, entre autres, Finch et Khnopff fondent le cercle d'avant-garde « Les XX ». C'est Hannon qui lui présente son beau-frère Ernest Rousseau. Cet homme aux penchants sociaux radicaux, qui sympathise avec les idées anarchistes, est professeur de physique à la Faculté des sciences appliquées de l'Université Libre de Bruxelles. Rousseau et son épouse Mariette, de dix-neuf ans sa cadette et sœur de Théo Hannon, aiment recevoir. L'avant-garde bruxelloise se retrouve dans leur maison où règne une atmosphère détendue ; les habitués se montrent sous un jour libéral et tolérant, discutent des événements politiques du moment aussi bien que des grands sujets de l'époque, par exemple la relation entre l'Eglise et l'Etat ou les découvertes scientifiques révolutionnaires.

Ensor s'épanouit visiblement dans ce climat stimulant. Tout ici est si différent de son foyer étouffant d'Ostende où règnent les disputes et la mauvaise humeur. L'esprit de la maison Rousseau exerce une influence déterminante sur sa pensée. Le caractère obstiné d'Ensor, son attitude critique autant que son « être anarchique » trouvent un terreau fécond en ces lieux. Ensor découvre en Ernest Rousseau fils quelqu'un qui partage ses jeux espiègles et son goût pour les déguisements. Une vive amitié, nous l'avons déjà mentionné, le liera toute sa vie à Mariette Rousseau, fille d'un professeur de botanique réputé, elle-même mycologue de renom, qui apprendra à Ensor à se servir du microscope. Ensor l'a représentée sur nombre de ses tableaux en libellule (*Insectes singuliers*, p. 12),

PAGE 14 :
La Dame au parasol rouge, 1880
Huile sur toile, 51 x 37 cm
Anvers, Koninklijk Museum voor Schone Kunsten

Ensor s'inspire ici des motifs utilisés par les impressionnistes et représente sa sœur Mitche en dame élégante assise en plein air. Le rouge vif de l'ombrelle et de la veste contraste avec l'environnement incertain, traité dans des tons subtils de brun et de gris.

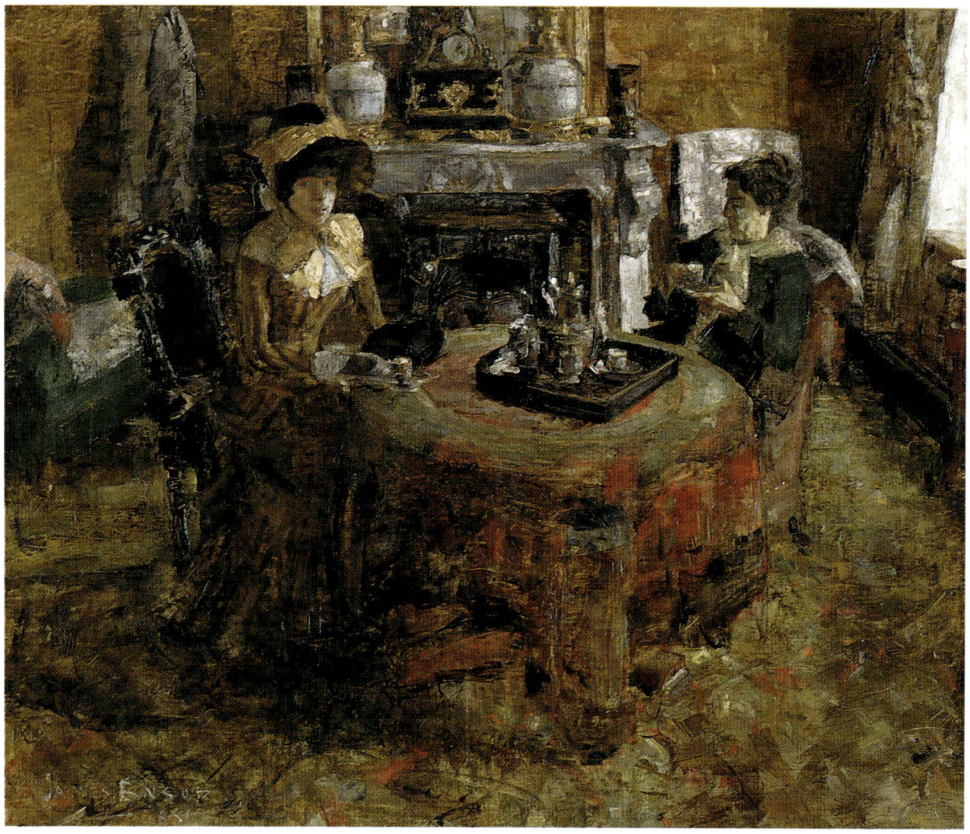

L'Après-midi à Ostende, 1881
Huile sur toile, 108 x 133 cm
Anvers, Koninklijk Museum voor Schone Kunsten

Ce tableau fait partie d'une série de représentations de salons bourgeois de la période «sombre» d'Ensor. Il rend ici l'ambiance de son entourage familial marqué par le train-train quotidien et l'ennui.

en arbitre (*Ensor et Leman discutant peinture*, p. 75), ou en amie qui observe un spectacle (*Les Bains à Ostende,* p. 55).

Son séjour à l'Académie de Bruxelles est la seule période plus longue qu'Ensor passera loin de sa ville natale, Ostende. Il aspire avidement l'atmosphère foisonnant d'idées de la capitale. Les impulsions littéraires et intellectuelles qu'il y reçoit auront leur importance, et non la moindre, dans l'évolution de son identité personnelle en tant qu'artiste. Il dévore les écrits des romantiques, et les histoires fantastiques d'Edgar Allan Poe le ravissent. Se servant des gravures de maîtres célèbres trouvées dans des revues d'art (entre autres Rembrandt, Dürer, Goya, Daumier, Turner et Callot) il dessine à la mine de plomb ou grave à la pointe un grand nombre de «copies» plus ou moins fidèles (p. 10 et 11). Parallèlement, il fait des portraits de ses amis et des membres de sa famille ainsi que trois autoportraits.

De retour à Ostende, il aménage un atelier dans le grenier de la boutique de souvenirs de sa mère. De la fenêtre, il peut voir la vaste plaine flamande, les toits d'Ostende et la rue de Flandre. C'est dans cette mansarde où il peut observer la mer sous la lumière changeante qu'il peindra jusqu'en 1900 ses tableaux les plus importants.

Ensor reprend dans *La Dame au parasol rouge* (p. 14) et *Le Fiacre* (p. 22), tous deux de 1880, les motifs des impressionnistes français dont la première exposition de 1874 avait été déchirée par la critique: dames élégantes tenant des ombrelles qui interrompent les rayons du soleil, scènes de rue animées vues du ciel, rangées de maisons jetant leurs ombres colorées – les thèmes privilégiés des peintres de plein air regroupés autour de Monet, Renoir et Degas. Néanmoins, si Ensor emprunte ces motifs, ce n'est pas à cause des jeux de lumière et d'ombre qui dissolvent les formes. Les tableaux riants et lumineux des impressionnistes français ne l'intéressent pas. «Les recherches des pointilleurs m'ont laissé indifférent», écrit-il le 6 octobre 1889 à Jules Dujardin. Ensor se sert de la lumière pour exprimer ses états d'âme. En «sculptant» la lumière dans ses tableaux, il évoque d'innombrables ambiances qui varient de la douce mélancolie à l'abattement désespéré ou l'agressivité aux traits diaboliques. Il est fasciné

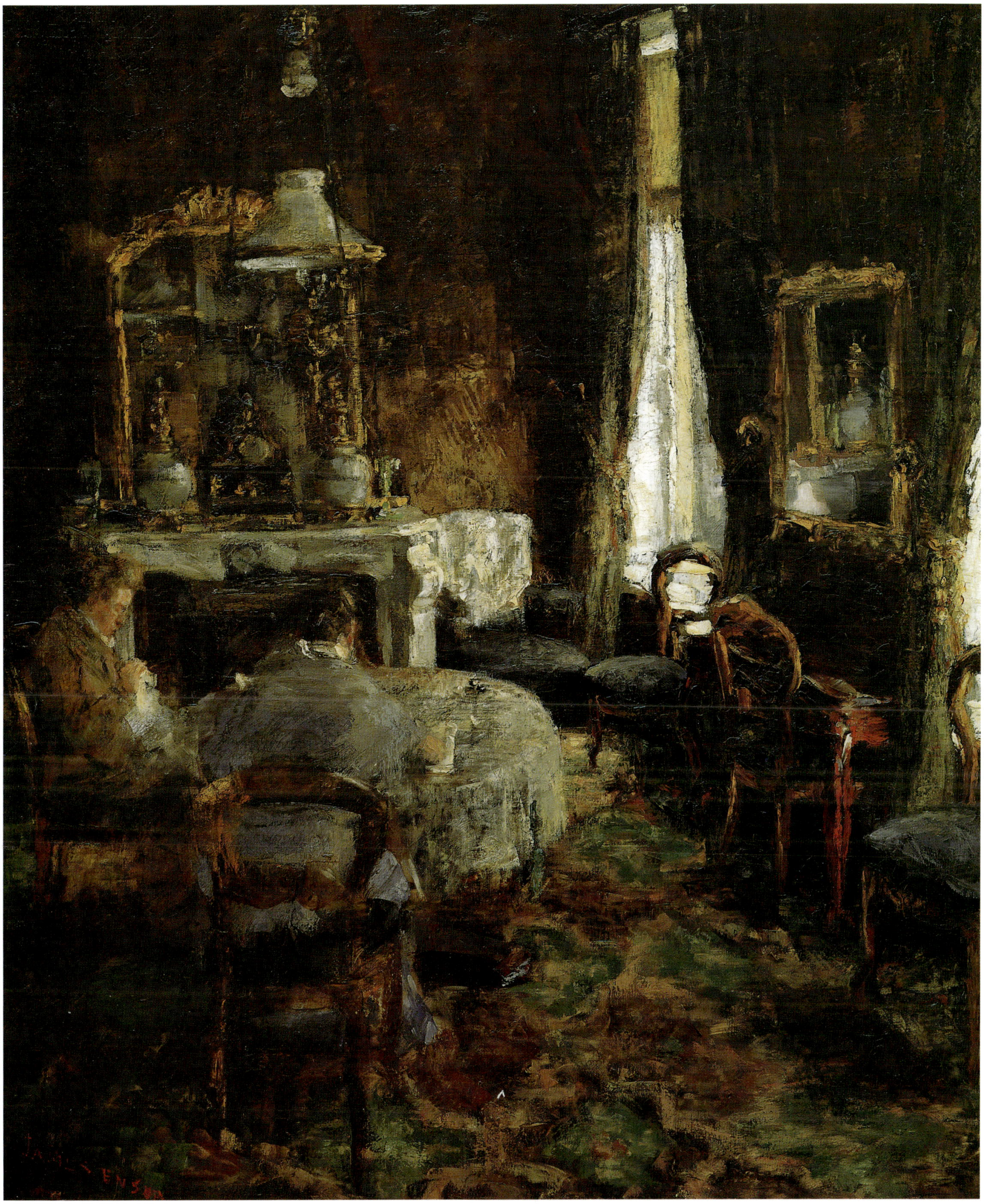

Le Salon bourgeois, 1881
Huile sur toile, 133 x 109 cm
Anvers, Koninklijk Museum voor Schone Kunsten

La mère et la sœur de l'artiste sont presque englouties par le décor de la pièce abondamment meublée. La touche impressionniste estompe les contours des objets.

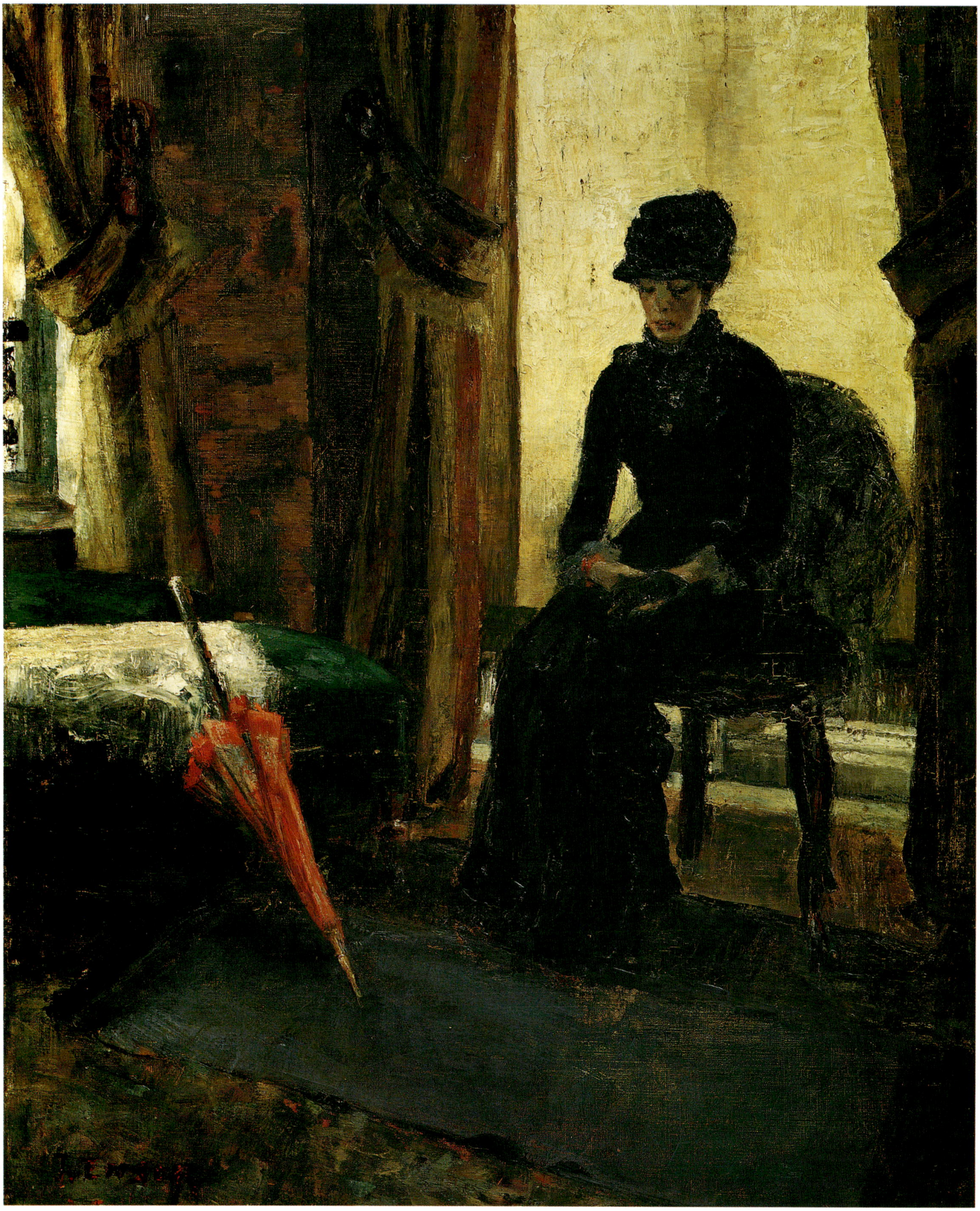

La Dame sombre, 1881
Huile sur toile, 100 x 80 cm
Bruxelles, Musées royaux des Beaux-Arts de Belgique

La mariage audacieux des couleurs donne au tableau une atmosphère tendue, presque dramatique. La sœur d'Ensor, Mitche, a ici aussi posé pour lui.

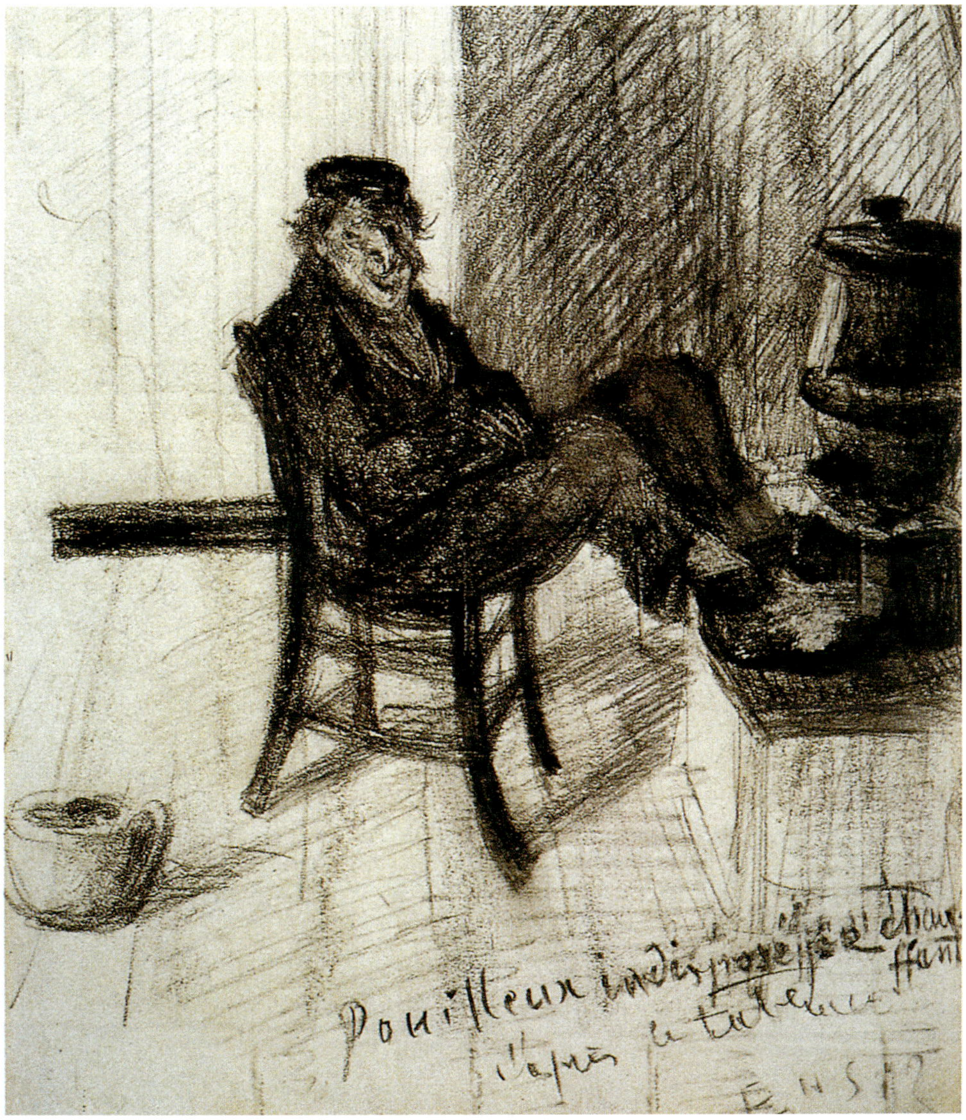

Pouilleux indisposé voulant se chauffer, vers 1882
Craie sur carton, 21 x 16 cm
Collection particulière

Quand Ensor décrit le « petit peuple », il renonce à toute idéalisation romantique ; leur résignation apparaît à la fois ridicule et tragique dans ses tableaux.

par l'idée de pouvoir générer les effets les plus divers par les représentations correspondantes, de recréer les choses en quelque sorte ou de les vider de leur contenu familier de manière inouïe. « La lumière déforme le contour. Je vis là-dedans un monde énorme que je pouvais explorer, une nouvelle manière de voir que je pouvais représenter. » Et, plus loin, il écrit : « La vision personnelle m'a, je crois, porté dans des régions plus élevées. On m'a, à tort, rangé avec les peintres de plein air et les impressionnistes qui préfèrent les tons clairs. Avant moi, personne n'a compris les formes de la lumière et les déformations qu'elle impose à la ligne. »

On observe déjà un agencement de la lumière « altérant » les formes dans ses peintures d'intérieurs du début des années 1880. Dans ce qu'il appelle les « salons », Ensor représente les membres de sa famille qui lui servent le plus souvent de modèles dans un cadre domestique à l'aspect sombre et étouffant. Dans *L'Après-midi à Ostende* (p. 16), deux femmes (la mère d'Ensor et sa sœur) prennent le café, compassées et moroses. La pièce obscurcie, avec ses meubles massifs et ses tapis sombres, illustre à la perfection l'ennui que distille une petite ville de province, l'après-midi. Le regard indifférent de Mitche semble dirigé vers le spectateur, sa mère est assise en face d'elle, coincée entre la table et la chaise rembourrée. La lumière du jour, filtrée par d'épais rideaux blancs tombe sur la cheminée, la table et le sol ; les taches gris clair et les nombreux points rouges et verts qu'elle fait naître estompent les contours des objets. Les peintures de salon d'Ensor sont réalistes – toutes ses œuvres le sont – mais le traitement de la lumière, qui dissout en partie les formes

CI-DESSOUS :
Le Lampiste, 1880
Huile sur toile, 151 x 91 cm
Bruxelles, Musées royaux des Beaux-Arts de Belgique

Peu après avoir quitté l'Académie, Ensor peint les gens simples de son entourage : pêcheurs, marins, petites vendeuses. Ce « lampiste » en tons noirs et ocres structurés à l'aide du couteau à palette sera le premier tableau de l'artiste belge a être acheté par un musée, quinze ans après son achèvement.

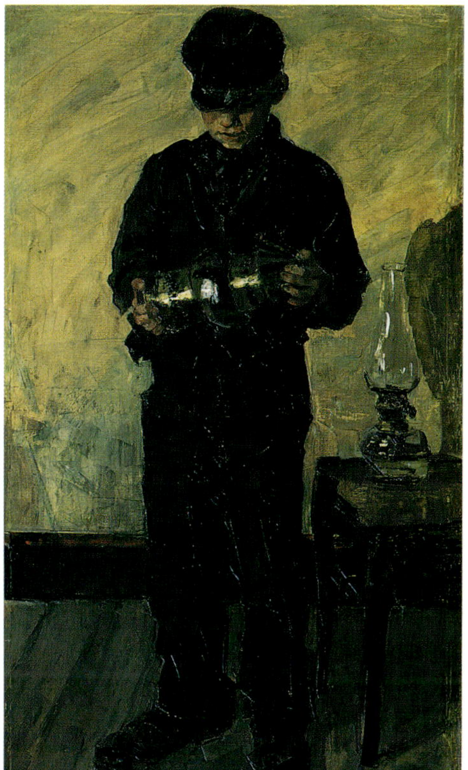

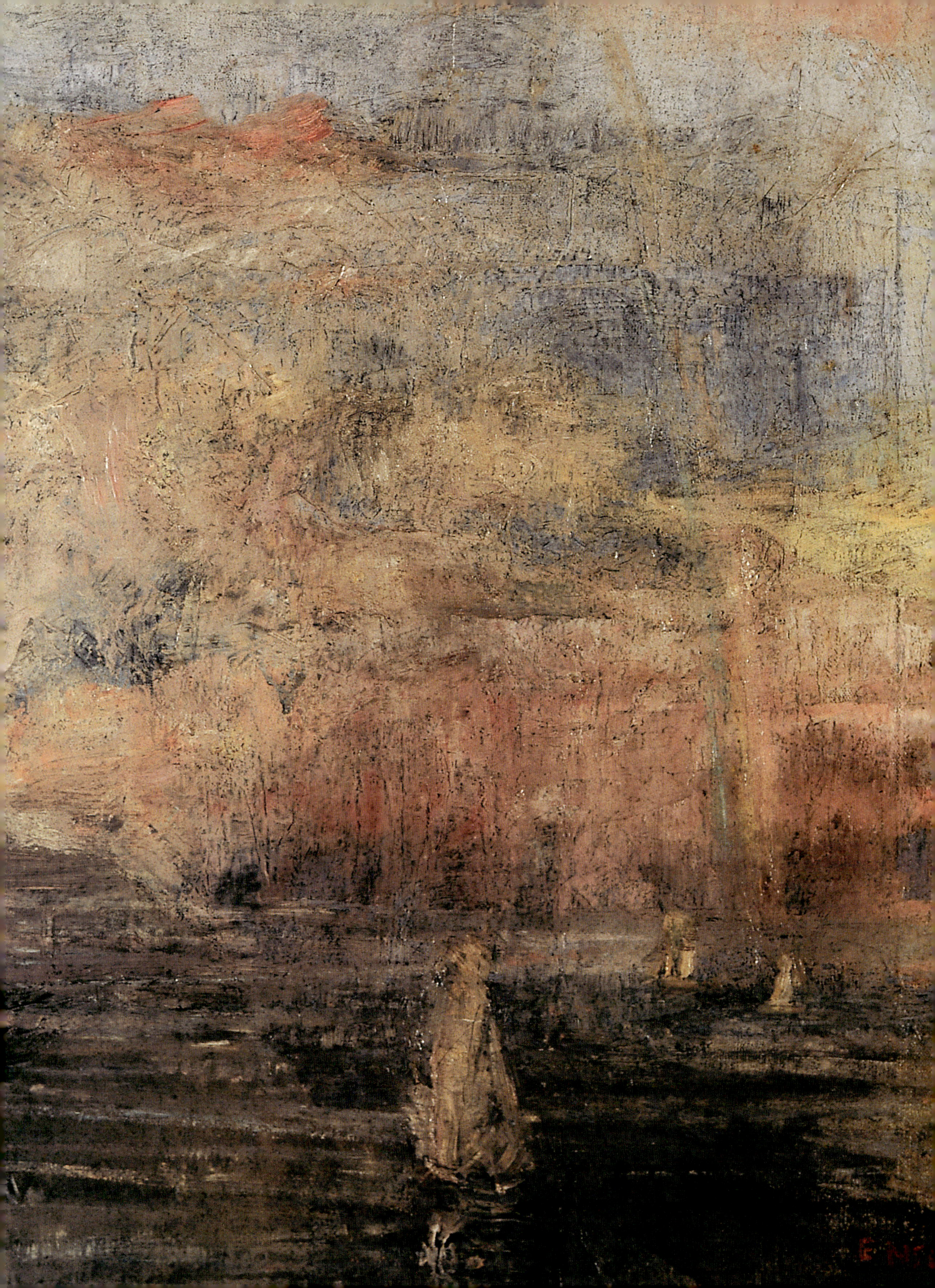

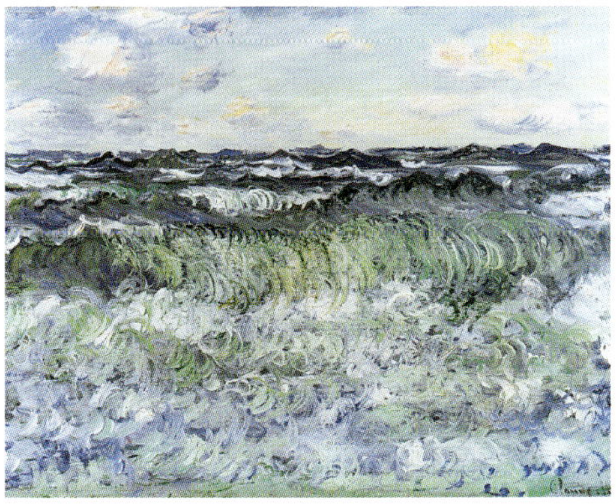

Claude Monet
Etude de mer, 1881
Huile sur toile, 50 x 73 cm
Collection particulière

Là où Monet observe directement la nature et capte l'éclairage d'un instant bien précis en couleurs claires et à coups de pinceau rythmés, Ensor applique la couleur en fines couches, il disperse l'espace et le temps en créant des visions de couleur et de lumière.

concrètes, et la touche « mouchetée » leur prêtent un caractère bien spécifique, parfois fantomatique. La scène semble oppressante et présente un caractère obsessionnel ; Ensor la situe entre le rêve et la réalité en abrogeant la frontière qui sépare le visible de l'imaginaire. Plus tard, l'artiste prêtera des traits concrets, et même souvent surréalistes, à ce qui est secret, communément invisible et se cache derrière les choses quotidiennes ; alors les figures grimaçantes, les masques et les squelettes poseront leur sceau caractéristique sur ses tableaux.

Dans ses marines qui présentent des couleurs claires et lumineuses, contrairement à ses peintures d'intérieur, les formes aussi deviennent floues, les contours s'estompent dans la lumière vibrante. Pour Ensor, qui passera quasiment toute son existence « rivé à la mer », celle-ci joue un rôle très particulier, elle aura pour lui toute sa vie une importance infinie. N'affirme-t-il pas en effet : « Un instinct secret me guidait encore, une compréhension de l'atmosphère maritime, humée dans les brises, aspirée dans les buées perlées, puisée dans la vague, ouïe dans les vents. » Et au cours des années vingt, il écrit dans le style de l'époque, aussi imagé qu'ironiquement enjoué et pathétique : « Mer salutaire, mère vénérable, je veux sobrement célébrer tes cent visages dans un bouquet tout frais, ta peau luisante, tes fossettes, tes dessous rougeâtres, ta couronne de diamants, ta couverture de saphir, tes bienfaits, tes délices, tes charmes insondables. » La mer n'offre pas seulement des jeux de lumière, elle dissimule aussi des secrets insolites et effrayants.

Les frontières entre l'eau, la terre et l'air semblent abolies dans les marines d'Ensor. Sa facture est sobre et sèche, il étale la couleur avec un pinceau plat et dans des directions différentes, ce qui fait qu'à certains endroits la texture grossière de la toile transparaît. Même si le tableau *Après l'orage (L'Arc-en-ciel)* de 1880 (p. 20), évoque les impressionnistes, une comparaison avec l'*Etude de mer* réalisée par Claude Monet en 1881, éclaire les différences caractéristiques entre Ensor et ses contemporains impressionnistes : là où Monet suggère le mouvement à coups de pinceau rythmés (ci-dessus), Ensor applique la couleur en fines couches juxtaposées et superposées. Alors que les impressionnistes tentent de fixer l'éclairage d'un instant bien précis sur la toile, Ensor disperse l'espace et le temps et crée des visions de couleur et de lumière. Ces dernières semblent

Les Barques échouées, 1888
Eau-forte sur papier vergé ancien, 17,6 x 23,7 cm
Collection particulière

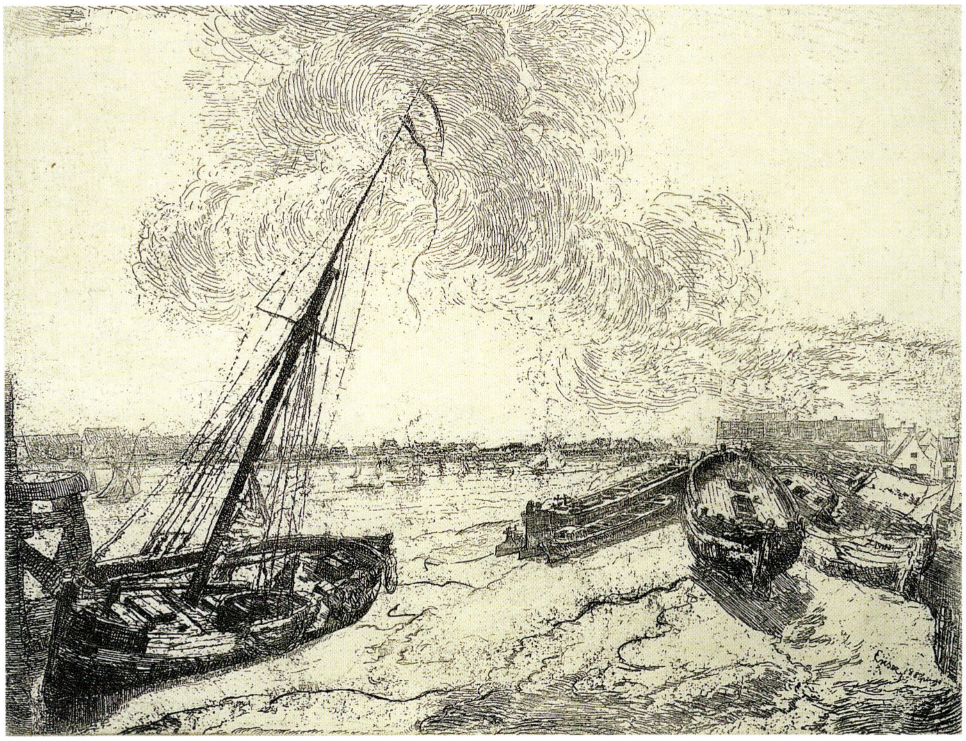

PAGE 20 :
Après l'orage (détail), 1880
Huile sur toile, 52,5 x 62,5 cm
Ostende, Museum voor Schone Kunsten

PAGE 23:
La Rue de Flandre sous la neige, 1881
Huile sur toile, 41,5 x 54 cm
Vaduz, Fondation Socindec

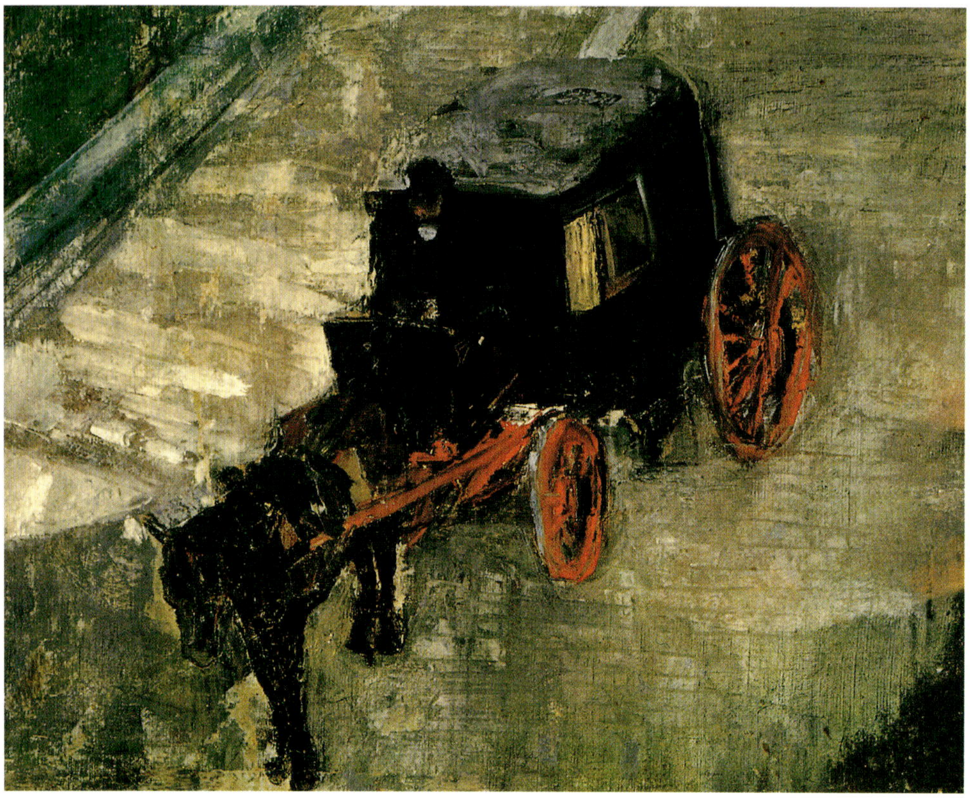

Le Fiacre, 1880/1882
Huile sur toile, 41,5 x 54 cm
Collection particulière

A l'aide de quelques rares couleurs et en larges traits de pinceau, Ensor fixe sur la toile les choses simples du quotidien, ici avec un agencement en diagonale de parties claires et sombres qui créent une dynamique.

très influencées par les travaux de l'Anglais William Turner (1755-1851) qui avait abandonné la figuration dès 1830. On ignore si Ensor connaissait les tableaux de Turner en 1880, car ses voyages à Londres ne sont documentés qu'en 1887, avec Guillaume Vogels, et en 1892.
Il est cependant très probable qu'il les avait vus reproduits dans des magazines et des livres d'art - la vaste bibliothèque de son père ne contenait-elle pas des revues et des ouvrages comme «Le Magasin pittoresque», «La Gazette des Beaux-Arts», «L'Art», «The Studio» ou «La Peinture anglaise»?

Quelques natures mortes d'Ensor réalisées au cours des années quatre-vingt semblent, elles aussi, mystérieuses et irritantes, en raison de leur composition étonnante, leur tonalité insolite et le choix d'un sujet bien particulier. Ensor renoue ici en partie avec la tradition des natures mortes flamandes du 17e siècle. Il peint des récipients et des fruits, de la volaille et des poissons ou des fruits de mer en compositions qui semblent arbitraires.

Mais alors que l'on attribue aux tableaux traditionnels un contenu moral ou un symbolisme manifeste, Ensor veut mettre en évidence dans ce genre de travaux les aspects grotesques des choses et les rehausse sans cesse de manière surréelle. La volaille qu'il peint est un maigre cadavre de canard, la raie s'avère être un petit monstre aux traits humains (au vu de la corbeille à côté d'elle, on peut peut-être aussi lui prêter une connotation érotique). Ensor rend avec brio la texture superficielle des différents objets et l'impression qu'ils laissent, qu'il s'agisse de la surface froide et lisse de la bouteille, de la peau molle et ridée du canard mort, de la meule de foin sèche ou de la raie gluante: en représentant les choses de manière différenciée et en accentuant leur aspect spécifique, il réussit si bien à mettre en scène le monde inanimé que l'on a l'impression de se trouver face à une scène «dramatique». Ensor dépasse donc de loin le rendu purement naturaliste, et c'est justement cette manière qu'il a de vider la réalité de son contenu familier, qui fait naître l'impression bizarre et expressive que dégagent ses natures mortes.

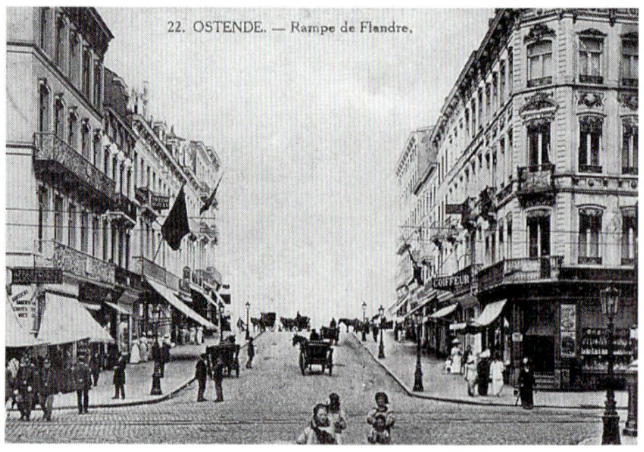

Vue de la rue de Flandre, carte postale, vers 1900.

«Depuis 1860, j'ai habité plusieurs maisons à Ostende; la plus importante: une grande maison au coin coupé au croisement de la rue de Flandre et du boulevard van Iseghem. Mon atelier y a cinq fenêtres... De la grande fenêtre à hauteur du parapet, on embrasse d'un coup d'œil une grande partie de la ville, et quelques regards sur le paysage complètent le magnifique panorama si on le souhaite. D'ici j'ai peint *Rue de Flandre* 1881, *Les Toits* de 1884... la *Rue de Flandre sous la neige*, 1880, la *Musique dans la Rue de Flandre* etc.»

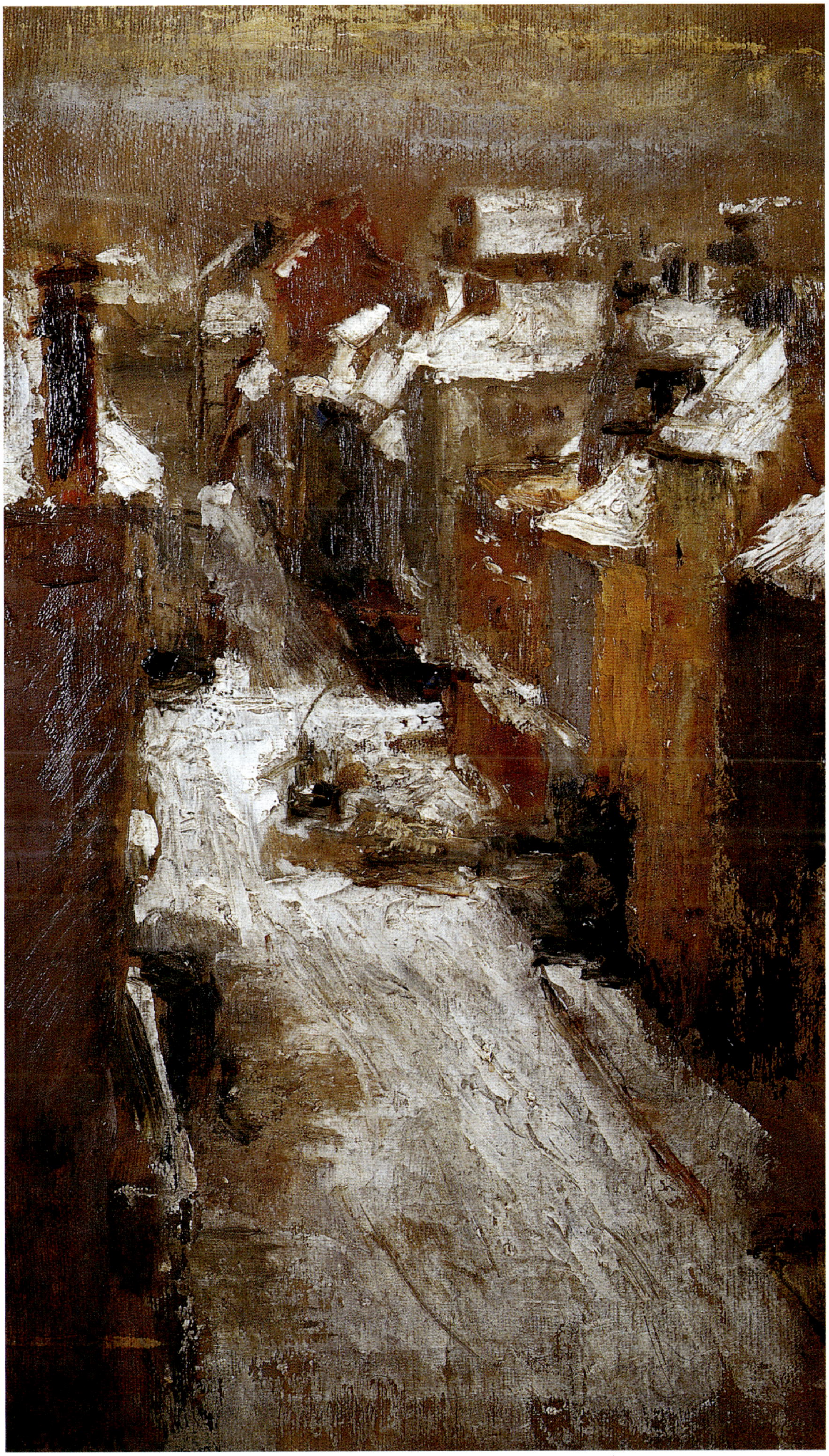

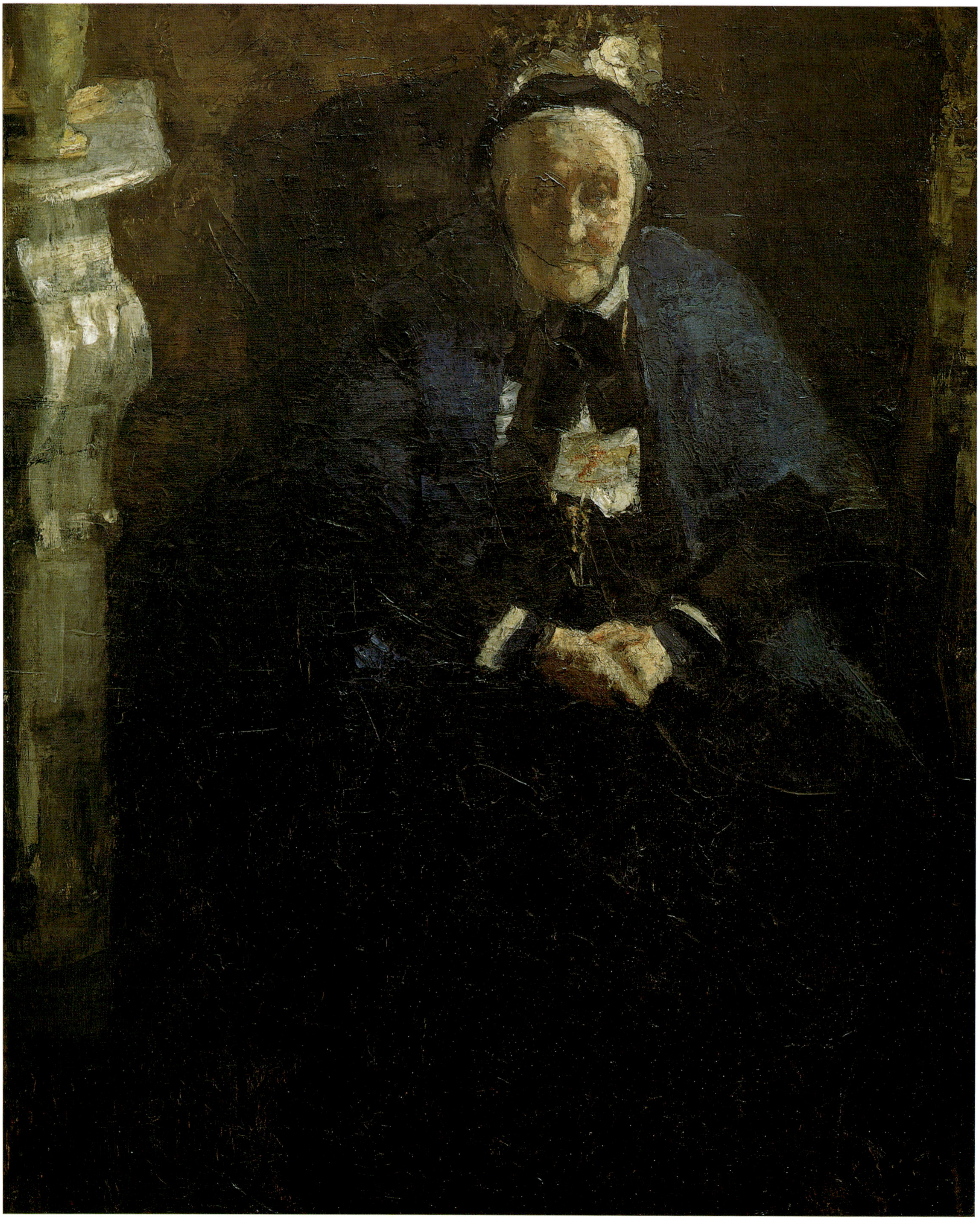

La Femme au châle bleu, 1881
Huile sur toile, 74 x 59 cm
Anvers, Koninklijk Museum voor Schone Kunsten

La grand-mère maternelle d'Ensor qui vivait dans la même maison, pose ici pour le peintre. Des points lumineux blancs disposés verticalement soulignent la sévérité de la vieille dame. Le bleu intense de son fichu met sa silhouette en valeur contre le fond sombre.

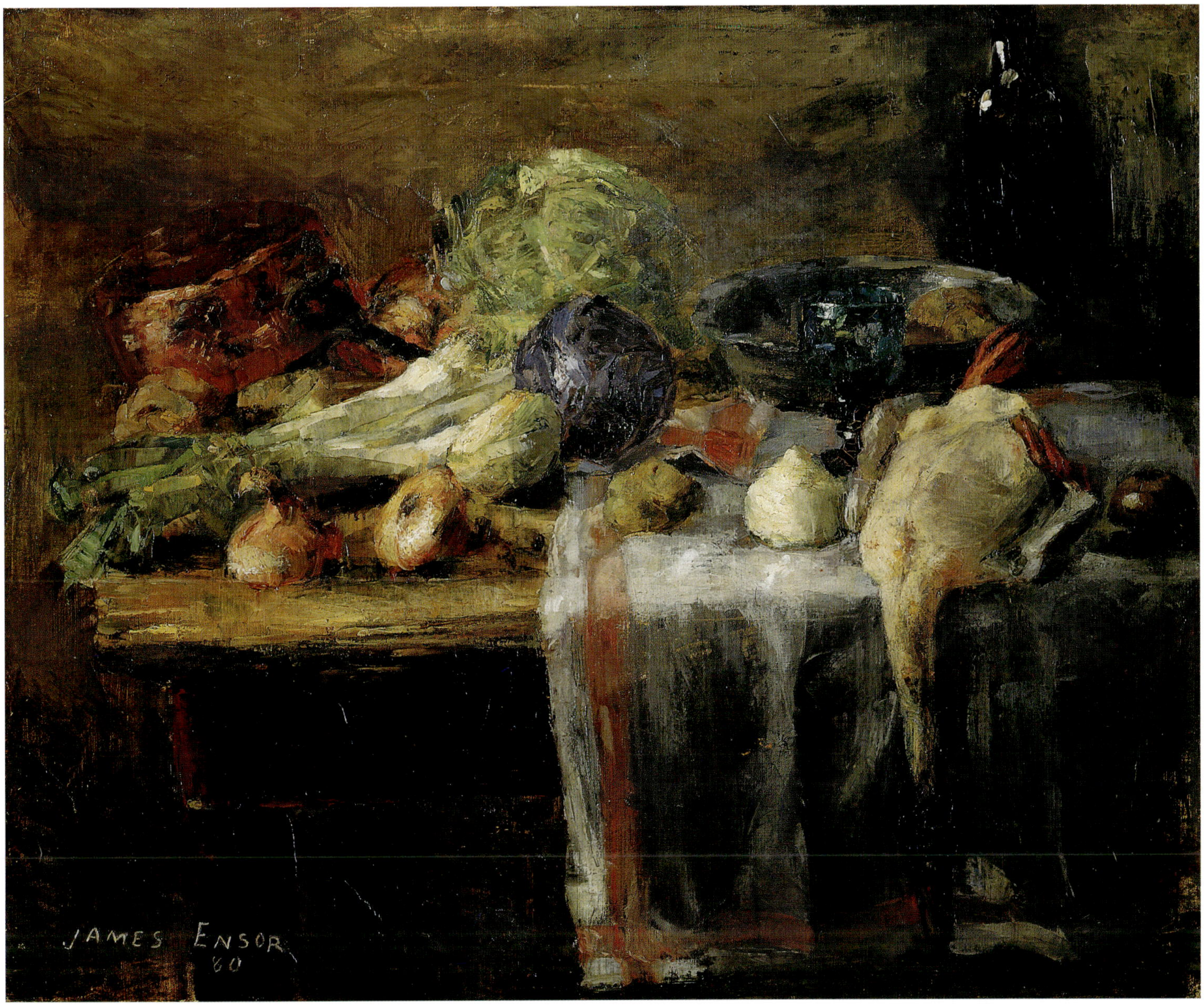

Nature morte au Canard, 1880
Huile sur toile, 82 x 102 cm
Tournai, Musée des Beaux-Arts

« C'est certain, il existe aussi de sa main des marines et des paysages fiers et beaux, dans lesquels il se montre sous son côté rêveur... mais nous ne devons pas nous détourner de ses tableaux sans avoir constaté qu'il est aussi un peintre remarquable de natures mortes. Il montre ici la classe d'un Louis Dubois. La même exquise sensualité, les mêmes couleurs choisies et opulentes, le même amour voluptueux des magnifiques mélanges de la palette... Et tout vit, une vie effrénée des couleurs et du quotidien. Les choses possèdent des cordons nerveux vers les rayons de lumière... Ce qui plaît en outre dans ses natures mortes, c'est le hasard de la représentation, très artistique, très spontanée, personnelle et libérée de toutes les règles traditionnelles. »
(Eugène Demolder)

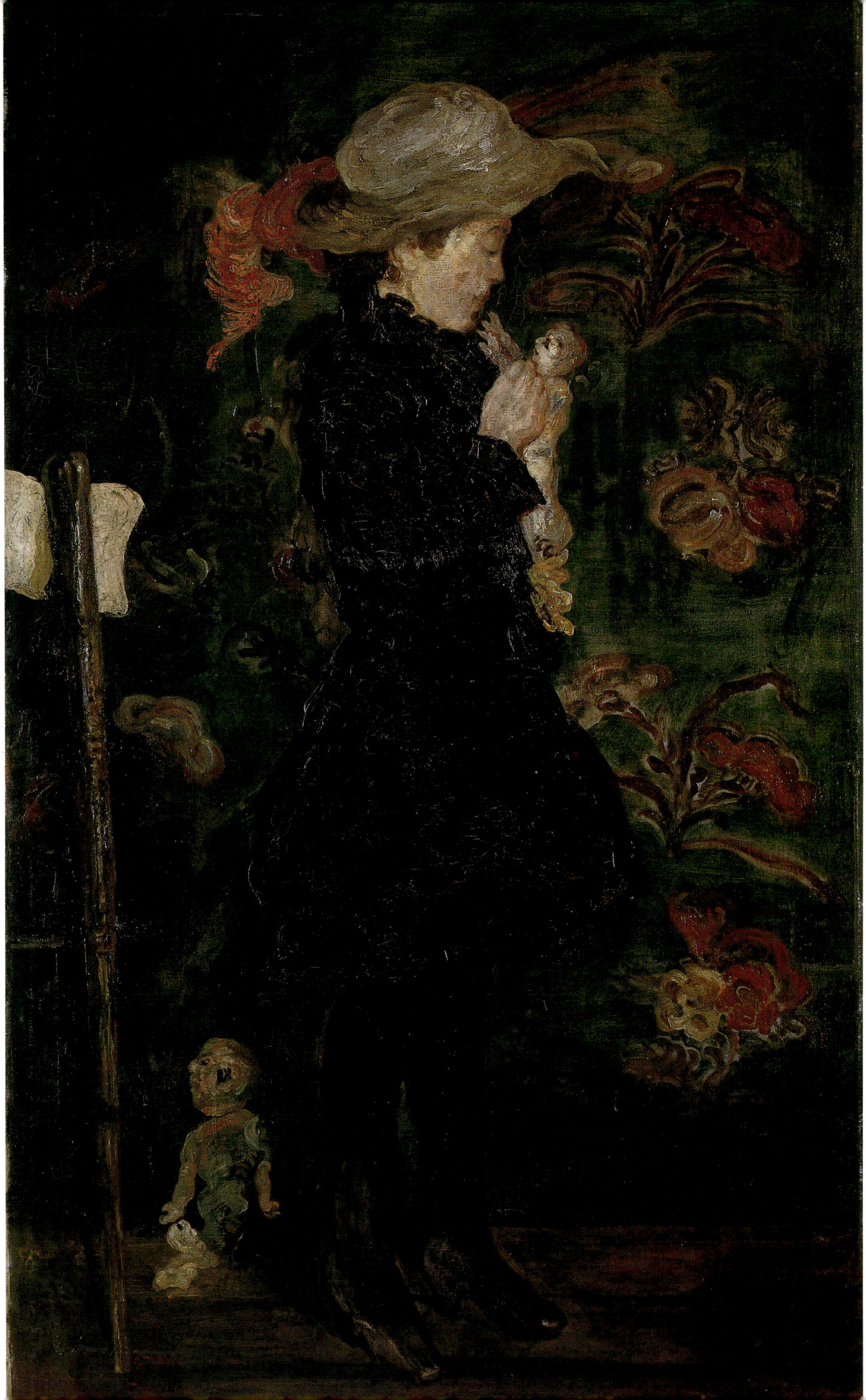

Entre le réalisme et l'imaginaire

En 1881, Octave Maus, avocat, journaliste et critique d'art de Bruxelles fonde avec Edmond Picard, Victor Arnould et Eugène Robert la revue artistique hebdomadaire «L'Art moderne», qui ouvre ses pages à toute les nouvelles tendances de la musique, du théâtre, des beaux-arts et des arts décoratifs; Ensor y est souvent cité. L'objectif du magazine est d'informer le public sur un art «libre», indépendant, libéré du joug des traditions académiques. En 1883, à l'initiative d'Octave Maus, entre autres, la revue annonce la création du cercle artistique «Les XX». Celui-ci regroupe les peintres et sculpteurs belges d'avant-garde, qui exposent ensemble et désirent inviter les novateurs des pays voisins à leur salon annuel. Si le cercle n'a pas de programme bien défini, ses membres partagent au moins la conviction qu'un maximum de progressivité est absolument déterminant. N'empêche que les conceptions divergent considérablement sur ce qui peut être considéré comme «progressif», et les moyens avec lesquels on peut atteindre la «progressivité».

Ensor rejoint ce cénacle artistique dont font déjà partie entre autres Fernand Khnopff, qui deviendra l'un des peintres majeurs du symbolisme, Théo van Rysselberghe (1862–1926), qui adoptera le pointillisme de Seurat et Willy Finch, un impressionniste qui se tournera plus tard, à l'instar de Henry van de Velde (1863–1957) vers les arts décoratifs. Le jeune peintre présente régulièrement ses travaux dans les expositions que le groupe organise. C'est ici que cet homme souvent mal compris trouvera, un temps durant, un lieu où rencontrer des personnes partageant ses idées. Cela explique pourquoi il luttera ardemment – sans résultat toutefois – pour préserver «Les XX» quand Octave Maus voudra dissoudre le cercle dix ans plus tard.

Grâce au cercle des XX, Bruxelles devient, dix ans avant le tournant du siècle, un centre important de l'avant-garde en Europe occidentale. Le groupe gagne en importance dans la mesure où il focalise les nouveaux courants stylistiques, par exemple le symbolisme et l'Art nouveau. Des artistes renommés à l'époque exposeront leurs œuvres dans son Salon annuel: Monet, Seurat, Toulouse-Lautrec, Redon, Renoir et Cézanne, pour ne citer que ceux-là. C'est d'ailleurs ici, au cours d'un Salon des XX, que Van Gogh vendra l'unique toile de son vivant. Néanmoins les créateurs du cercle «Les XX» ne voulaient pas seulement exposer, leur objectif était la formation culturelle au sens large. Octave Maus, lui-même bon pianiste, organisait des concerts (au programme, entre autres, des œuvres de Tchaïkovsky et de Rimsky-Korsakov) et des conférences. Il invita par exemple Mallarmé, Catulle Mendès et Verlaine, de parfaits inconnus à l'époque, à lire leurs poèmes en public.

Même si Ensor reste surtout attaché aux thèmes traditionnels au début des années 80, réalisant par exemple des portraits de ses amis ou de membres de sa famille, des vues d'Ostende ou des marines, ses travaux révèlent un changement progressif dans le traitement de ces sujets. L'artiste développe petit à petit une manière de voir extrêmement personnelle – elle culminera ultérieurement dans

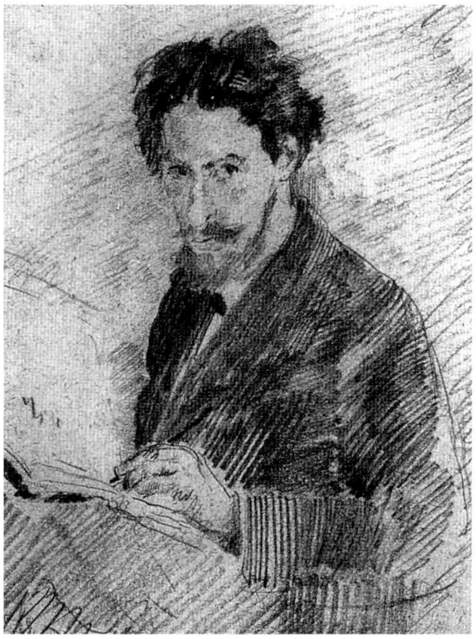

Autoportrait, 1885
Mine de plomb sur papier, 22 x 17 cm
Collection particulière

Ensor réalisera de nombreux autoportraits. Ici, il se représente en dessinateur au regard aussi concentré que sceptique.

PAGE 26:
Enfant à la poupée, 1884
Huile sur toile, 149 x 91 cm
Cologne, Wallraf-Richartz-Museum

Un personnage qui, au premier coup d'œil, semble peint de manière réaliste dans des tons principalement sombres et complémentaires. Le papier peint de l'arrière-plan présente en effet des motifs irritants. Ces derniers, en relation avec la poupée posée au sol, produisent sur le spectateur un effet des plus déconcertants et menaçants.

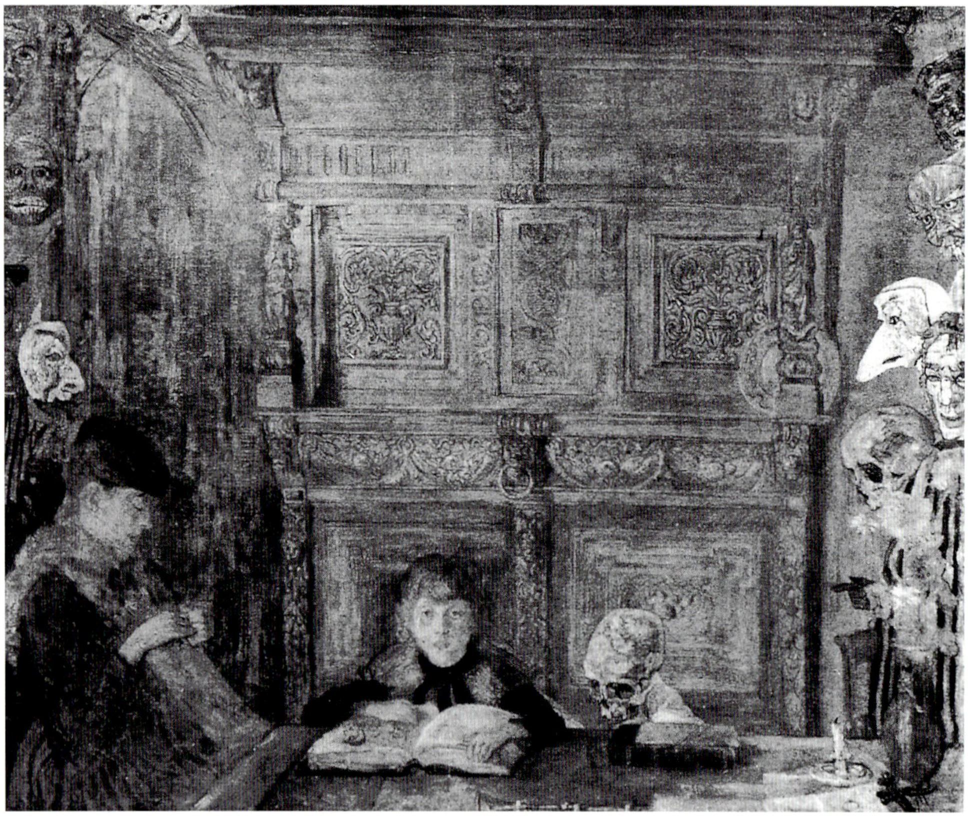

PAGE 29:
La Mangeuse d'huîtres, 1882
Huile sur toile, 207 x 150 cm
Anvers, Koninklijk Museum voor Schone Kunsten

La Mangeuse d'huîtres sera refusée au Salon d'Anvers de 1882, le cercle artistique «L'Essor» la rejette également en raison de sa composition non conventionnelle. Le tableau sera exposé pour la première fois en 1886 au Salon des XX.

Le Meuble hanté, 1885-vers 1890
Huile sur toile, 89 x 103 cm
(détruit durant la Deuxième Guerre mondiale)

Cinq ans environ après sa réalisation, Ensor retouche cette peinture d'intérieur. Il y ajoute des masques et une tête de mort, transformant ce tableau de genre autrefois anodin en une mise en scène fantomatique.

les tableaux de masques –, qui le dégage de son environnement exigu. Des moyens d'expression comme le grotesque et le théâtral, la caricature et la satire semblent lui convenir. Et c'est justement cette vision du monde radicale, sarcastique, insolente qui lui permettra manifestement de mener une vie bourgeoise et banale, sans grands voyages, sans confrontations publiques avec ses confrères artistes. Ses tableaux démasquent la tristesse du quotidien en l'opposant à ses propres rêveries fantastiques.

L'*Enfant à la poupée* (p. 26), une toile où dominent les tonalités sombres, illustre de manière exemplaire comment le bizarre et fantastique prennent graduellement le pas sur le réalisme de départ. Ce qui évoque au premier regard un mur recouvert d'un papier peint fleuri se révèle être, après un examen plus attentif, un tourbillon de fleurs et de feuilles entourant la silhouette d'une fillette tenant sa poupée. Derrière elle, les formes s'estompent, une force magique semble tout attirer vers le sol où est accroupi un baigneur aux traits humains et aux membres tordus. Cette figure en profil, déformée et fantasmagorique, irrite le spectateur, éveillant en lui un malaise vague et diffus qui le déconcerte. Le motif qui semblait si innocent de prime abord lui ouvre les yeux sur l'aspect insondable, et donc menaçant, du monde qui l'entoure.

Ensor révèle ici ses talents de coloriste. Les couleurs complémentaires de l'arrière-plan se retrouvent, adoucies, sur le sol, plus claires sur le baigneur. L'éclairage, harmonieux et doux, rend moins pesante la sombre figure de la fillette. Même si cette œuvre de 1884 évoque encore par ses teintes contenues les tableaux peu lumineux des débuts, une nouvelle orientation s'annonçait déjà l'année précédente, dans la mesure où la facture d'Ensor s'éclaircit. *La Mangeuse d'huîtres* (p. 29) illustre parfaitement cette époque de transition, après laquelle la lumière prendra une importance nouvelle pour Ensor. Même si le sujet choisi n'a vraiment rien d'inédit – Manet, par exemple, l'avait déjà traité –, les œuvres d'Ensor s'affirment comme très personnelles. Le riche décor aux formes sensuelles, la coloration suggestive et l'éclairage produisant un effet irréel mettent en lumière la distance qui sépare Ensor du réalisme de Courbet ou de la peinture de plein air impressionniste des Français.

Poêle et figures, vers 1884
Craie et crayon de couleur sur papier,
Slijpe (Belgique), James Ensor Archief,
P. Florizoone

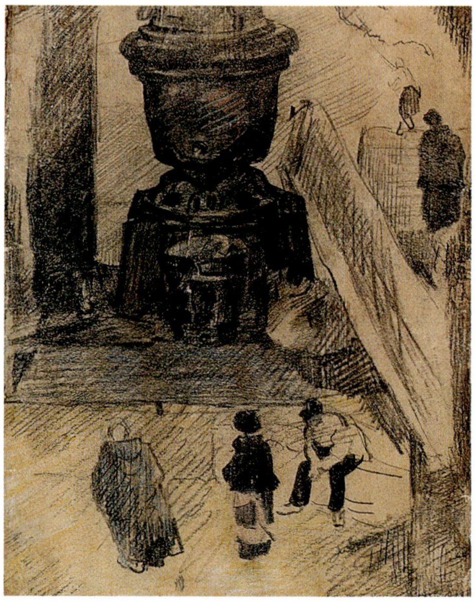

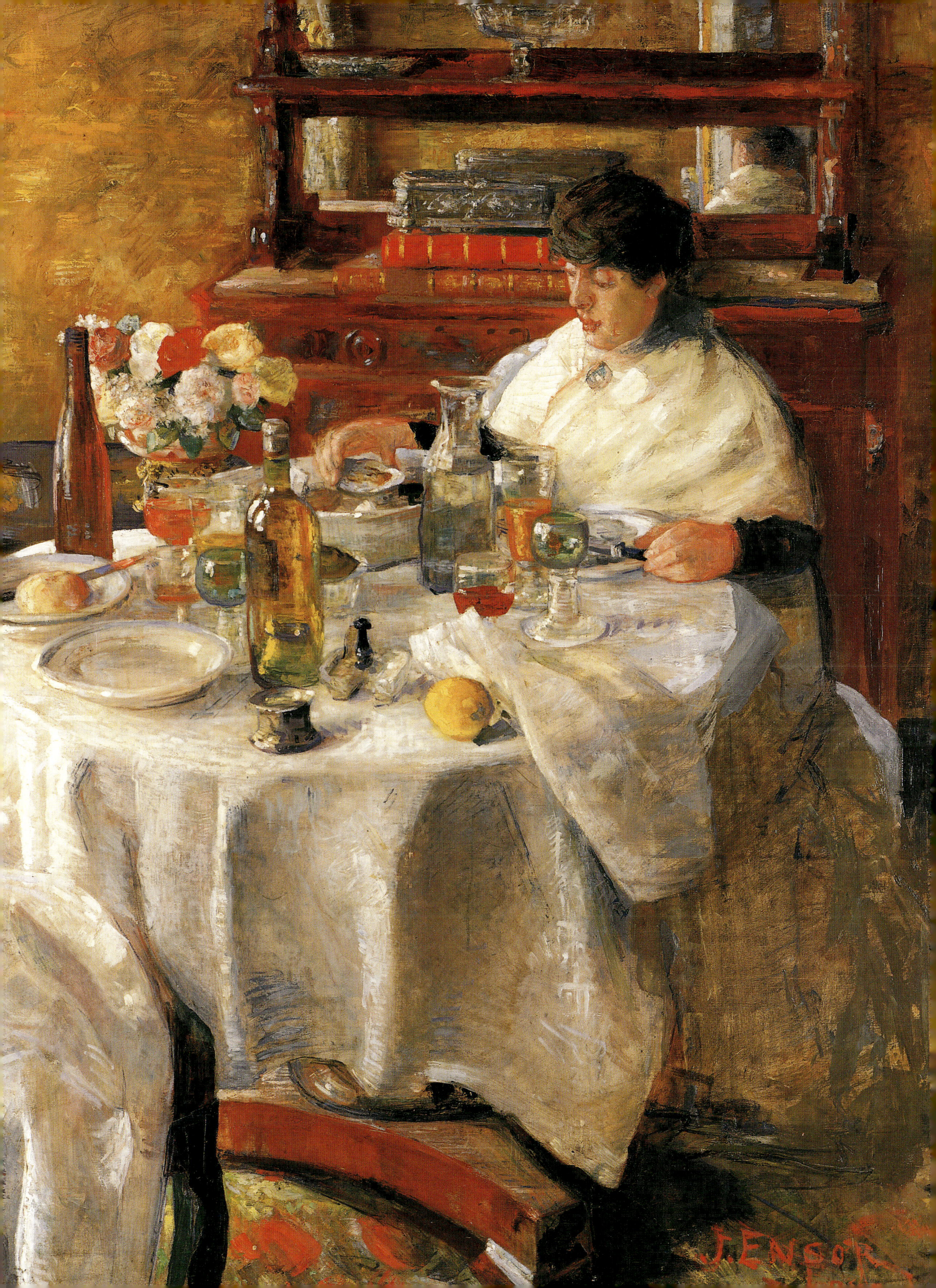
J. ENSOR

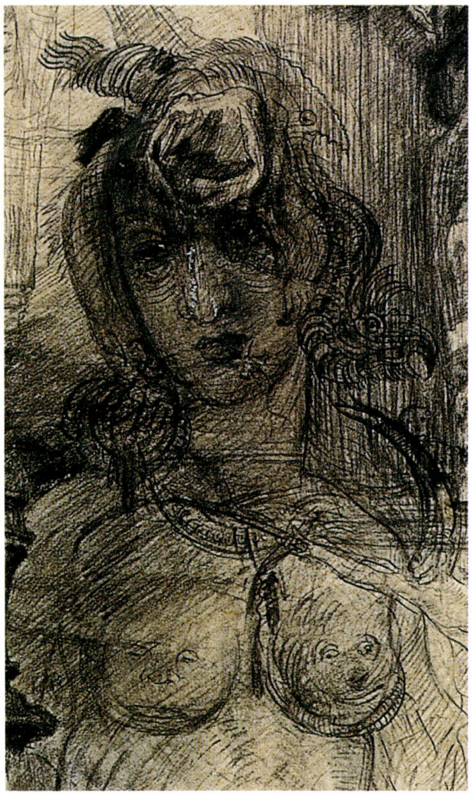

Le Nu au balustre (détail), 1886/88
Mine de plomb et fusain sur papier, 22,5 x 17 cm
Collection particulière

Ensor n'a, autant que l'on sache, jamais peint d'après des nus vivants – sa mère s'y opposait formellement ! Sur ce dessin retouché, Ensor mêle le plaisir qu'il éprouve à mystifier le monde à sa peur des femmes et ses fantasmes érotiques.

L'atmosphère générée par la lumière et la couleur acquiert un rôle de plus en plus important dans les intérieurs peints par Ensor au cours des années 80. Dans ce contexte, une comparaison de deux tableaux aux motifs apparentés *La Dame en détresse* de 1882 (p. 32) et *Les Enfants à la toilette* de 1886 (p. 33), s'avère instructive. Les deux toiles représentent une pièce de la maison des parents d'Ensor. Dans l'œuvre réalisée en 1882, de lourds rideaux empêchent la lumière du jour de pénétrer dans la pièce. Le monde extérieur semble banni, le temps s'est arrêté. Et pourtant, le tableau est loin d'être aussi sombre que les « salons » peints en 1881. Ici, la pièce semble baigner dans une lumière diffuse et colorée imaginée par Ensor et qui donne à l'atmosphère oppressante de la scène un élément dramatique. Sous cet éclairage, nous ne reconnaissons plus les objets familiers ; ici les lambrequins qui retiennent les rideaux se transforment aux coins du lit en oiseaux – ils semblent monter la garde auprès de la femme allongée ou la surveiller de près.

Sur la toile *Les Enfants à la toilette*, la manière dont le peintre traite la lumière accentue encore l'impression « d'étrangeté » des espaces. La claire lumière jaune d'or imaginée par le peintre, ôte toute leur densité aux objets et donne le jour à une ambiance de mystère et d'enchantement. Elle ne se fixe sur aucun objet, rien ne peut la retenir, elle glisse sur les meubles, les tapis et la peau rose des deux enfants nus. « L'atmosphère sent l'ambre, est fragile, douce et sonore », dira le poète Emile Verhaeren (1855–1916) de cette œuvre.

Les objets ressemblent à des trames colorées plongées dans une atmosphère diffuse. Il est possible ici, comme c'est le cas pour les marines, que les travaux de William Turner, réalisés au cours des années 1830 et 1840, aient servi de modèles. Mais alors que Turner dissout les objets, ne laissant que couleur et lumière, Ensor ne cesse de représenter des motifs concrets. Il rehausse des intérieurs peints de manière naturaliste à l'aide d'éléments imaginaires et poétiques pour créer un « réalisme enchanté » d'une grande expressivité émotionnelle. L'armoire qui se trouve à gauche sur le tableau *Les Enfants à la toilette* semble faire toutes sortes de grimaces et, de manière encore plus flagrante que dans *La Dame en détresse*, le lambrequin du rideau est un kobold accroupi sur la commode.

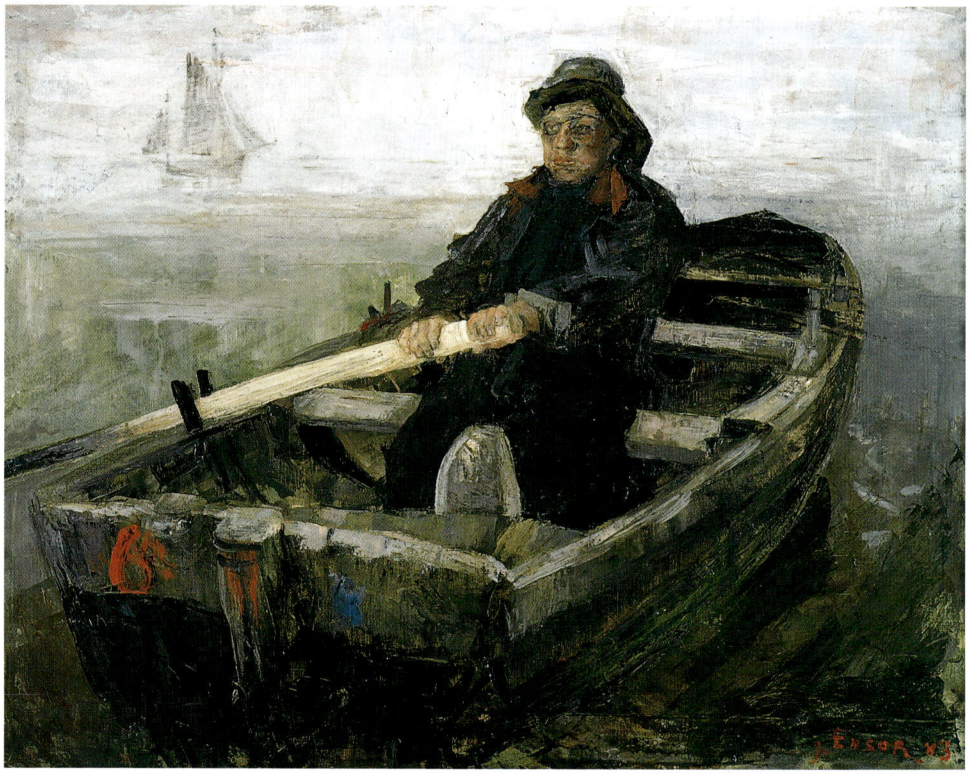

Le Rameur, 1883
Huile sur toile, 79 x 99 cm
Anvers, Koninklijk Museum voor Schone Kunsten

PAGE 31 EN HAUT :
Les Pochards, 1883
Huile sur toile, 115 x 165 cm
Bruxelles, Collection Crédit Communal – Dexia

« Avec ses répugnants ivrognes du peuple que nous avons déjà refusés plus d'une fois avec détermination, Monsieur Ensor a malgré tout attiré l'attention sur lui. Pourquoi ? Il a tout à coup obtenu un effet de lumière, qui d'abord dérange et frappe ensuite par sa réalité. Ce n'est pas la lumière dont nous avons sinon l'habitude sur les tableaux : c'est une autre lumière, et peut-être est-elle beaucoup plus vraie... M. Ensor ne suit qu'une voie déjà tracée. Et je crois que de ces essais encore plus ou moins informes naîtra bientôt quelque chose comme l'art de l'avenir... » (Commentaire d'un quotidien bruxellois de 1884)

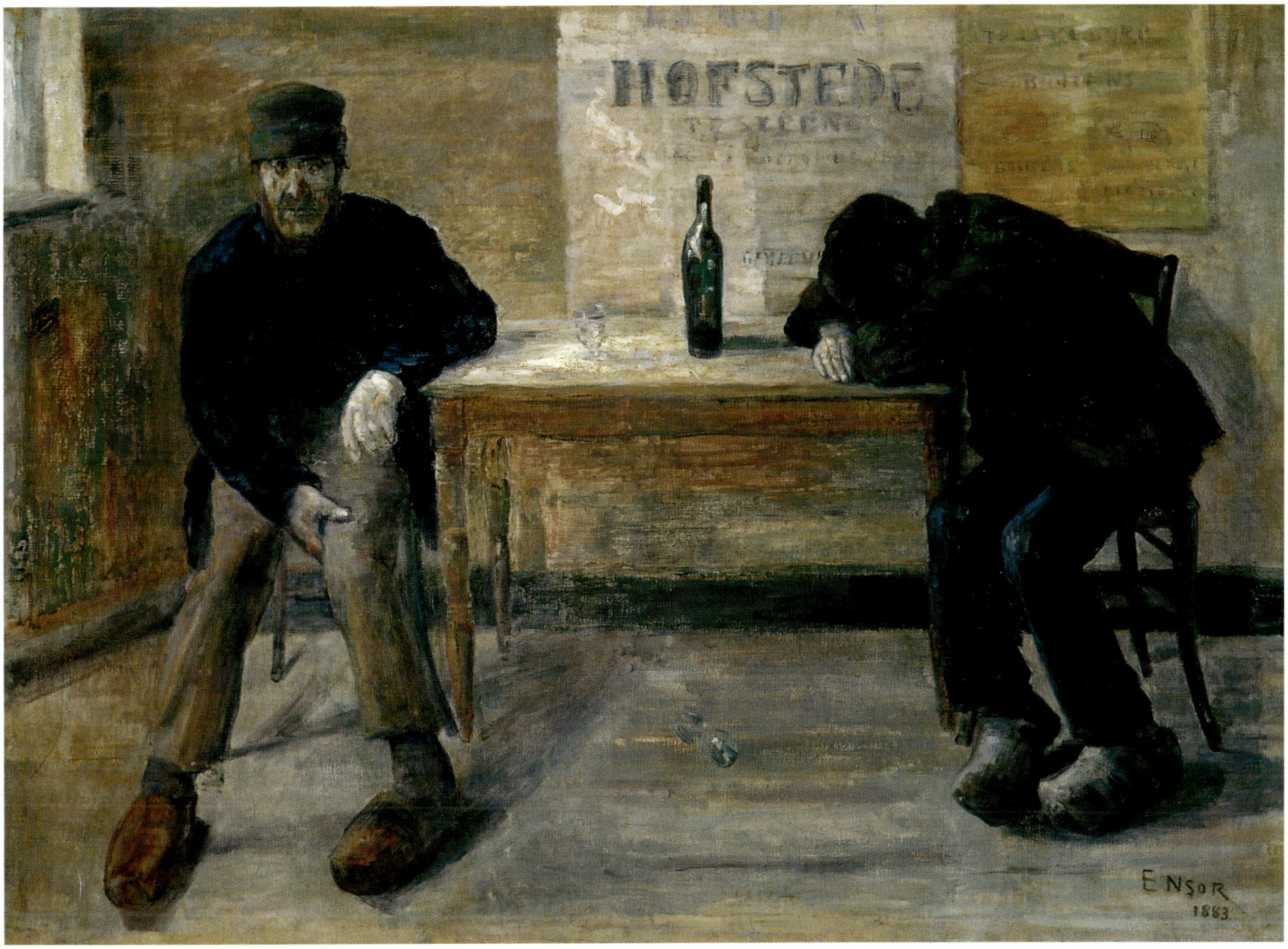

Ensor abandonne progressivement la figuration réaliste et se tourne vers un univers imaginaire fantastique. Les obsessions et les peurs de l'artiste jouent ici manifestement un rôle aussi important que son désir de mystifier les choses et les événements. Il mêle le rêve et la réalité, attribue aux objets utilitaires quotidiens des traits menaçants et diaboliques et anime les scènes à l'aide de figures, de caricatures, de masques et de revenants grotesques.

De nombreux chercheurs y découvrent un parallèle au caractère méfiant et craintif d'Ensor. On renvoie généralement ici à un incident survenu dans son enfance, une expérience cruciale pour lui, selon ses propres dires, et qu'il mentionnera plusieurs fois dans des lettres et des écrits. Le plus étonnant est moins l'événement par lui-même que le fait qu'Ensor ne cessera de s'en souvenir pendant des décennies. Il écrit ainsi plein d'effroi : « Une nuit, alors que couché dans mon berceau, dans ma chambre éclairée, toutes fenêtres ouvertes, qui donnaient sur la mer, un grand oiseau marin, attiré par la lumière, vint s'abattre devant moi, bousculant mon berceau. Impression inoubliable, folle de terreur. Je vois encore l'horrible apparition et ressens le grand choc de l'oiseau noir, avide de lumière. »

Le motif du masque, qui s'avérera de plus en plus déterminant pour le peintre au cours des années 80, apparaît pour la première fois dans *Les Masques scandalisés* de 1883 (p. 38). Le tableau représente un homme masqué assis à une table devant une bouteille de vin à moitié vide et un personnage portant des vêtements féminins, masqué lui aussi et un bâton à la main. La scène fait penser à la femme qui surprend son mari dans un bistrot. On a souvent vu dans ce tableau des traits biographiques, une allusion d'Ensor à

Mon portrait en deuil et pompe, 1886
Fusain sur papier, 23,5 x 17,2 cm
Collection particulière

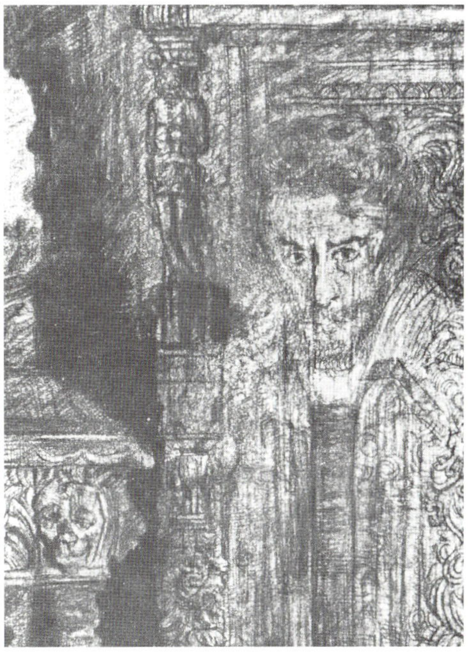

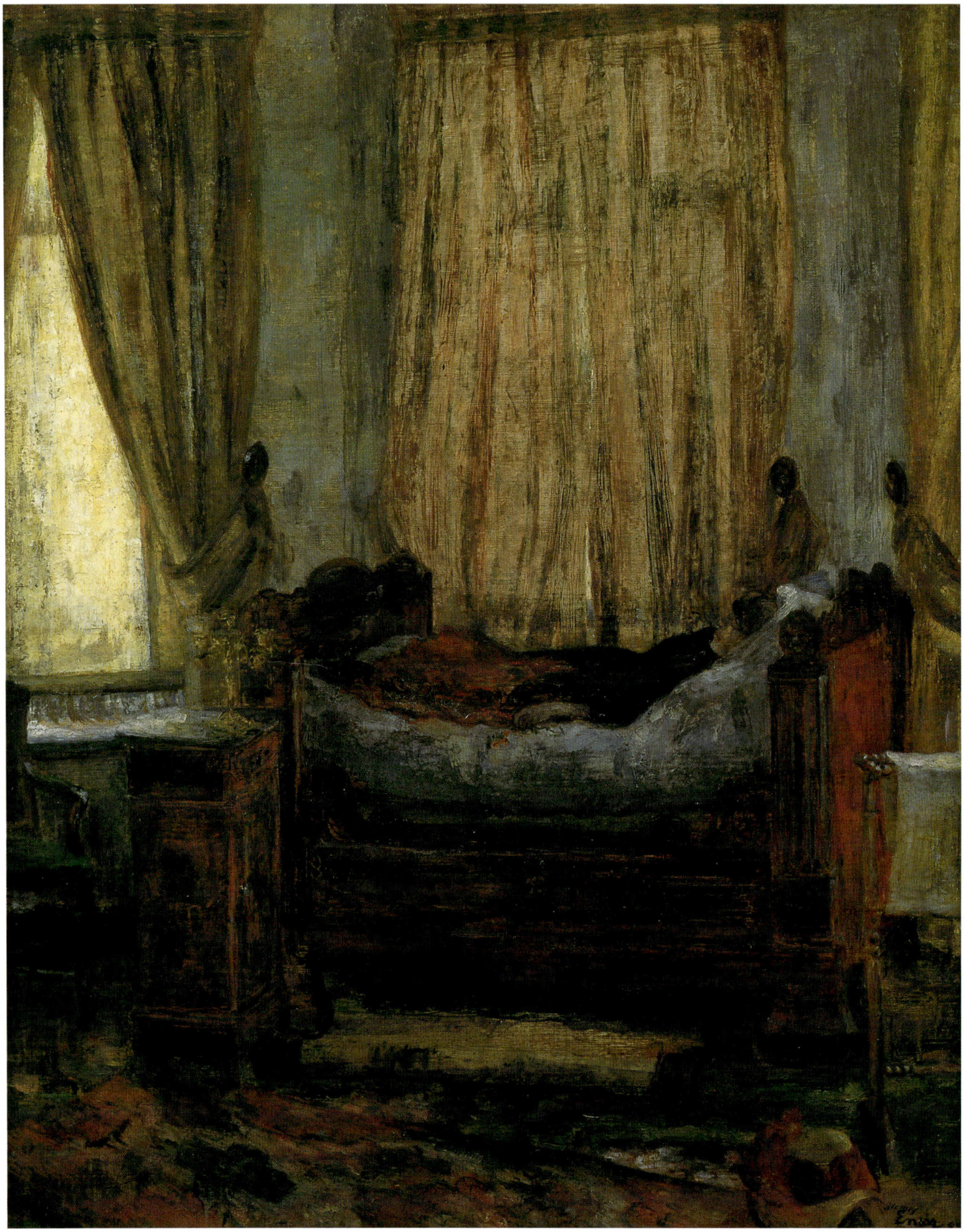

La Dame en détresse, 1882
Huile sur toile, 100,5 x 80 cm
Paris, Musée d'Orsay

Le tableau est plongé dans une lumière tamisée
et diffuse qui estompe les contours des objets.
Les ombres colorées ont une vie autonome,
l'intérieur apparaît oppressant et inquiétant.

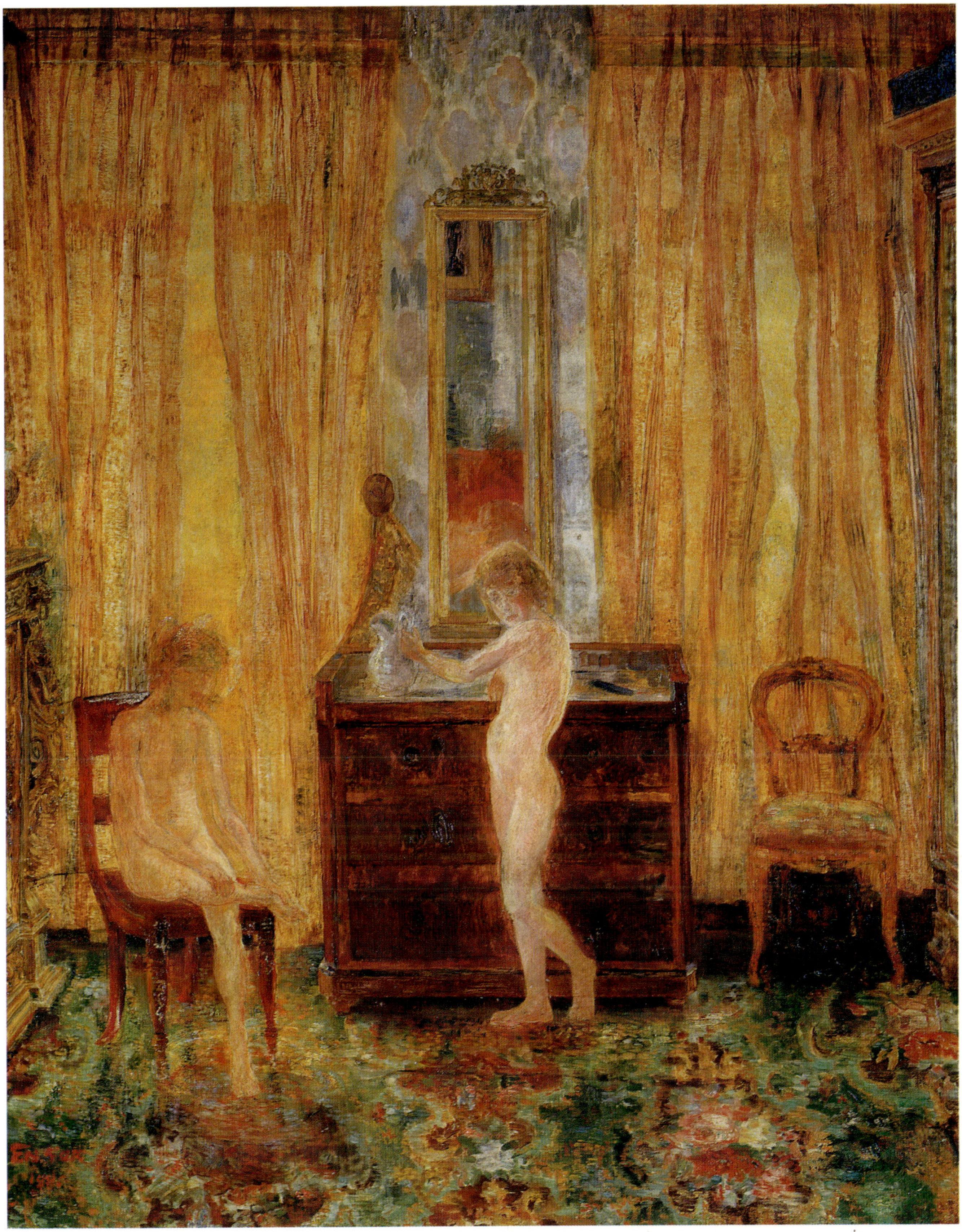

Les Enfants à la toilette, 1886
Huile sur toile, 135 x 100 cm
Collection particulière

Ce tableau agencé de manière symboliste reflète l'influence de Turner, dont Ensor connaissait les œuvres par des reproductions vues dans la bibliothèque de son père et lors d'un voyage en Angleterre. La lumière dissout en partie les contours des corps et crée une atmosphère irréelle.

l'alcoolisme paternel. Le masque semble, du moins en ce qui concerne l'homme assis, être un objet «en soi». Plus tard, Ensor synthétise la figure et le masque qui deviennent une unité organique; les deux éléments semblent liés naturellement, les masques aux traits humains deviennent des visages aux allures de masque. Il est également impossible de déterminer vraiment le tableau *Squelette regardant chinoiseries* (p. 35) sur le plan de son contenu proprement dit. Un personnage à tête de mort est assis confortablement dans une mansarde, absorbé dans la contemplation d'un dépliant orné d'estampes chinoises. De nombreux autres travaux, peints d'une touche légère, sont accrochés au mur; la lumière du jour pénètre par la lucarne.

Comme les impressionnistes et les symbolistes, Ensor tient l'art oriental en haute estime. En plus, l'intérêt du peintre pour les chinoiseries a certainement été éveillé dès sa plus tendre enfance dans la boutique de souvenirs et de curiosités de sa mère; il faut mentionner aussi que sa sœur Mitche épousera un marchand de masques et brocanteur chinois, qui fournissait le magasin de la rue de Flandre en marchandises provenant de Chine. Il disparaîtra un an après les noces, laissant Mitche seule avec une petite fille.

Dans le personnage à tête de mort et dans le crâne représenté en bas à gauche, Ensor semble vouloir exprimer une indifférence provocante envers le monde visible qui nous est familier: n'aime-t-il pas mêler la moquerie à l'effroi, le bien connu au choquant, et irriter ainsi le spectateur? A la fin des années 80, le squelette devient le motif dominant de ses tableaux, on pense donc que celui-ci a été retravaillé en ce sens à cette époque. Les retouches sont très fréquentes chez Ensor (voir *Ensor au chapeau fleuri*, p. 9). Il s'agit la plupart du temps de modifications visant à introduire des éléments fantastiques, ce que l'on peut très bien observer par exemple sur le dessin *Poêle et figures* (p. 28): le poêle, disproportionné par rapport aux personnages, n'en semble que plus menaçant.

L'hypothèse de Haesaert, le biographe d'Ensor, selon laquelle le *Squelette regardant chinoiseries* serait un autoportrait de l'artiste belge et montre pareillement son obsession de la mort et de l'art, n'est pas convaincante au vu de

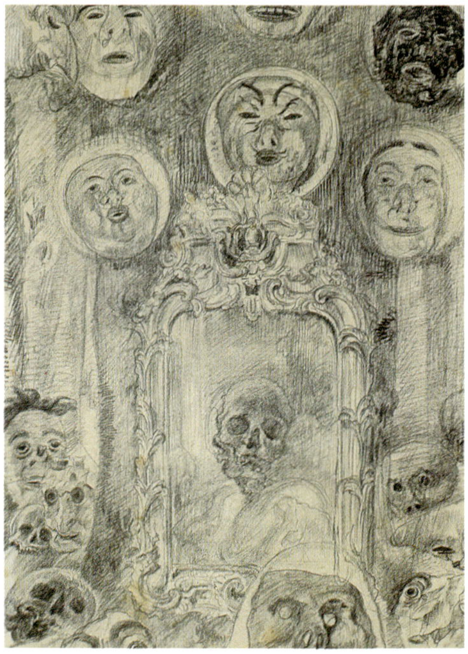

Le Miroir au squelette, 1890
Mine de plomb sur papier, 29,5 x 21,5 cm
Collection particulière

La Mort est une femme accompagnée des masques grimaçants d'un carnaval universel.

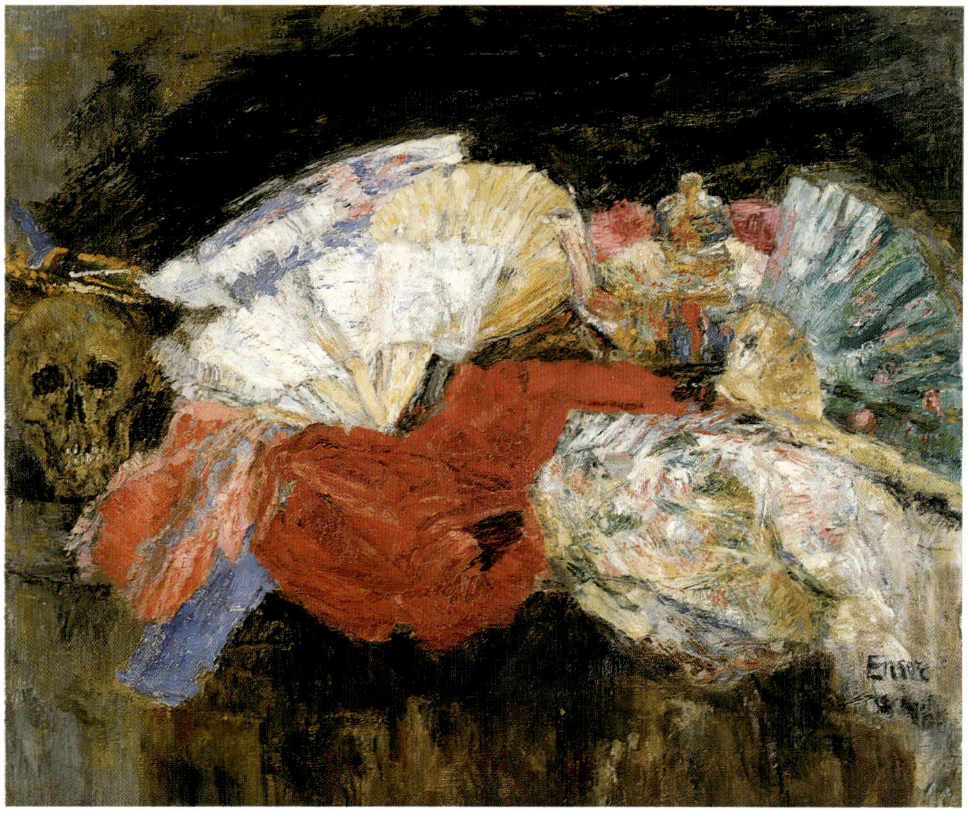

Eventails et étoffes, 1885
Huile sur toile, 47,5 x 55,5 cm
Zurich, Kunsthaus Zürich

Ses couleurs hardies, la touche pâteuse et les rehauts blancs rendent cette nature morte extrêmement déconcertante. Seule la tête de mort, au bord du tableau à gauche, évoque la réalité, tandis que, par exemple, la cruche composée de taches de couleurs vibrantes semble totalement soumise à ses propres normes.

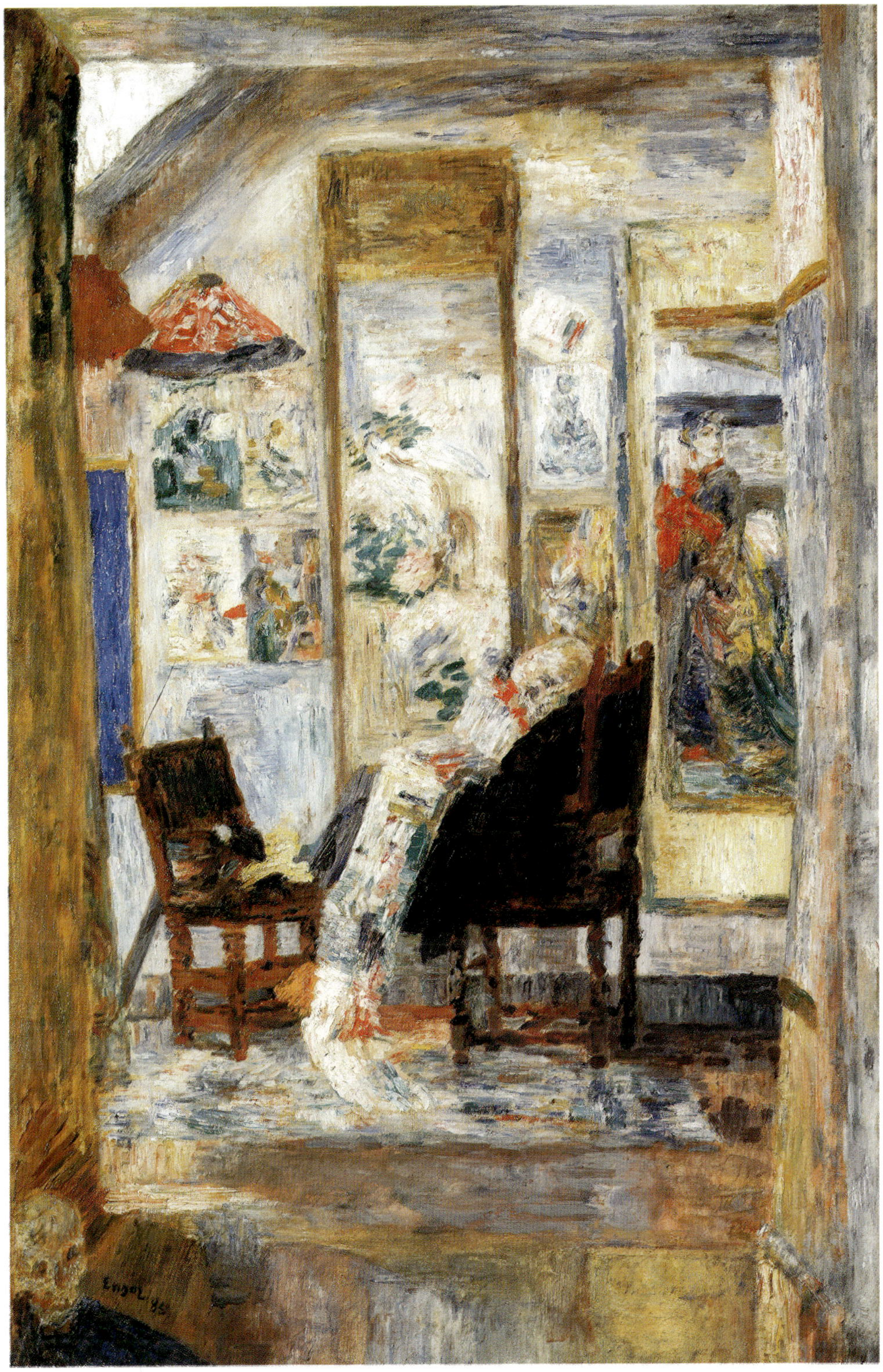

Squelette regardant chinoiseries,
vers 1910
(réplique d'une œuvre réalisée entre 1885 et 1890)
Huile sur toile, 100 x 60 cm
Cologne, Wallraf-Richartz-Museum

A la fin du 19ᵉ siècle, les artistes européens tenaient l'art oriental en haute estime. Ensor était aussi familiarisé avec les objets artisanaux chinois qu'il voyait dans la boutique de sa mère. La tête de mort ajoutée ultérieurement complète ce qui était à l'origine une scène de genre, lui conférant une dimension fantastique ; Ensor réussit ainsi à décrire de manière sarcastique le monde au-delà de ce qu'il semble être au quotidien.

l'ambiance sereine du tableau. Néanmoins, comme dans *L'Enfant à la poupée,* nous constatons qu'ici la réalité et la fiction s'interpénètrent de manière évidente, que l'imagination de l'artiste génère des images chargées de symboles. Au-delà de ces considérations, la façon dont Ensor manie la couleur est remarquable. Il juxtapose les surfaces compactes et pâteuses où la peinture est étalée au couteau à palette (fauteuil, dépliant, abat-jour) aux parties tachetées et mouchetées où transparaît la texture de la toile et de fines traînées de couleurs (sol, montants latéraux, plafond), engendrant à l'aide de coloris clairs et purs une impression d'ensemble sans doute bien peu conventionnelle mais harmonieuse.

Ensor est âgé de vingt-cinq ans lorsqu'il réalise cette toile. Il vit dans la maison de ses parents et n'a connu jusque-là aucun succès en tant que peintre. Le cercle des XX refuse tous ses tableaux. Et si *La Mangeuse d'huîtres* est enfin

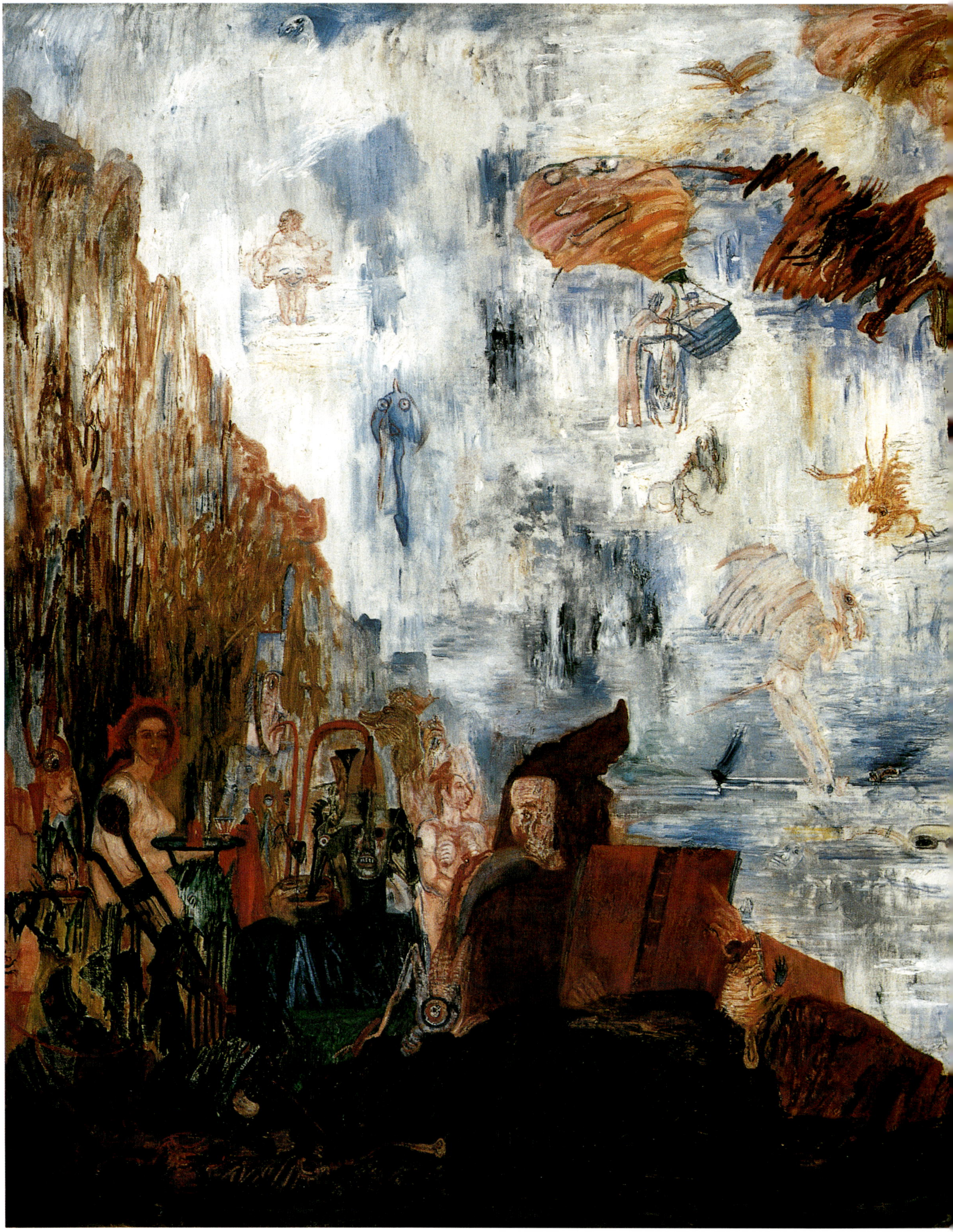

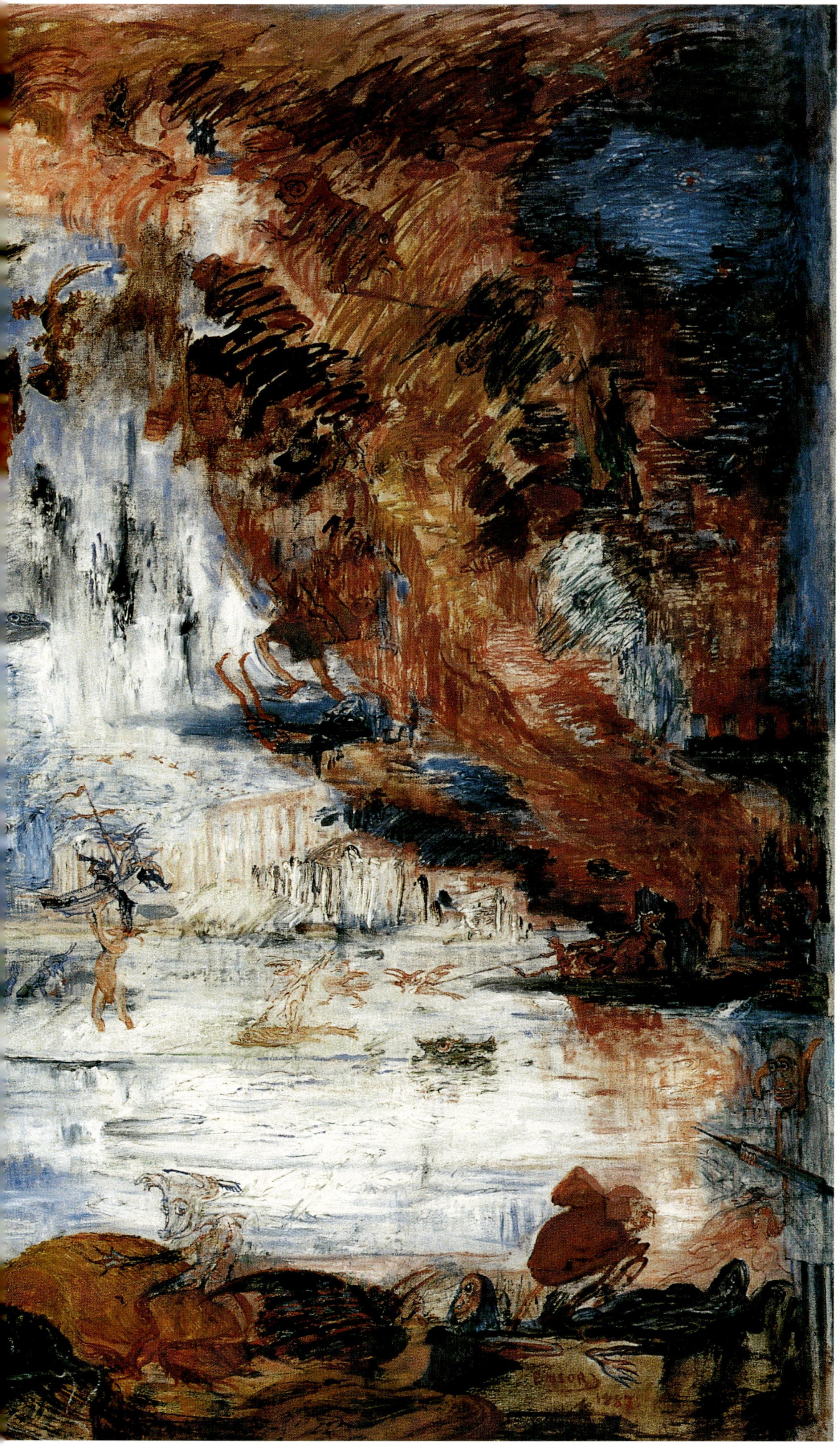

Les Tribulations de saint Antoine, 1887
Huile sur toile, 118 x 167,5 cm
New York, The Museum of Modern Art

« Son pinceau balaie la toile et tourbillonne avec une insouciance qui ne trouve sa pareille que dans la hardiesse de son imagination », dira Alfred H. Barr, le premier directeur du Museum of Modern Art de New York. Pour Barr, Ensor est « à cet instant de sa carrière sans doute le plus audacieux des peintres vivants ».

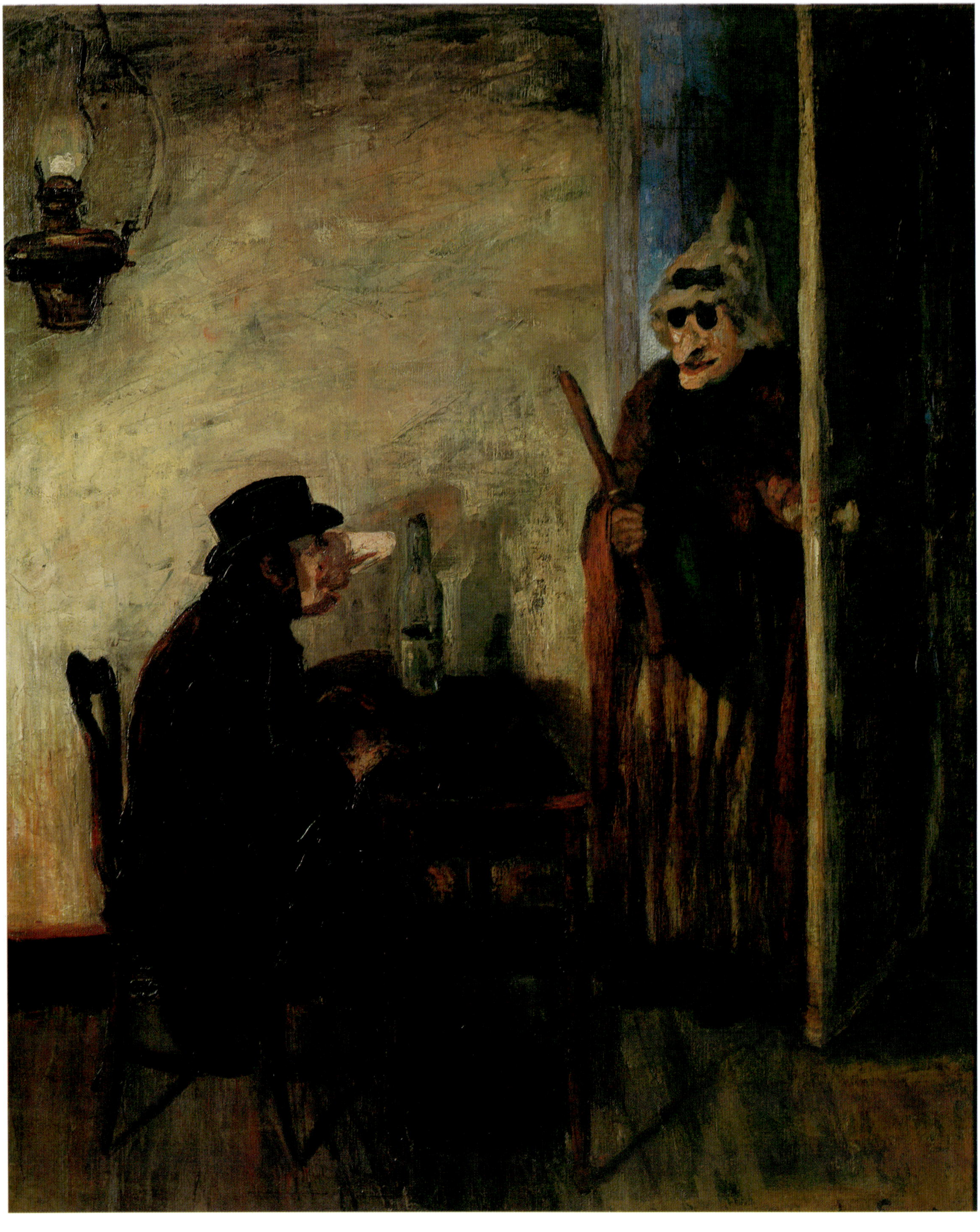

Les Masques scandalisés, 1883
Huile sur toile, 135 x 112 cm
Bruxelles, Musées royaux des Beaux-Arts de Belgique

Ensor utilise ici pour la première fois le motif du masque emprunté au folklore belge. On ignore s'il fait allusion à sa situation familiale – son père buvait et avait complètement raté sa vie professionnelle, ce qui lui attirait les foudres des femmes de la famille – ou s'il s'agit simplement d'une scène de carnaval.

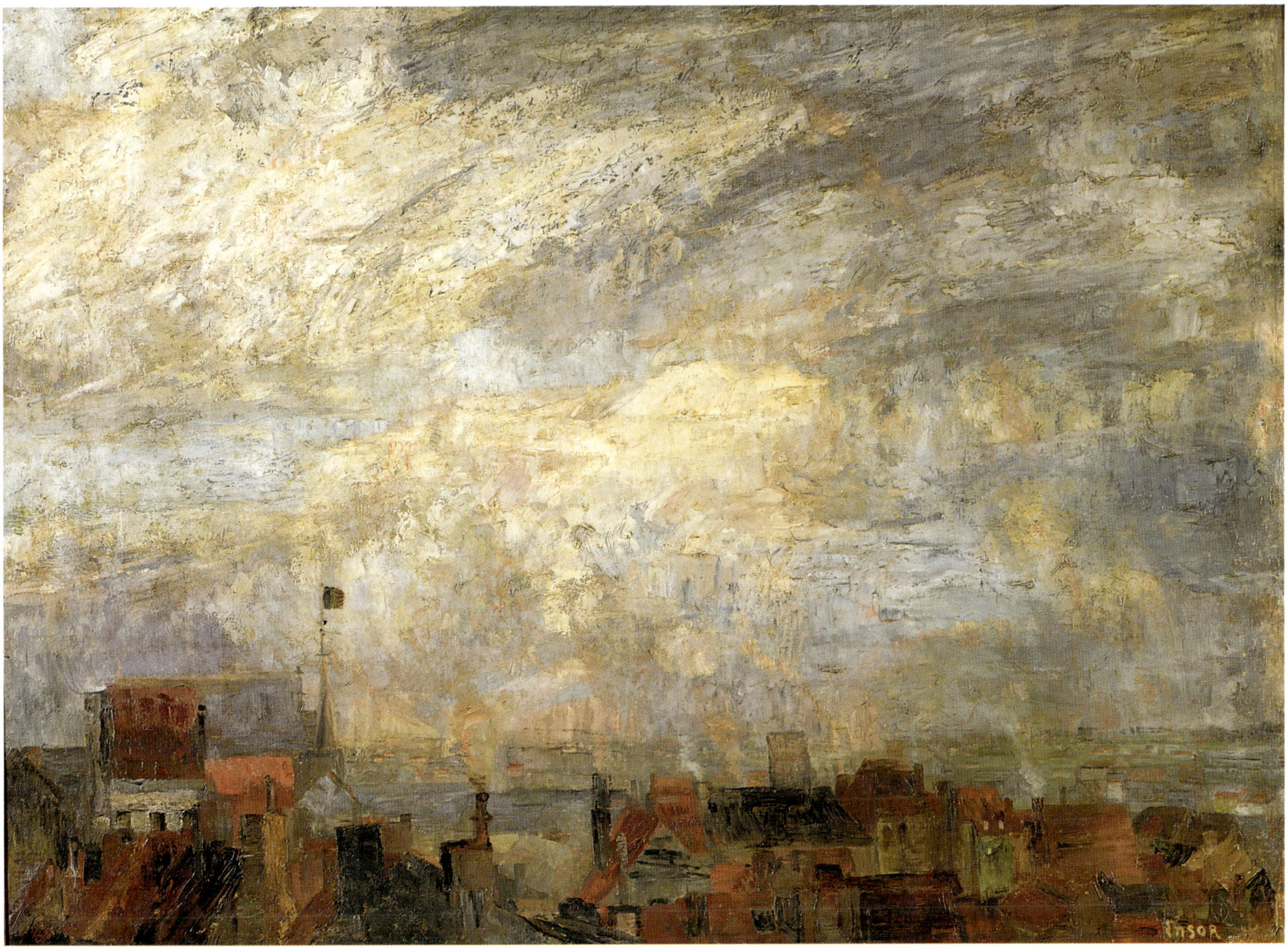

Grande vue d'Ostende, 1884
Huile sur toile, 157 x 209 cm
Anvers, Koninklijk Museum voor Schone Kunsten

Ensor peint sans cesse la vue qui s'offre à lui de la fenêtre de sa mansarde. Les trois quarts du tableau sont dominés par un ciel de plomb irisé, avec des nuages à la touche pâteuse sans contour véritable.

exposée après plusieurs refus au Salon des XX de 1886, la perspective hardie et la composition arbitraire de l'œuvre lui vaudront les foudres des critiques. Ensor souffre énormément du manque de reconnaissance dont il est victime. Il se retire dans sa mansarde et se réfugie dans le travail.

De nombreux contemporains attestent son caractère irascible et emporté. Il se montre agressif quand personne ne s'y attend, restant ensuite des journées entières sans desserrer les dents. Sa famille désapprouve son travail, son père est le seul à lui témoigner de l'intérêt et à comprendre les ambitions du jeune peintre. Sa mère lui reproche de ne pas contribuer aux revenus de la famille - ce dont elle fait aussi grief à son époux - et lui demande de peindre des tableaux qu'elle puisse au moins vendre dans sa boutique.

La frustration d'Ensor éclate dans de furieuses «charges» au piano ou des attaques verbales inattendues. Ses paroles sont souvent vexantes, sa franchise blessante. Cette violence non maîtrisée déconcerte par son aspect radical. Il réalisa ainsi en 1887 *Les Tribulations de saint Antoine* dont Emile Verhaeren dira en 1908 : «Dans *Les Tribulations de saint Antoine*, Ensor ne veut pas non plus ni prêcher ni missionner. Le tohu-bohu de ces apparitions semble, dans ce thème légendaire, quasi ravissant, oui presque débonnaire. Le peintre aime y placer des corps de femmes bien en chair et burlesques, des démons chétifs et retors et des monstres invraisemblables et ridicules. Le pittoresque de ce cauchemar chrétien l'attire plus que ses affres. Et il se manifeste comme un dilettante de l'impossible et non comme un vengeur du vice ou un maître de la vertu. Il génère l'effroi ailleurs. Il le dessine en lui-même.» Le manque d'encouragement, un entourage qui se moque de son excentricité et un public qui n'apprécie pas ses tableaux viennent à bout de sa résistance et

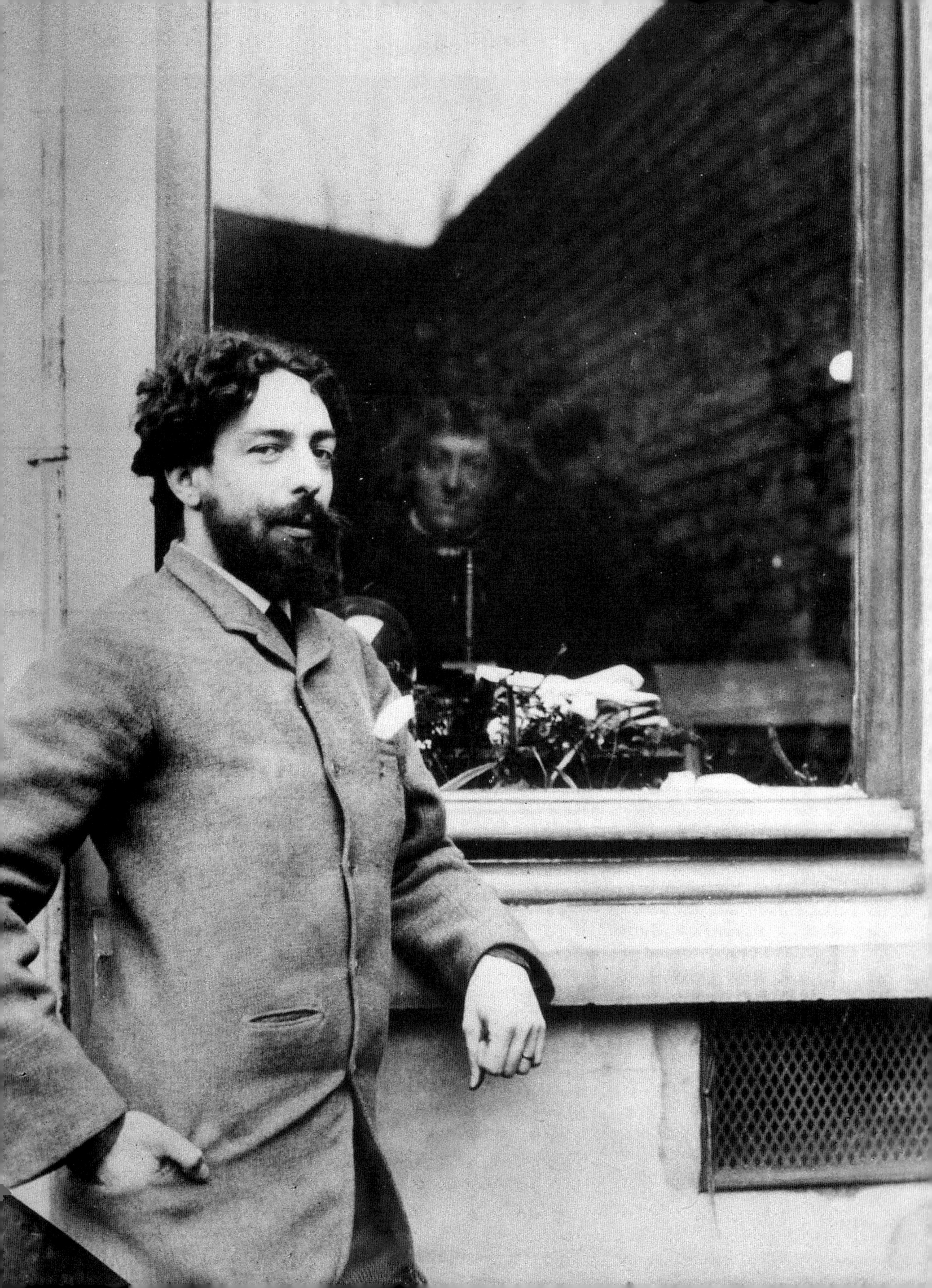

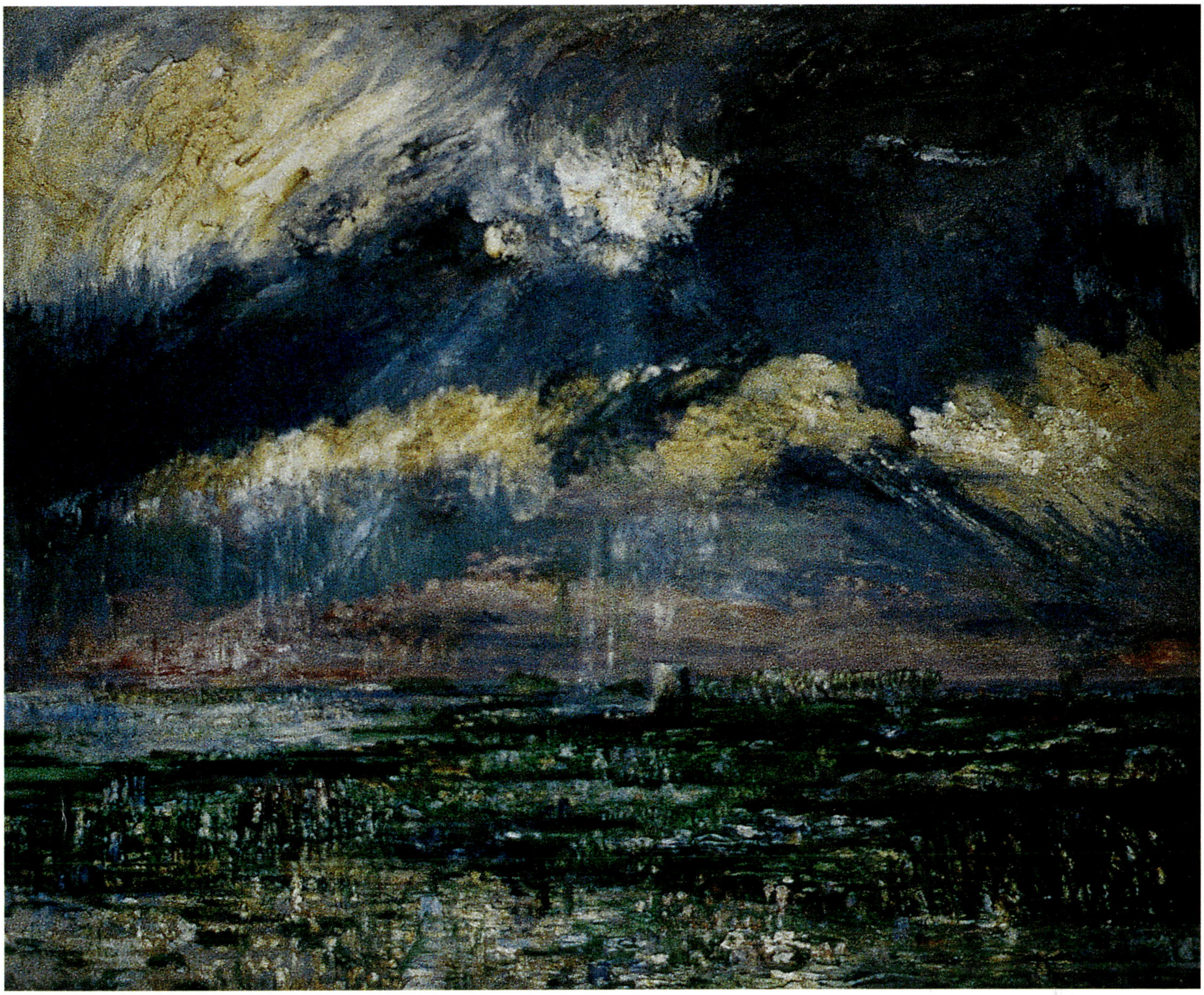

La Tour de Lisseweghe, 1890
Huile sur toile, 61 x 73 cm
Vaduz, Fondation Socindec

provoquent de sa part des diatribes sarcastiques, de l'agressivité et de l'abattement: «Mais les Ostendais, public huîtreux, ne bougent pas, ils ne veulent pas voir la peinture. Public hostile rampant sur champ de sable, l'Ostendais déteste l'art... L'année passée trente Ostendais ont visité l'exposition, cette année nous arrivons au chiffre trente et un.» (Ensor dans une lettre à Pol de Mont, du 31 juillet 1895)

Ensor se considère comme une sorte de meneur des jeunes peintres belges et certains, Willy Finch et Guillaume Vogels par exemple, lui reconnaissent d'ailleurs cette fonction. Pour ceux-là, le peintre ostendais est l'incarnation de l'artiste anti-académique, décidant lui-même librement du style et des motifs qu'il choisit. D'autres membres du cercle «Les XX» ont moins d'estime pour lui, le jugeant égocentrique et trop susceptible. Quand il expose au premier Salon des XX six tableaux extrêmement différents tant sur le plan du thème que de l'exécution, dont *Le Lampiste* (p. 19), *La Dame en détresse* (p. 32)*, Les Masques scandalisés* (p. 38) *et Les Pochards* (p. 31), les membres du cercle ne le comprennent plus du tout. Le fait que la diversité de ses sujets et de ses représentations irrite tout autant le public ne l'émeut guère. En revanche, que les critiques réagissent de la même manière et rejettent son art l'atteint cruellement. Son ami Eugène Demolder (1862–1919) écrit en 1892: «Ensor a été et reste pour beaucoup un ‹incompris›, un de ces gaillards d'une originalité si outrée qu'il fit hurler la foule comme une nouvelle lune le fait des chiens...»

PAGE 40:
Ensor devant la maison de la famille Rousseau à Bruxelles, Mariette Rousseau à la fenêtre, vers 1888

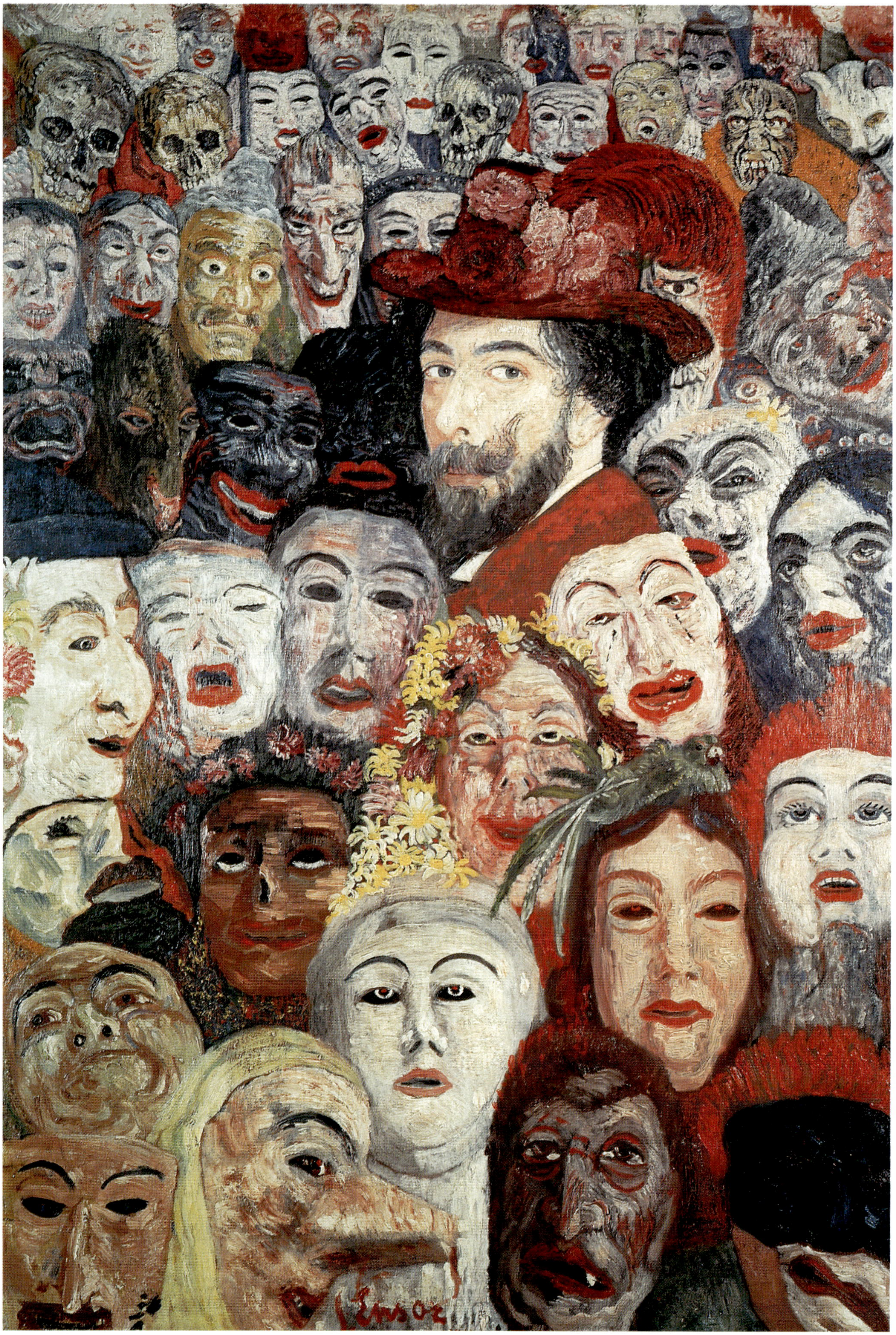
Ensor

Les foules en marche

Dès le début, les sujets bibliques jouent un grand rôle dans l'œuvre d'Ensor, et surtout la figure du Christ à laquelle Ensor s'identifie. Il serait pourtant faux d'en conclure que le peintre était profondément croyant, lui qui se considère au contraire comme un athée. Créer une œuvre religieuse ne fait donc pas partie de ses objectifs artistiques. S'il choisit des motifs bibliques, c'est qu'ils lui donnent la possibilité de mettre en scène les vicissitudes de son existence d'une manière qui lui semble très intéressante. Les thèmes religieux «revus» par Ensor sont par conséquent entremêlés de traits autobiographiques.

Sur le dessin *L'Entrée du Christ à Jérusalem* de 1885 (p. 44), les nombreux slogans inscrits sur les drapeaux et banderoles, par exemple «Mouvement flamand», «Les XX», «Salut Jésus Roi des Juifs», «Charcutiers de Jérusalem», montrent qu'Ensor veut exprimer ici ses conceptions personnelles sur l'art et la politique et non ses convictions religieuses. L'arrivée du Christ se transforme en manifestation et anticipe en tant que telle son tableau monumental de 1888–89, *L'Entrée du Christ à Bruxelles en 1889* (p. 46/47).

Le dessin mentionné fait partie d'une série de cinq travaux intitulée *Les Auréoles du Christ ou les Sensibilités de la lumière* (1885–86). Ceux-ci montrent clairement que la lumière possède pour James Ensor une signification métaphysique qui va bien au-delà de la technique. Quelque temps plus tard, il écrira: «Je n'ai pas d'enfants, la lumière est ma fille: lumière, une et indivisible; lumière, pain du peintre; lumière, amie du peintre; lumière, reine de nos sens lumière, lumière luit! Vivifie-nous, montre nous de nouvelles voies vers la joie et la béatitude.»

Le dessin de 207 sur 152 centimètres est caractérisé par des effets lumineux qui évoquent Rembrandt; en effet, le milieu du tableau est baigné d'une clarté éblouissante qui estompe tous les contours. De cette lumière irréelle, mystique, ne se déverse pas seulement une foule chaotique, mais le Christ apparaît aussi, monté sur un âne. A droite, au premier plan, un homme se dresse, comme s'il guidait la foule. Il s'agit du philosophe anarchiste Emile Littré (1801–1881), membre de l'Académie française et auteur du «Dictionnaire de la langue française», un ouvrage monumental en quatre volumes paru de 1863 à 1873. Ensor a réalisé le portrait du philosophe d'après une photographie et l'a collé sur le dessin.

Littré, un agnostique, était un disciple fervent du positivisme, mouvement fondé par le philosophe Auguste Comte (1798–1857). Critique véhément de la théologie, il avait été élu membre de l'Académie française, ce qui avait déchaîné les passions. Le fait qu'Ensor ait utilisé son portrait dans le contexte d'un univers pictural marqué de paroles politiques, sociales et culturelles montre que son objectif n'est pas la transposition artistique d'événements bibliques: il veut, à l'évidence, commenter la situation de son époque, et son propre rôle de marginal au milieu d'une foule qui semble immense. Que la situation précaire du Christ, exposé semble-t-il aux injures et aux violences, reflète de la même

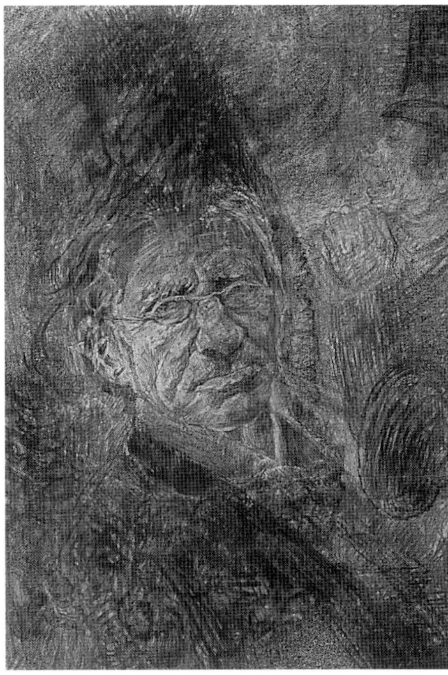

L'Entrée du Christ à Jérusalem (détail), 1885
Craie et mine de plomb sur papier, collé sur toile, 206 x 150,3 cm
Gand, Museum voor Schone Kunsten

Ensor a ajouté à son dessin un collage représentant Emile Littré, le philosophe anarchiste français (p. 44).

PAGE 42:
Ensor aux masques, 1899
Huile sur toile, 120 x 80 cm
Collection particulière

Ensor est presque étouffé par les silhouettes masquées aux visages blafards et aux lèvres maquillées de rouge qui incarnent les obsessions du peintre: la peur d'être englouti par la masse, les abîmes de l'âme humaine, l'horreur dissimulée sous un bel aspect.

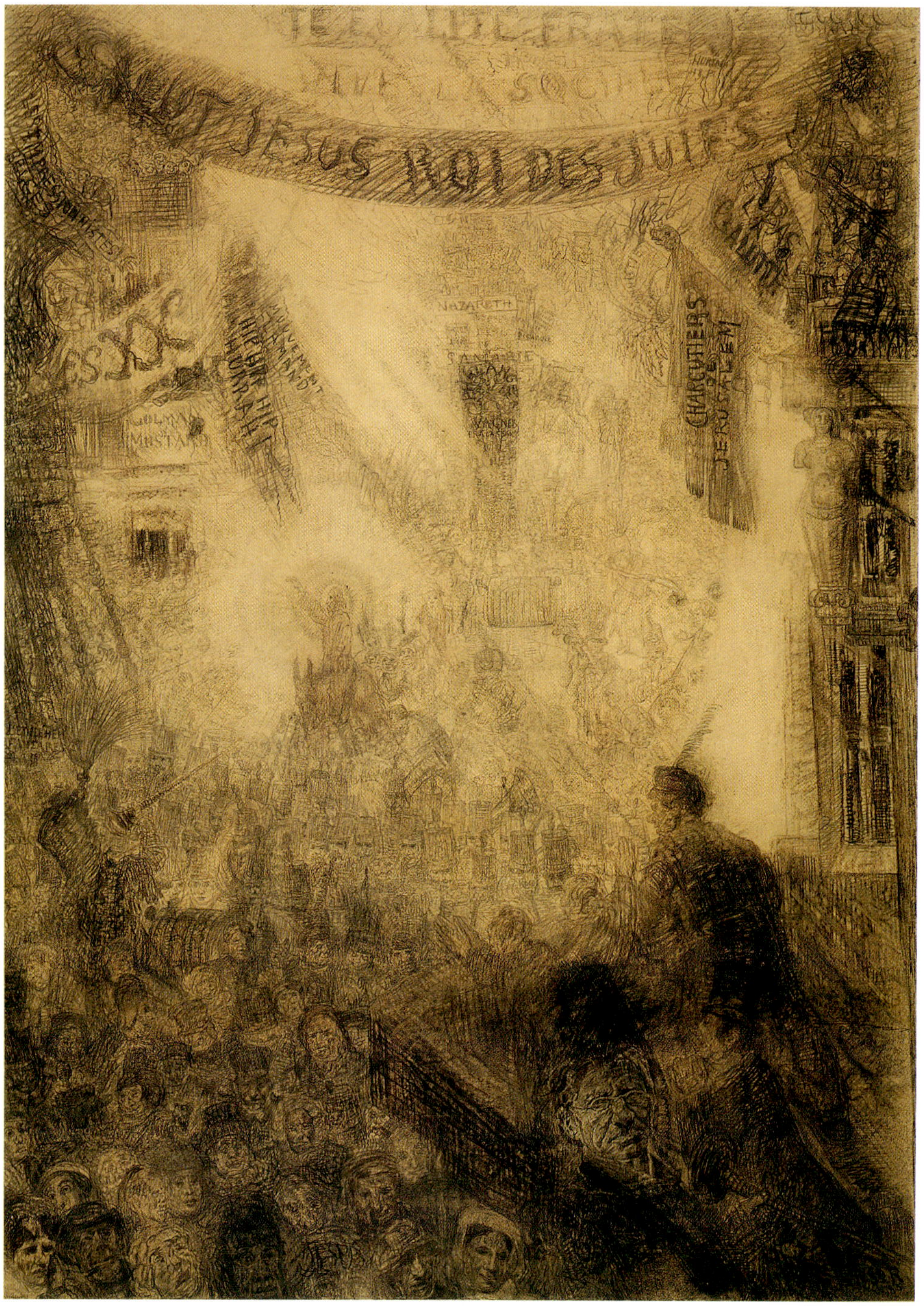

L'Entrée du Christ à Jérusalem, 1885
Craie et mine de plomb sur papier collé sur toile, 207 x 152 cm
Gand, Museum voor Schone Kunsten

«Ceci est un dessin qui déclencha un grand émoi au Salon des XX de l'année 1887. Ensor voulait représenter un Dieu des pauvres dans une glorification extraordinaire, dans laquelle s'unissent l'imagination grotesque et la pure sublimité de la lumière.» (Eugène Demolder dans la première biographie d'Ensor de 1892).
Un flot d'êtres humains se répand dans une rue. Une lumière claire et éclatante dissout les contours. L'allusion au Christ et aux événements bibliques donne à Ensor l'occasion de thématiser sa propre position de marginal et de sauveur de l'art belge.

manière celle d'Ensor, devrait être clair, d'autant plus que pour lui, qui se considère comme un novateur de l'art belge, le fondateur religieux et Littré sont aussi des révolutionnaires. En conjuguant des thèmes qui semblent n'avoir rien de commun («scepticisme philosophique», questions politiques et sociales, sa propre marginalité), Ensor montre le visage d'un artiste résolument «moderne», qui sait nouer entre eux de manière convaincante des niveaux sémantiques différents et – comme les cubistes plus tard – fixe dans l'image, les rendant «synchrones» au moyen de collages, des événements qui ne le sont pas.

Le langage pictural d'Ensor, aussi sec qu'hermétique à ses heures, laisse le champ libre à d'innombrables possibilités d'interprétation; en effet, bien que nous disposions de nombreuses lettres et discours du peintre, lui-même ne s'est pratiquement jamais étendu sur le sens de ses tableaux ou sur les intentions liées à ses compositions et personnages. Les déclarations d'Ensor sont extrêmement cryptiques, souvent ironiques et mordantes, parfois paradoxales à tous les égards. A propos de Rubens, par exemple, dont il fait ici la louange: «J'adore Rubens, votre père, le Créateur du Ciel et de la Terre», pour le traiter ailleurs de «crétin en soie et velours». Ses écrits, dont une première collection paraît en 1904 à Ostende, sont, comme sa peinture, caractérisés par des propos contradictoires. De nombreuses publications suivront au cours des années: discours, traités, et lettres. Elles aussi laissent apparaître un artiste soucieux de polir continuellement son image et qui cherche à tisser sa propre légende. Il joue avec la syntaxe et la sémantique, rien ne semble lui faire plus plaisir que de troubler le public; pourtant il est d'un abord peu facile, arrogant même, et timide.

Un témoignage du critique André de Ridder nous renseigne de manière instructive sur l'attitude toujours distante d'Ensor: «J'ai l'impression qu'il avait besoin d'être seul pour pousser plus outre son introspection. Il préférait confier à ses tableaux et gravures, et le cas échéant à une feuille de papier - article, discours ou lettre - ce qu'il entendait nous révéler au sujet de sa nature profonde. Généralement, il se contentait de déclarer qu'il ne savait pas au juste ce qu'il avait voulu exprimer dans tel tableau ou telle eau-forte, et qu'il n'avait pas de doctrines esthétiques à défendre, pas d'idées philosophiques ou politiques à propager...»

C'est en 1888 que voit le jour *L'Entrée du Christ à Bruxelles en 1889*, la peinture la plus retentissante, la plus populaire d'Ensor, et sans doute aussi l'une de ses œuvres les plus complexes. Elle est, elle aussi, construite sur le thème d'un récit biblique, l'arrivée du Messie à Jérusalem. Un sujet monumental à bien des égards puisque la toile fait plus de dix mètres carrés! Jugeant les couleurs en tube trop chères, Ensor se fait livrer chez lui des couleurs à l'huile faciles à travailler et les étale, non mélangées, sur la toile en vastes plages rouges, vertes, jaunes et bleues, séparées par du blanc. Des couleurs comme des sonneries de trompette, des accords purs et sonores! Son atelier sous les toits étant trop exigu, Ensor ne pouvait fixer au mur qu'une petite partie de la toile qu'il travaillait, les autres parties restaient enroulées sur le sol, il ne vit donc jamais l'œuvre dans son ensemble. Il ne pourra suspendre la toile dans son intégralité qu'en 1917 - vingt-neuf ans après son achèvement - quand il emménagera dans la maison de la rue de Flandre, héritée de son oncle maternel. De nombreux visiteurs étonnés pourront la contempler à cet endroit. Aujourd'hui, une réplique est suspendue à la place de l'original, acquis en 1987 par le Paul Getty Museum de Malibu aux Etats-Unis.

En ce qui concerne le thème du tableau, Ensor semble fasciné par la foule aux «mille têtes», qu'il représente comme un rassemblement multicolore de personnages «typiques» dont le cortège se dirige vers le premier plan. Les personnages rassemblés ici forment une sorte de collection de curiosités caractérologiques et, au vu de la diversité incroyable des types et des masques - parmi eux l'évêque qui mène le cortège, le juge en robe rouge, l'officier à la poitrine bardée de décorations -, le sujet du tableau se trouve en quelque sorte relégué à l'arrière-plan. Au centre, sur un second plan, derrière la ligne fermée que forment les musiciens du régiment aux shakos noirs, le Christ/Ensor passe devant des silhouettes grotesques qui lui font une haie et s'inclinent devant lui. Le Sauveur est suivi d'un cortège de personnages déguisés qui semble se poursuivre dans les profondeurs du tableau.

On remarque ici pour la première fois sur une toile de grand format le besoin que ressent Ensor de remplir complètement le tableau. Cette horreur du vide qu'il éprouve face à la toile contraste étrangement avec sa phobie de la foule dans les rues, sur la plage, au temps du carnaval. Les banderoles et les drapeaux tiennent une grande place dans le tableau et dissimulent une partie des membres du cortège. Le slogan «Vive la sociale» sur fond rouge vif saute aux yeux; il ferme le tableau sur son bord supérieur, alors que les «Fanfares doctrinaires/Toujours réussi» précèdent la foule.

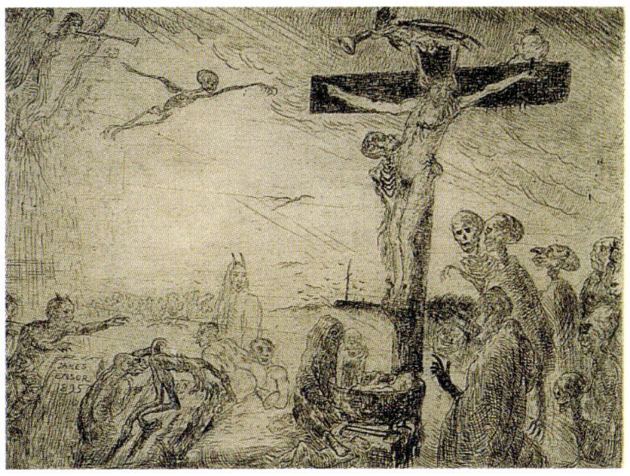

Satan et les légions fantastiques tourmentant le Crucifié, 1886
Fusain et mine de plomb sur papier, 61 x 76 cm
Bruxelles, Musées royaux des Beaux-Arts de Belgique

Ce dessin baigné de régions extrêmement lumineuses ou obscures illustre l'influence de Rembrandt sur Ensor.

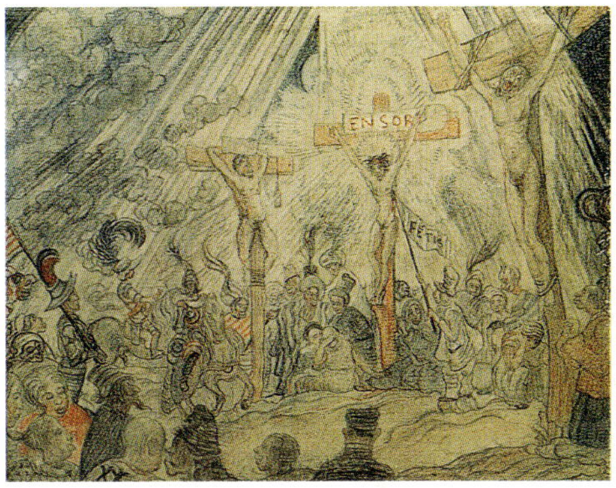

Le Calvaire, 1886
Crayons de couleur sur bois, 17,2 x 22,2 cm
Collection particulière

Le critique d'art Edouard Fétis porte le coup mortel au Christ/Ensor.

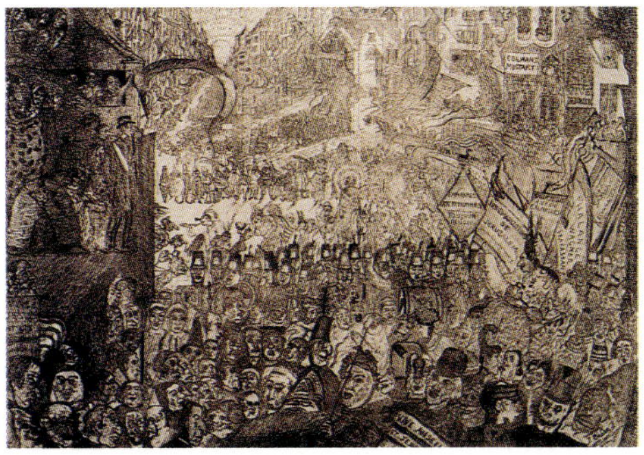

L'Entrée du Christ à Bruxelles, 1898
Eau-forte sur papier Japon, 24,8 x 35,6 cm
Bruxelles, Bibliothèque Royale Albert Ier

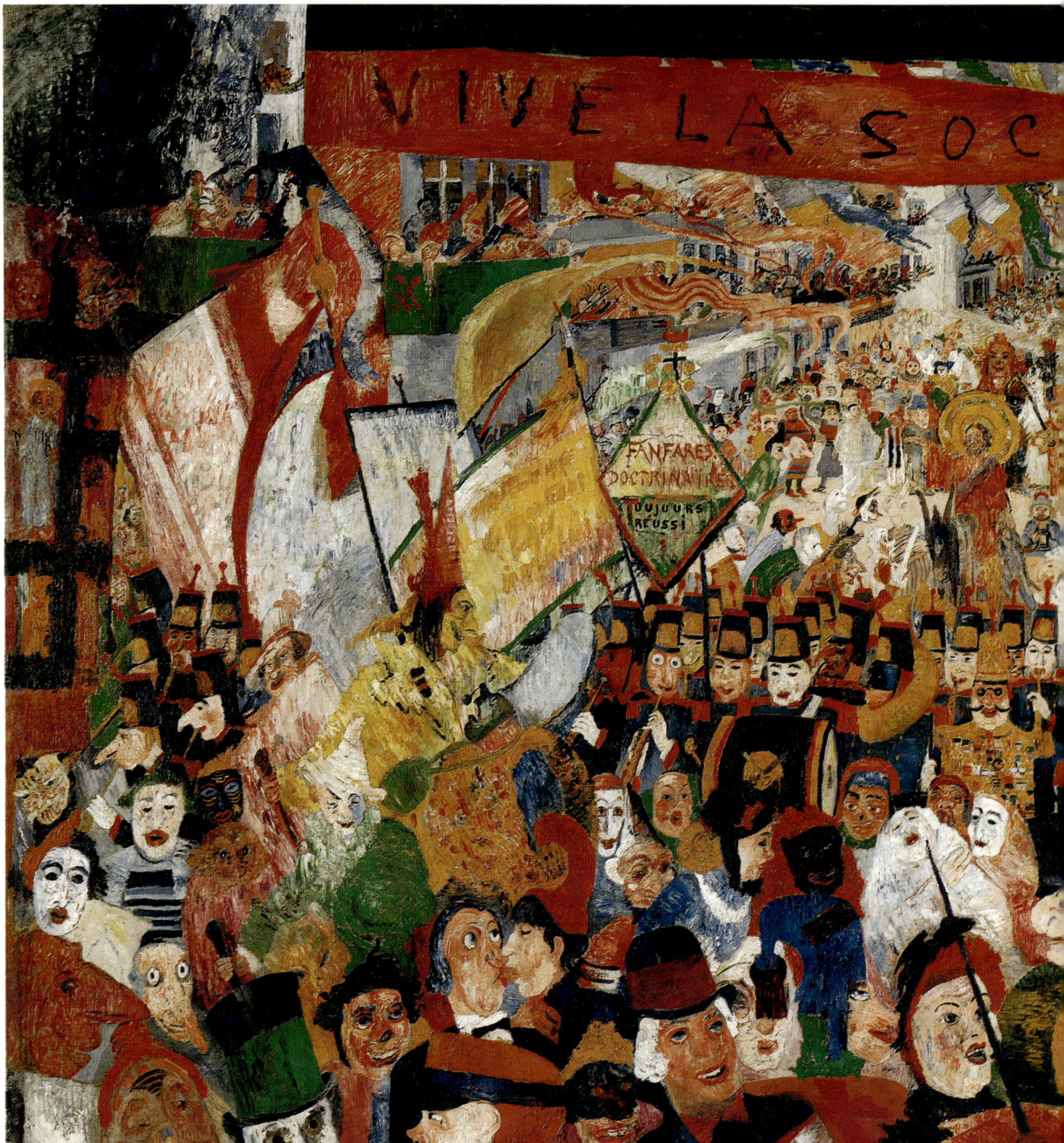
VIVE LA SOC
FANFARES DOCTRINAIRES
TOUJOURS RÉUSSI

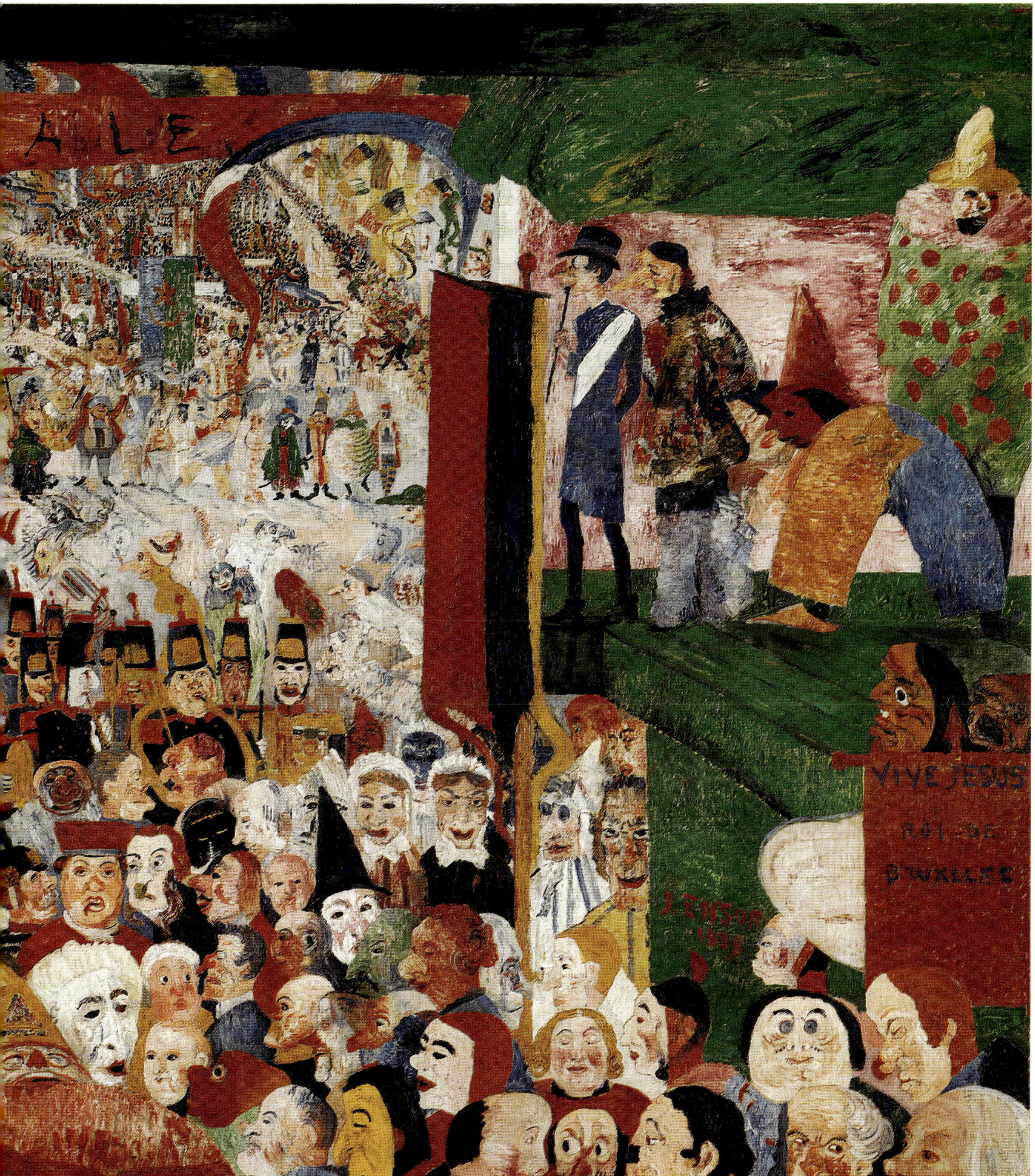
VIVE JESUS

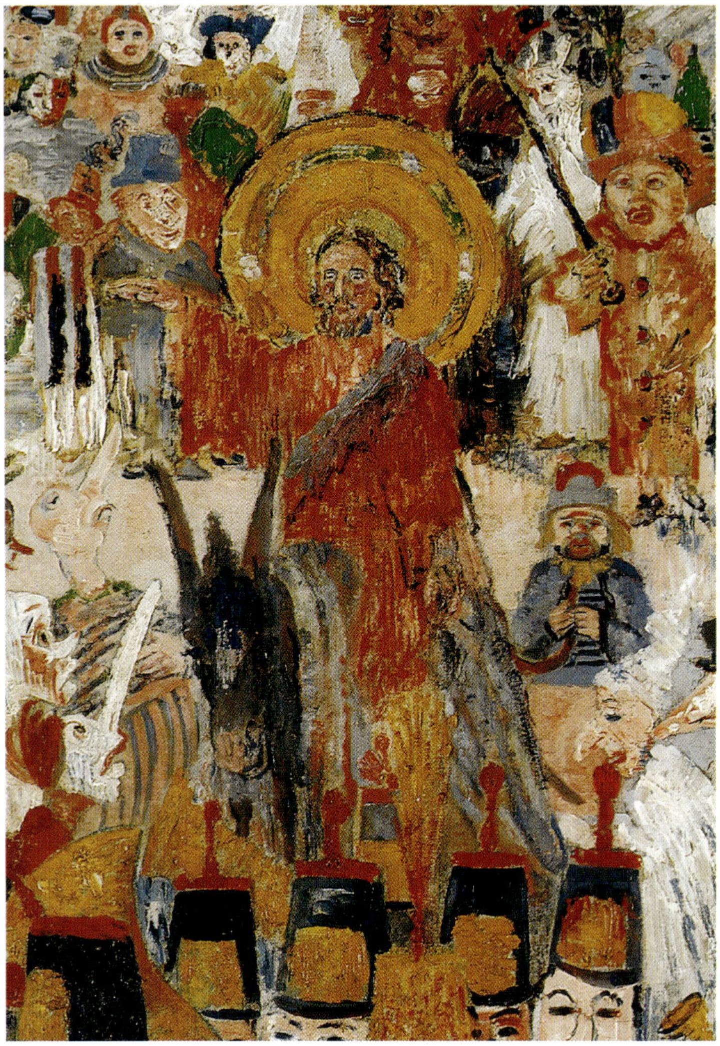
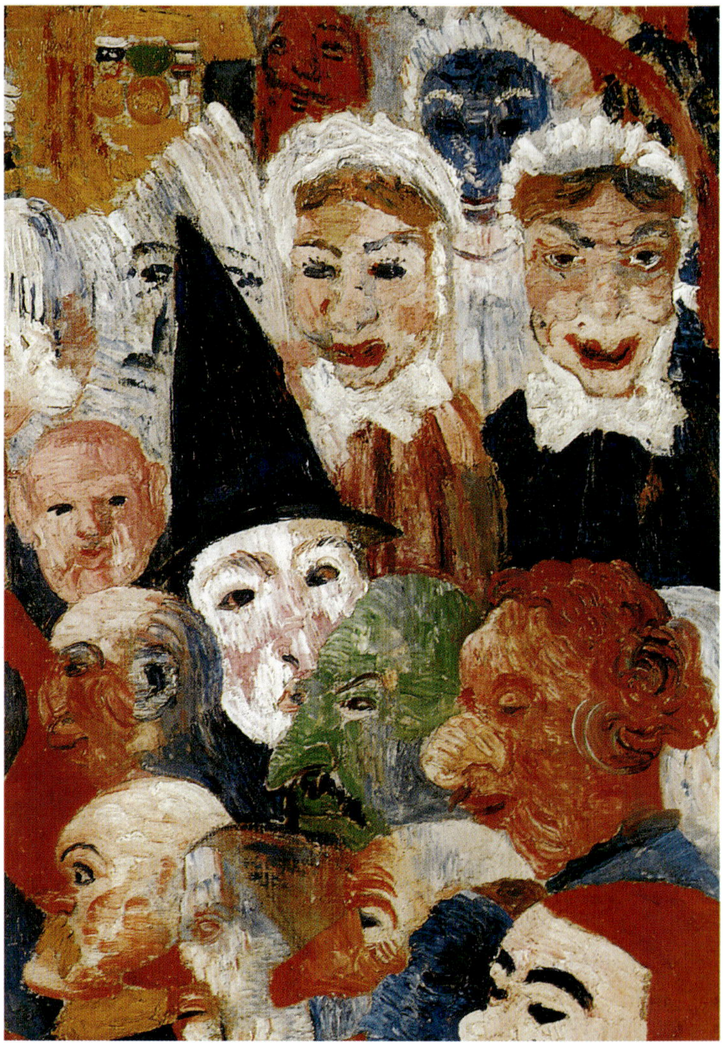

Sous l'estrade verte à droite, on reconnaît le visage des *Masques scandalisés* (p. 38), à côté, sur la gauche, Mitche, la sœur d'Ensor. La tête de mort au chapeau haut de forme, en bas à gauche, évoque, quant à elle, le fiancé de *L'Intrigue* (p. 58/59). Outre les allusions à sa famille, ce fantastique cortège de carnaval recèle de nombreuses références à la politique et la société belges, à la littérature et l'histoire de l'art.

Les visages grotesques et risibles au premier plan du tableau contrastent nettement avec le personnage principal peint en couleurs chaudes et doté d'une grande auréole, au centre du tableau. Laids et ridicules, oppressants et menaçants dans leur diversité bigarrée, ils se précipitent sur le spectateur, telle une vague humaine que rien ne peut arrêter. La foule serre le peintre de près, et seule la figure centrale du Christ, son alter ego, qui bénit la foule et fait avec solennité son entrée à Bruxelles, reste intouchée. Le Christ, auquel Ensor s'identifie même physiquement, représente la cristallisation de son désir: être lui-même un sauveur victorieux, c'est-à-dire entrer à Bruxelles, enfin reconnu en tant qu'artiste.

Toutes les silhouettes difformes, tous les longs nez et les faces de brebis, les bourgeois injurieux, les faces grimaçantes et sardoniques sont «autobiographiques» dans la mesure où ils expriment la colère et la déception qu'éprouve Ensor à l'égard d'un entourage qui non seulement ne le comprend pas mais le méprise et se moque de lui. Ses homologues peintres qui ne veulent pas exposer ses toiles, sa famille pour qui son travail n'est que du temps gaspillé, les critiques d'art qui l'ignorent ou le raillent, les citoyens d'Ostende qui doutent de ses facultés mentales – ils sont tous réunis dans ce tableau. Ensor – du jamais vu – s'insurge contre cette situation et nous fait voir le monde comme un cortège de

ILLUSTRATION PAGE 46/47 ET DETAILS CI-DESSUS:
L'Entrée du Christ à Bruxelles en 1889,
1888–89
Huile sur toile, 252,5 x 430,5 cm
Malibu (CA), The J. Paul Getty Museum

Cette œuvre majeure d'Ensor est considérée comme son manifeste expressionniste et son legs artistique. Dans ce fantastique cortège de carnaval, le peintre rassemble ses obsessions et ses craintes, le plaisir qu'il éprouve à satiriser et railler, ses conceptions socio-politiques et morales.
Le tableau est resté trente ans enroulé dans la mansarde d'Ensor et fut exposé pour la première fois en 1929. Jusqu'en 1987, il fut prêté au Musée d'Anvers ou au Kunsthaus Zürich. En 1987, il devint la propriété du J. Paul Getty Museum de Malibu en Californie.
Les deux détails montrent le Christ/Ensor – un sauveur à l'air lointain, bénissant la foule ricanante qui ne peut rien contre lui, et un rassemblement sauvage de visages masqués gras et ricanants, où l'on distingue aussi des membres de la famille d'Ensor.

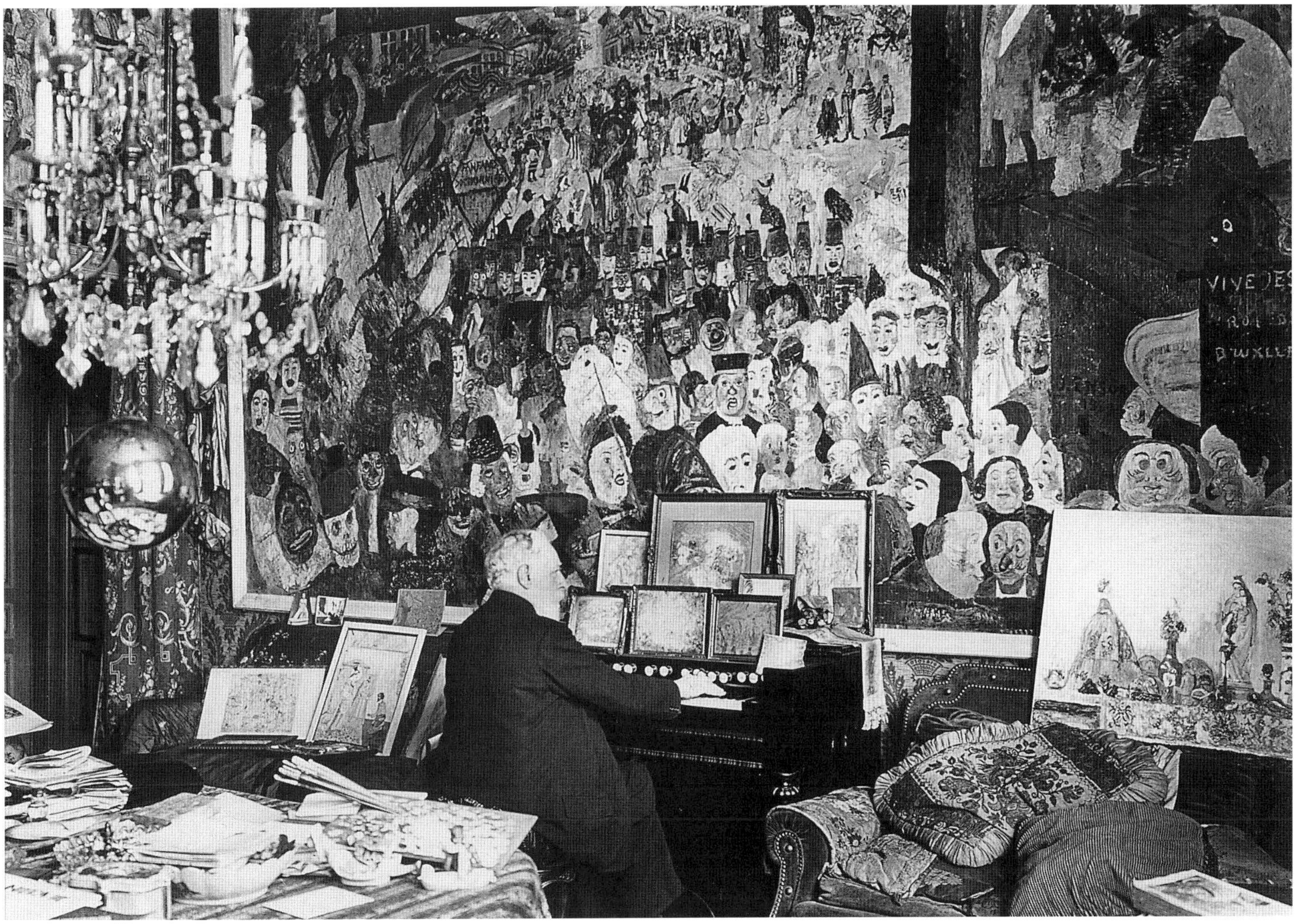

Ensor à l'harmonium, à l'arrière-plan *L'Entrée du Christ à Bruxelles,* 1937

carnaval sans fin, un défilé d'êtres humains plus ou moins infantiles, méchants, abrutis, fourbes et sots.

Ensor développe un panorama grandiose des créations imaginaires les plus bizarres, de personnages aux couleurs stridentes, dont l'effet est rehaussé par des parties noires et blanches: «*L'Entrée du Christ à Bruxelles* – là grouille tout le petit peuple dur et tendre que la mer a craché... Subjuguée par l'ironie, stimulée par la magnificence, ma vision se fait plus acérée, j'éclaircis mes couleurs, elles sont volontaires et personnelles».

Commentant *L'Entrée du Christ à Bruxelles en 1889*, Emile Verhaeren écrit: «On voit là l'Homme-Dieu, placé de manière grotesque au cœur de nos pauvres controverses journalières débridées. Il assiste au défilé excitant et tumultueux de nos exigences politiques et sociales, tout comme un banal délégué parlementaire, maire, élu municipal, député, un jour de manifestations effrénées... Aucun doute, que l'œuvre regorge d'erreurs dans l'agencement et la perspective, mais sur le plan de la couleur elle est magnifique. Les tons bleus, rouges et verts, soit juxtaposés soit séparés l'un de l'autre par de larges surfaces blanches, font l'effet d'une sonnerie de tons purs, et leur mélange audacieux, parfois brutal exerce un effet lyrique sur l'œil.»

Il paraît qu'en cours de travail, Ensor a sans cesse rajouté de nouveaux visages, par exemple au retour de ses promenades régulières à travers Ostende.
Le fait qu'il n'ait jamais pu voir la toile dans son ensemble à cause du manque d'espace dans son atelier, est sans doute la cause d'un certain manque d'uniformité stylistique; on peut ainsi observer des endroits travaillés de manière superficielle à côté d'autres traités avec grand soin, des parties transparentes à côté de parties opaques, des sections où les figures jouxtent les plages de couleur.

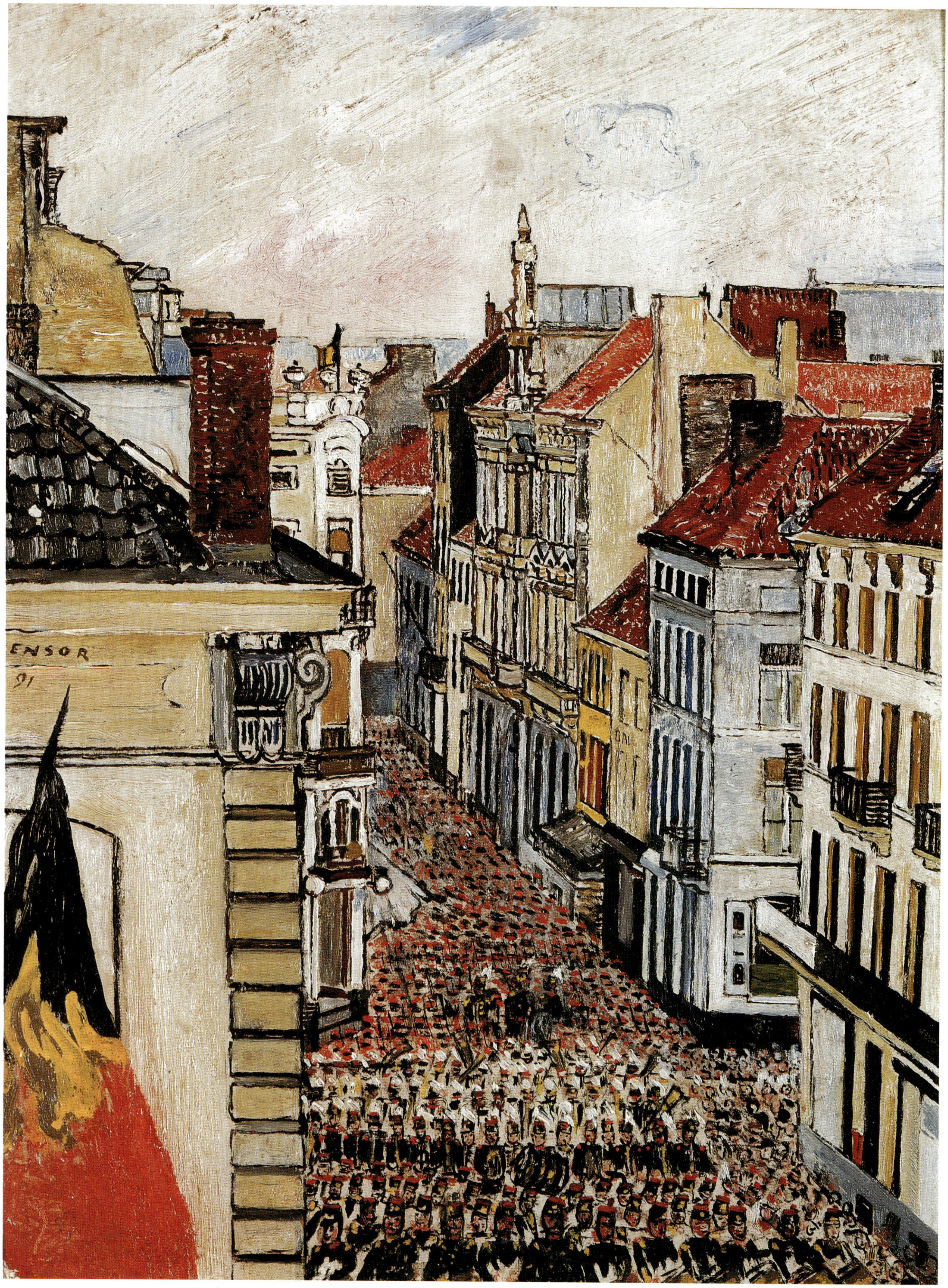
ENSOR
91

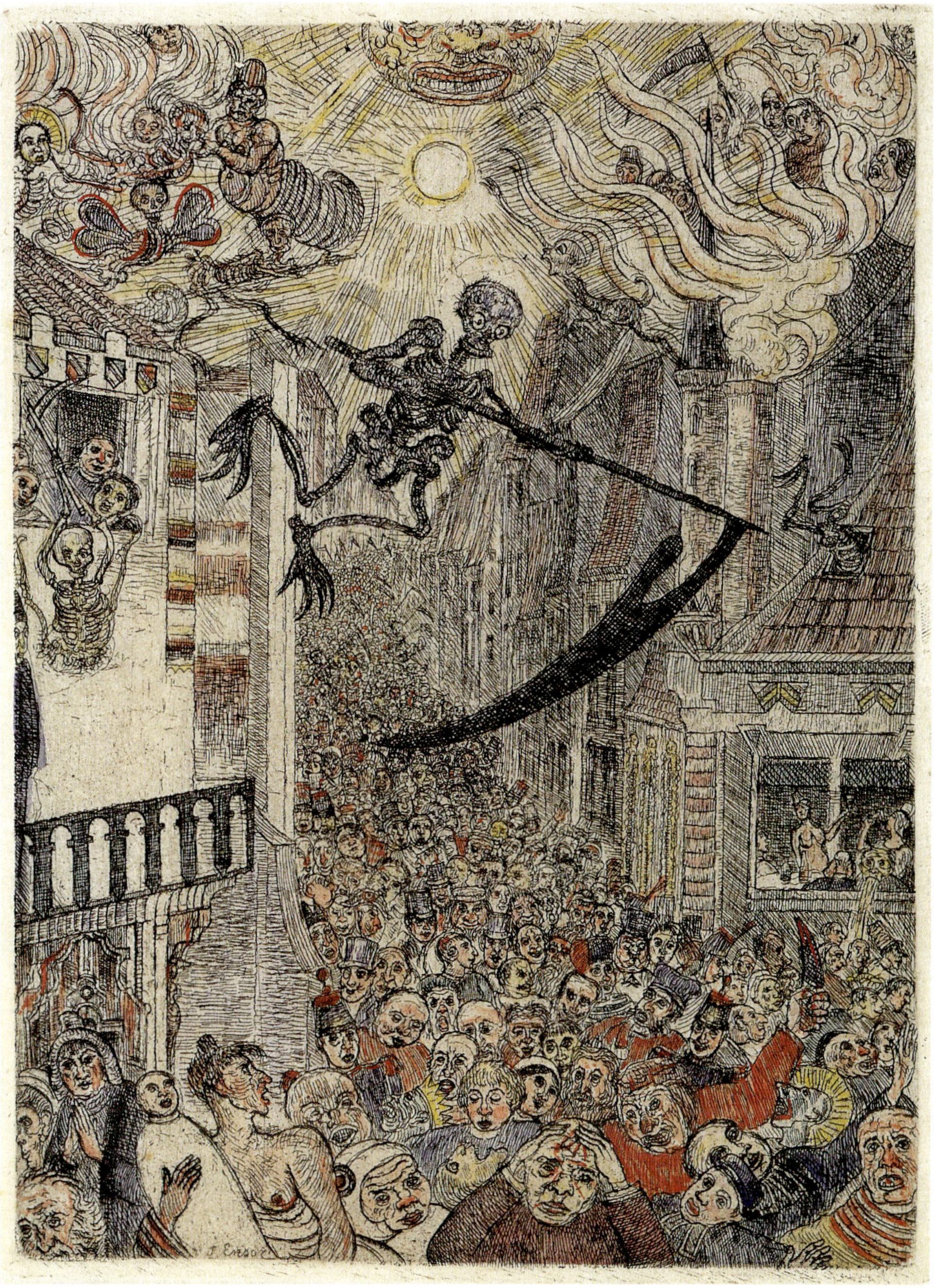

La Mort poursuivant le Troupeau des Humains, 1896
Eau-forte sur papier Japon, 23,4 x 17,5 cm
Collection Mira Jacob, Paris

Ensor reprend ici le thème médiéval de la Danse macabre mais enrichi de son thème spécifique, les foules. La rue étroite évoque la *Musique dans la rue de Flandre*; néanmoins, il ne s'agit pas ici d'un défilé bien ordonné mais d'une foule paniquée et chaotique qui se précipite vers l'avant.

Comme il fallait s'y attendre, personne ne prête attention au tableau d'Ensor. *L'Entrée du Christ à Bruxelles en 1889* sera exposé pour la première fois en 1929, soit quarante et un ans après son achèvement. Il est triste de constater que personne ne s'intéressera au peintre d'Ostende en sa période la plus fructueuse.

En revanche, une autre toile de grand format, néo-impressionniste celle-là, fait fureur à Bruxelles à la fin des années 80. Il s'agit de l'œuvre la plus importante de Georges Seurat (1859–1891), *Un dimanche après-midi à la Grande Jatte*, 206 x 306 cm, dont la touche pointilliste sera imitée, en Belgique aussi, par de nombreux peintres dont Willy Finch, le jeune Henry van de Velde et Théo van Rysselberghe. Ensor ne comprend pas le bruit fait autour de la toile du peintre français, il fait peu de cas du pointillisme et trouve les petits points de couleur juxtaposés ennuyeux et conventionnels. Ce nouveau style pictural n'est pour lui qu'«un art de pur calcul et de vision étriquée», et il le rejette. Comme tant d'autres peintres vivant dans l'isolement et dont les pensées et les actes tournent surtout autour d'eux-mêmes, sa première réaction est de considérer comme un rival tout peintre plus favorisé que lui par la fortune, d'autant plus qu'il est déçu

PAGE 50:
Musique dans la rue de Flandre, 1891
Huile sur toile, 24 x 19 cm
Anvers, Koninklijk Museum voor Schone Kunsten

De son atelier, Ensor voyait l'ensemble de la rue de Flandre et pouvait observer tous les événements tels les cortèges de carnaval ou les défilés militaires de manière distancée. Des contours précis et des couleurs signalétiques apparaissent comme la correspondance picturale de la musique de marches militaires.

de voir que son originalité et son génie ne sont pas reconnus. Dans ce contexte, Heusinger von Waldeck défend la thèse selon laquelle la toile monumentale d'Ensor serait une réaction consciente au *Dimanche à la Grande Jatte* peinte par Seurat en 1884.

La foule considérée comme une menace, un cauchemar même, sera le thème de nombreuses autres toiles qui verront le jour après *L'Entrée du Christ à Bruxelles en 1889*. Le peintre, qui passe ses journées dans sa mansarde au quatrième étage, développe une véritable peur panique de la foule. Celle-ci, qui représente la force politique et sociale des gens de la rue, acquiert au 19e siècle une signification de plus en plus forte, ressentie souvent aussi comme une menace. Dans son ouvrage «La psychologie des foules» paru en 1895, le sociologue Gustave Le Bon (1841–1931) a mis le doigt sur les angoisses du monde bourgeois face à la foule déchaînée dont «d'universels symptômes montrent dans toutes les nations, l'accroissement rapide de la puissance...». Selon lui, «la foule est un troupeau qui ne peut se passer de maître», ce maître étant pour lui l'un de «ces névrosés, ces excités, ces demi-aliénés qui côtoient les bords de la folie».

Le royaume belge était le pays d'Europe le plus peuplé à la fin des années 90. Il est la scène de nombreuses marches protestataires et de défilés qui visent surtout l'Eglise et le roi Léopold II. Les exigences de vastes classes sociales recouvrent en partie les idées révolutionnaires d'Ensor. Le peintre s'en inspire dans les slogans inscrits sur les banderoles, même s'il les tronque toujours de manière ironique, et prend ainsi position envers les questions politiques et artistiques importantes de l'époque. Le rapport d'Ensor avec la foule est ambivalent, d'un côté il éprouve des sentiments de rejet et de crainte, de l'autre de la «solidarité» et de la compassion. Ici aussi, on peut supposer qu'Ensor cherchait à «exorciser» dans son travail les démons qui le harcelaient dans sa réalité quotidienne.

Dans son récit «L'homme dans la foule», Edgar Allan Poe qu'Ensor appréciait énormément, écrit que la foule est un conglomérat formé de personnages isolés se déplaçant l'un à côté de l'autre et uniquement préoccupés d'eux-mêmes. Ce trait semble aussi caractériser les masses représentées par Ensor. Face à la foule grossière et aveugle, dépourvue de sensibilité, il place l'individu

PAGE 53:
La Cathédrale, 1886/1933
Eau-forte sur papier de Chine, coloriée à la craie par Ensor en 1933, 23,5 x 17,5 cm
Slijpe (Belgique), James Ensor Archief, P. Florizoone

Ensor réalisa en tout 133 œuvres graphiques, une première série entre 1886 et 1889, une seconde entre 1895 et 1899. *La Cathédrale* est l'une de ses meilleures eaux-fortes et l'un des premiers documents ayant pour thème la foule.

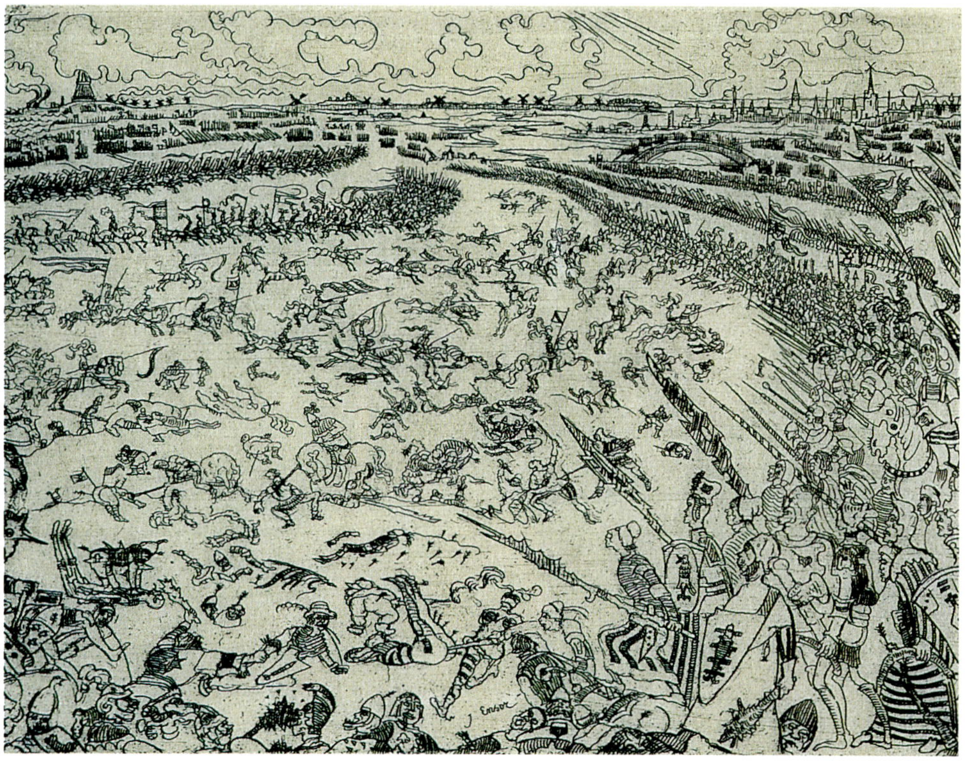

Bataille des éperons d'or, 1895
Eau-forte sur papier vergé ancien, 17,3 x 23,7 cm
Bruxelles, Collection Crédit Communal – Dexia

Ensor fait ici allusion à une bataille qui s'est déroulée en 1302 entre Flamands et Français, et où ces derniers furent vaincus. «*La Bataille des éperons d'or* est une kermesse au cours de laquelle on tue par plaisir, on tombe pour se distraire et où on meurt pour le plaisir de faire des grimaces.» (Emile Verhaeren)

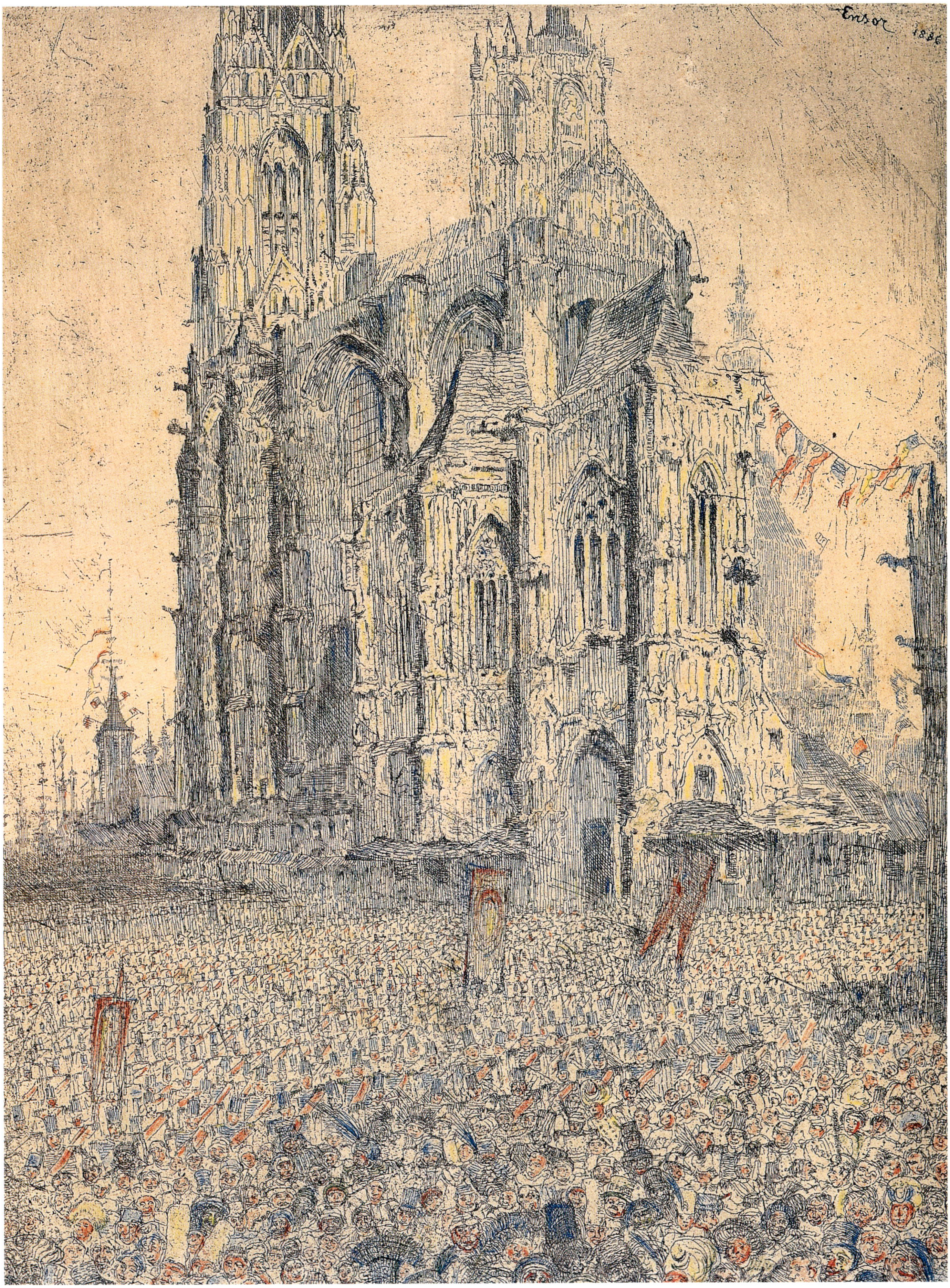
Ensor 1886

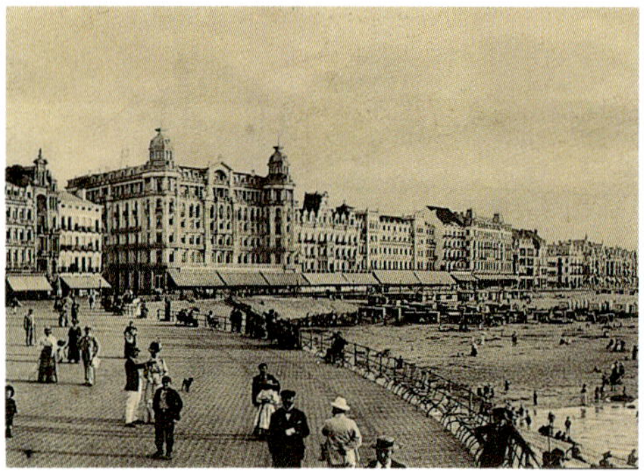

La plage et la promenade d'Ostende, carte postale, vers 1895

conscient de lui-même qui, par exemple en tant qu'artiste et intellectuel, se démarque d'elle entre autres par son langage et sa vision du monde.

De sa mansarde d'Ostende, Ensor domine la rue de Flandre, il voit le flux ininterrompu des passants, suit du regard tous les cortèges de carnaval, toutes les manifestations et les parades militaires. Mais, à la différence des impressionnistes dont les rues et les places sont peuplées de gais flâneurs, la rue ensorienne, par exemple dans *Musique dans la Rue de Flandre* (p. 50) est une zone emplie d'un flot amorphe de gens pressés, aveugles à ce qui les entoure. Le dessin précis, les contours nets et les coloris «fauves» de cette œuvre la différencient essentiellement des scènes de rues du début des années 80 vouées à l'impressionnisme. Maintenant, les maisons semblent retentir du rythme de l'orchestre militaire, les lignes noires des façades et les toits rouges absorbent le bruit du défilé.

Dès lors, la rue et la foule semblent aller de pair pour Ensor; néanmoins, la rue n'ouvre pas une voie, elle représente un passage rétréci, un piège même. Ceci s'exprime de manière particulièrement impressionnante dans la planche *La Mort poursuivant le Troupeau des Humains* de 1896 (p. 51). La Mort à la faux, dotée de serres de vautour, se rue sur la foule paniquée. A l'exception d'une mère et son enfant, les personnages n'ont qu'un but, sauver leur propre vie. Et la foule, homogène au premier regard, s'avère être, comme c'est souvent le cas chez Ensor, une masse constituée d'innombrables éléments distinctifs, sans rapport l'un avec l'autre.

Wilhelm Fraenger a fait remarquer que la représentation de la foule chez Ensor n'est pas liée au véritable sujet du tableau. Qu'il s'agisse d'un épisode de la vie du Christ, d'une scène de rue ou d'une vue de la plage, on constate que l'artiste insère ses motifs dans un pêle-mêle de vues de foules grotesques. De telles transpositions picturales ne tirant pas nécessairement leur origine du motif, il faut en chercher la raison chez le peintre lui-même. Selon Fraenger, ce sont vraisemblablement les frayeurs d'Ensor qui se manifestent ici: l'artiste seul et isolé a peur de sombrer dans la foule qui engloutit l'individu et de perdre son identité.

Autre aspect intéressant, la représentation de la foule chez Ensor acquiert une signification qu'il ne faut pas sous-estimer pour la structure du tableau, dans la mesure où elle contribue de manière fondamentale au rythme de la composition. Ensor fait s'affronter l'ordre et le désordre, l'harmonie et le chaos, générant ainsi de violentes impressions dynamiques. Perdu au milieu des masses humaines agitées, l'individu doit abandonner toute exigence de particularité. Ceci est particulièrement manifeste sur la gravure *Bataille des éperons d'or* (p. 52) qui se réfère à une confrontation sanglante entre Français bien armés et Flamands mal équipés en l'an 1302.

Ce motif détermine aussi une de ses œuvres graphiques les plus célèbres, *La Cathédrale*, de 1886 (p. 53). Un groupe de personnes en marche arrivant de biais, se démarque d'une foule dense de silhouettes insolites ou banales. Ici aussi, l'ordre fait face au chaos, la discipline affronte l'anarchie. La planche éveille une impression d'espace et la profondeur. Cet effet est dû en partie à l'agencement différencié des divers flux humains, qui semblent se mouvoir aussi bien en diagonale que verticalement, se diriger vers l'avant, hors du tableau, ou vers les profondeurs de l'espace suggéré.

Mais quel est le thème véritable de cette petite gravure réalisée de main de maître par Ensor, âgé alors de vingt-six ans? S'agit-il d'un cortège de carnaval ou d'un défilé militaire? Ou est-ce que les masses prolétaires sont chassées du parvis de l'église par le bras armé de l'Etat? Et que signifie l'église gothique qui domine l'ensemble et dont la nef évoque le dôme d'Aix-la-Chapelle, la tour de gauche, la cathédrale Saint-Etienne de Vienne, et la tour inachevée, la cathédrale d'Anvers, dont le peintre s'est inspiré? Et les lignes ajourées, saccadées de la nef? Pour les uns, dont Paul Haesaert, il s'agirait d'une formule artistique pour

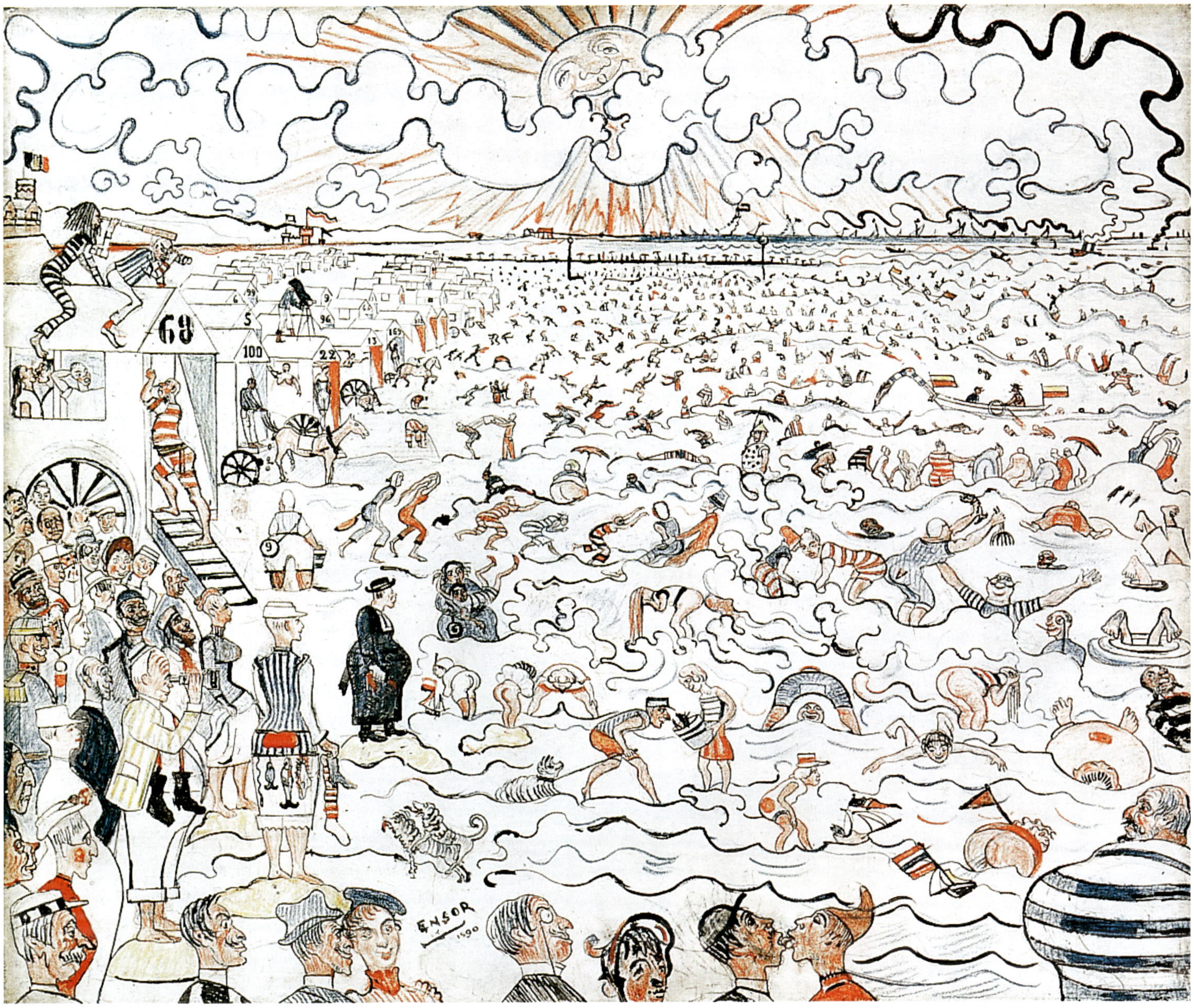

Les Bains à Ostende, 1890
Craie noire, crayon de couleur et huile sur panneau, 37,5 x 45,5 cm
Collection particulière

Une description gaie et satirique des plaisirs de la plage ostendaise. S'inspirant de Pieter Brueghel, Ensor décrit des scènes grotesques; les allusions érotiques y sont cependant si claires que le cercle des XX s'en offusqua et refusa le tableau.

rendre l'édifice gai et léger, transparent, le signalant ainsi comme un contraste manifeste à la foule compacte et grouillante. Pour les autres, W. Fraenger par exemple, l'église est en train de se désagréger et symbolise la position d'Ensor envers la religion et l'Eglise. L'orientation des visages au premier plan laisse penser que la foule se concentre sur un événement ou une personne qui se trouve hors du tableau.

Les Bains à Ostende (ci-dessus) nous montre une scène agencée de manière tout à fait différente, gaie et on ne peut plus satirique. Ici, Ensor jette un regard d'entomologiste sur les joyeuses baignades estivales du «petit peuple», ce qu'observe d'ailleurs avec méfiance la «bonne société» ostendaise: renouant avec les scènes burlesques de Pieter Brueghel, Ensor nous brosse ici un tableau de mœurs peuplé de motifs érotiques sans compromis, fixés avec une franchise si brutale, que même les artistes progressistes de La Libre Esthétique fondée par Octave Maus après qu'il eut dissous le cercle des XX, le rejettent effrayés. Le roi Léopold II, amusé, n'en dira pas moins: «Monsieur Ensor a fort bien réussi ce sujet, il n'a pas exagéré, c'est bien ainsi qu'à Ostende on se baigne. La mer et les bains nous réservent parfois d'agréables surprises».

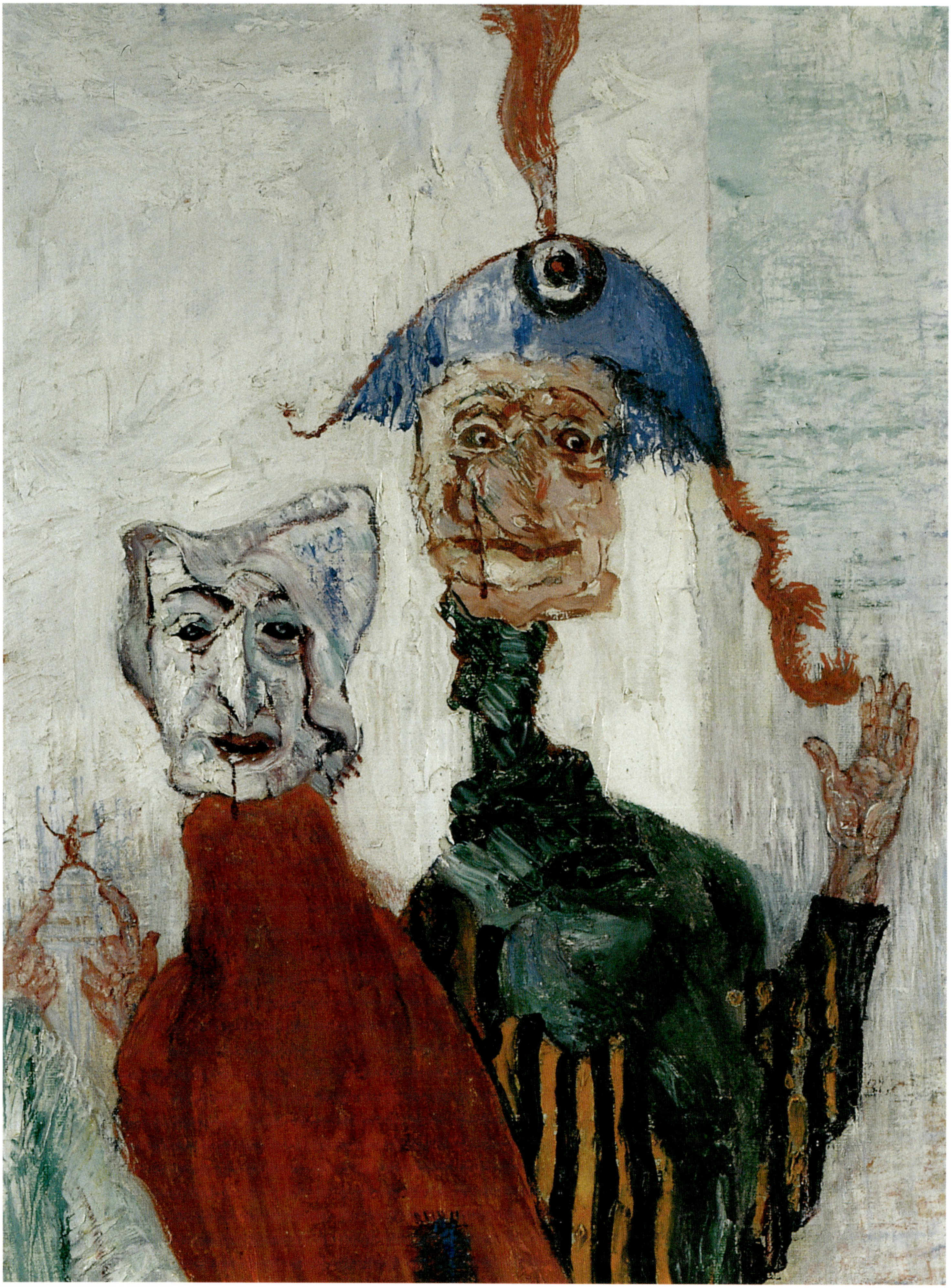

Derrière le masque

«Enfin... Je me suis confiné joyeusement dans le milieu solitaire où trône le masque tout de violence, de lumière et d'éclat. Le masque me dit: Fraîcheur de ton, expression suraiguë, décor somptueux, grands gestes inattendus, mouvements désordonnés, exquise turbulence.» Dans un style imagé et emphatique, Ensor donne la raison de son intérêt pour le masque qui est bien plus pour lui qu'un simple motif de carnaval. Si son premier travail sur ce thème, *Les Masques scandalisés* (p. 38), représentait encore de manière naturaliste un couple déguisé, dont les masques dissimulaient l'identité, dans les tableaux ultérieurs d'Ensor, le masque qui est au départ «attribut» devient la «substance» des individus représentés. Ces figures bizarres et tragiques, dont l'essence est par elle-même le masque, reflètent l'univers intérieur d'Ensor, ses angoisses et ses visions.

Il va de soi que l'utilisation du motif du masque renvoie tout d'abord à la légendaire tradition carnavalesque d'Ostende, sa ville natale. L'apogée officielle de ces festivités qui culminent parfois en excès orgiaques est le Bal des rats morts, un cortège organisé tous les ans jusqu'à ce jour et connu bien au-delà des frontières de la ville. La ville grouille alors de silhouettes déguisées et masquées, une vision grotesque, parfois fantomatique. A l'époque d'Ensor, le carnaval d'Ostende n'a pas son pareil en Belgique, la ville sort alors de sa somnolence qui aura duré huit mois.

Le carnaval n'est pas seulement un divertissement amusant, un événement bienvenu qui distrait de la banalité quotidienne, il représente aussi – et ceci est particulièrement vrai dans le cas de James Ensor – un «monde à l'envers» anarchique dans lequel les rapports sociaux et politiques réels sont démontés, renversés, démontrés par l'absurde et ridiculisés.

Dans la famille d'Ensor, sa grand-mère surtout adorait se déguiser; Ensor aimait beaucoup lui aussi se glisser dans d'autres «peaux» que la sienne pour se balader ensuite incognito avec son ami Ernest Rousseau dans les rues d'Ostende, en poussant de temps en temps des cris épouvantables. La boutique de sa mère recelait un grand choix de masques en papier mâché: arlequins et démons, têtes de mort et d'animaux, etc.

On trouve rarement chez Ensor les masques africains et asiatiques qu'apprécieront tant les expressionnistes. Il rejette carrément le primitivisme des masques nègres: «Je réprouve sans indulgence les masques mal tournés des enfers africains, pouah sur les traits des charmes bon marché du fétichisme négroïde ou gorillesque qui ont fait leur temps.» En revanche, il s'enthousiasme pour la diversité formelle des masques de carnaval de sa patrie flamande: «...faits avec tendresse, épicés de joliesse, purpurins, bleus azur, nacrés, mouleux, huîtreux, marqués, rayés, turbotés, barbus, haddockés, solés, filous, pleins d'imagination, ils sont exubérants à cœur joie.»

Ensor crée tout un univers de masques sur ses tableaux. Un croquis qui nous est parvenu montre comment il savait, en quelques traits, fixer sur le papier des

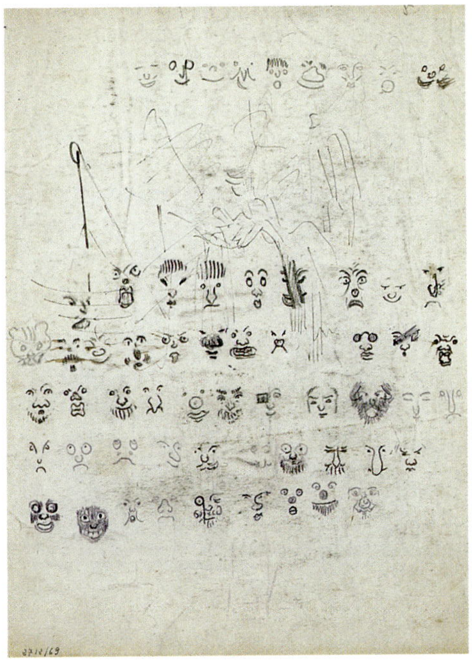

Rangées de masques, 1885
Crayons Conté sur papier, 22,4 x 17,5 cm
Anvers, Koninklijk Museum voor Schone Kunsten

Ensor expérimente systématiquement diverses possibilités d'aliénation des personnages et utilise aussi les techniques des caricaturistes: exagération, raccourci, déformation.

PAGE 58/59:
L'Intrigue, 1890
Huile sur toile, 90 x 150 cm
Anvers, Koninklijk Museum voor Schone Kunsten

PAGE 56:
Les Masques singuliers (détail), 1892
Huile sur toile, 100 x 80 cm
Bruxelles, Musées royaux des Beaux-Arts de Belgique

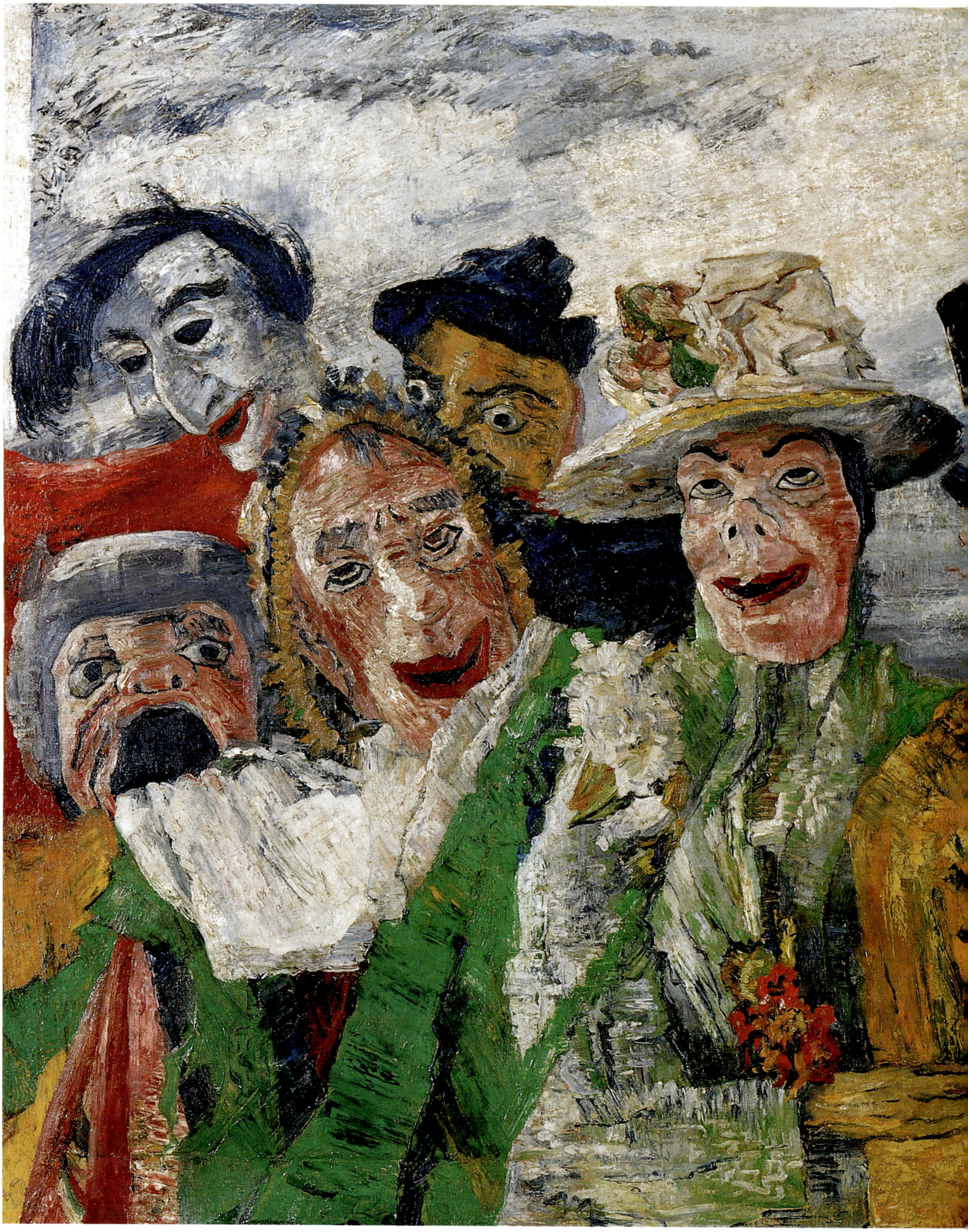

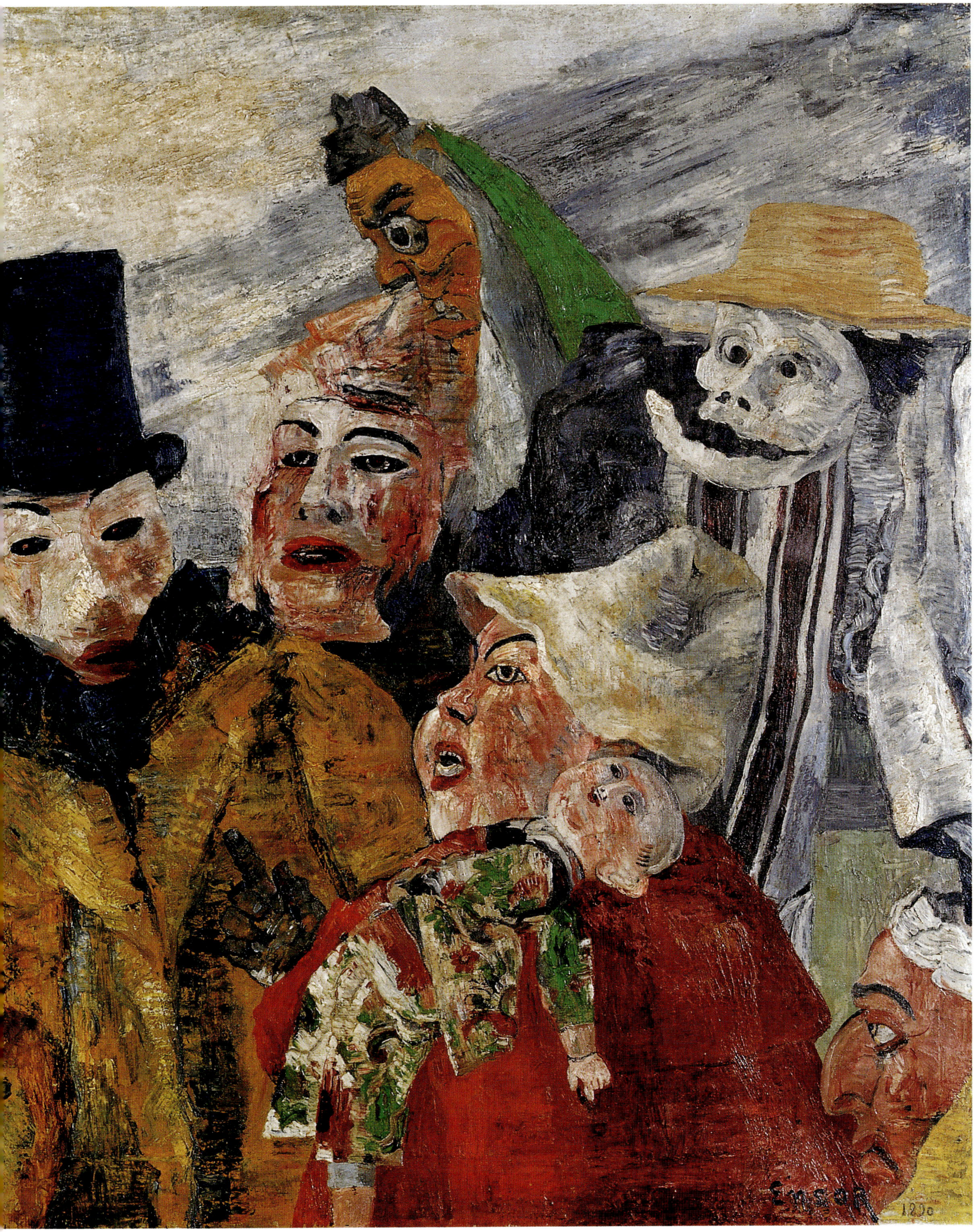
Ensor
1890

L'Etonnement du masque Wouse, 1889
Huile sur toile, 109 x 131 cm
Anvers, Koninklijk Museum voor Schone Kunsten

Quelle drôle de peinture! Une vieille masquée affublée d'oripeaux ridicules se dresse devant un tas de masques et de vêtements jetés pêle-mêle et qui ressemblent aux vestiges d'un cortège de carnaval. Des objets réalistes et d'autres, qui semblent surgir d'un monde onirique ou imaginaire, sont mis en relation de manière on ne peut plus déroutante.

expressions différentes et des grimaces (p. 1 et 57). Ce faisant, il se servait des techniques utilisées aussi par les caricaturistes: exagération, raccourci, déformation. Cela donne chez Ensor une véritable collection de physionomies les plus bizarres: des faces grimaçantes aux orbites vides et aux bouches peinturlurées fixent le spectateur, tout comme de ricanants visages «de tous les jours» au regard morne.

Le masque et la foule seront dès lors inséparables: la foule menaçante correspond au masque hypocrite et repoussant. On notera que les transitions entre le visage et le masque sont parfois fluides. Que nous montre la toile *Les Masques singuliers*? Des visages tordus et grimaçants, des faces masquées ou des masques éveillés à la vie? Au départ, le masque dissimule le «vrai» visage. Dans *L'Intrigue* de 1890 (p. 58/59), plusieurs personnages entourent un couple, leurs mines distillent l'hostilité et l'hypocrisie. On a prétendu que le couple représentait Mitche, la sœur d'Ensor, et son époux chinois. Cette hypothèse est problématique, vu que Mitche ne s'est mariée qu'en 1892.

Sur le bord droit du tableau, observant en spectateur les gens qui titubent, la Mort se dresse, à la fois memento mori et participant à la fête fantasmagorique. Elle est peinte en teintes plates, tout comme le masque jaune à l'œil de poisson

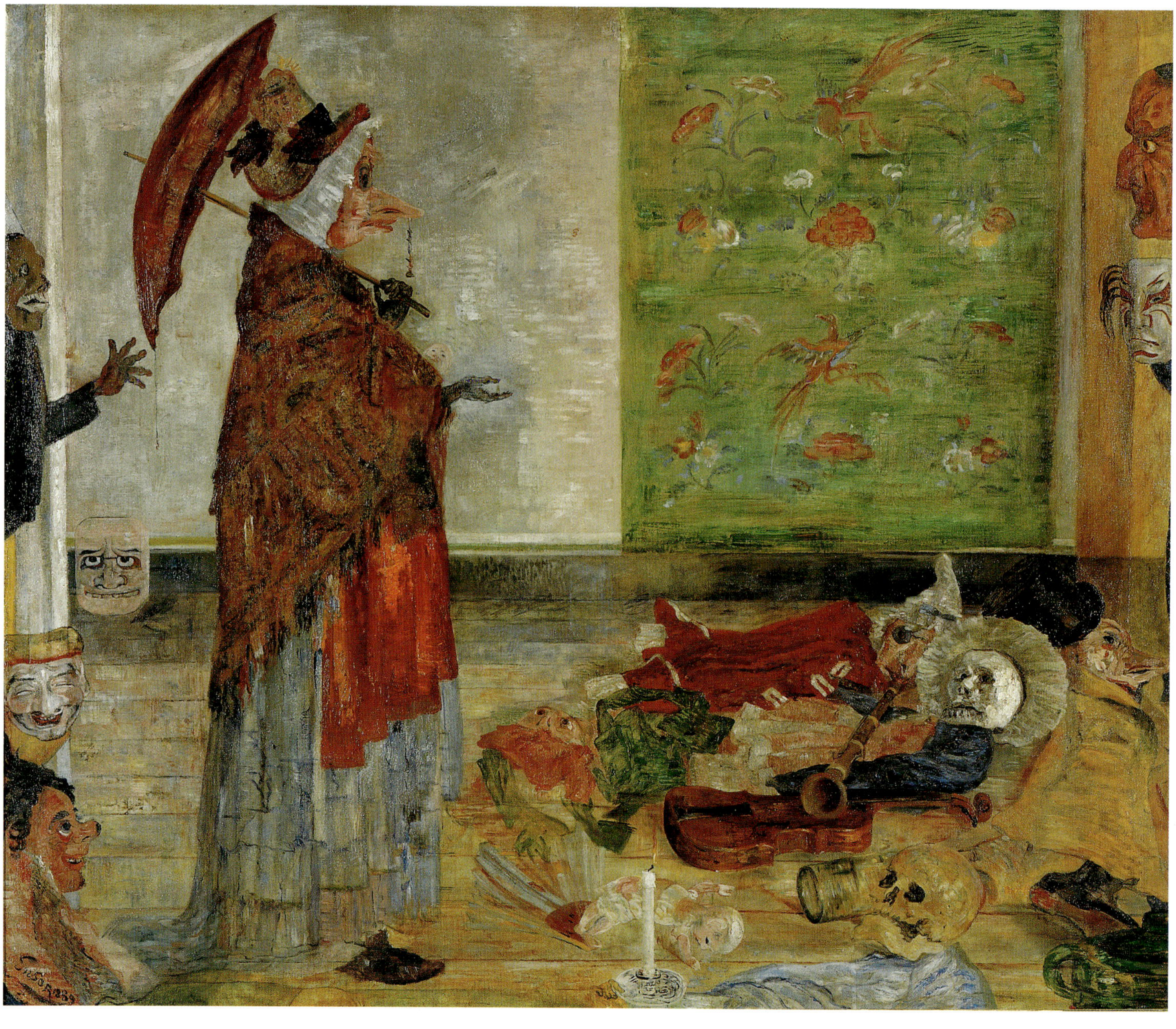

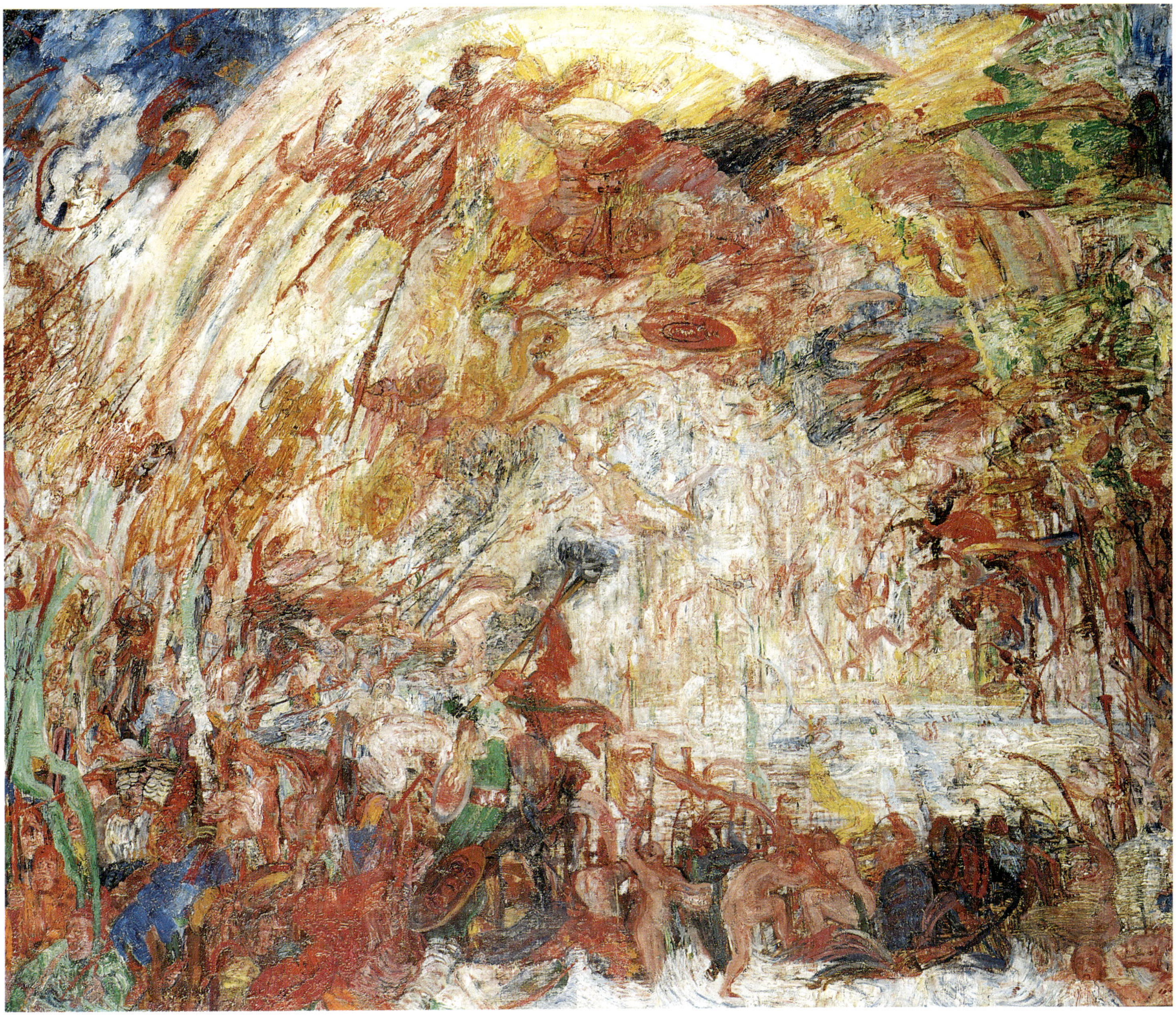

qui s'incline à côté d'elle. Ces deux-là ne font-ils qu'assister au spectacle, sont-ils les complices voire les auteurs de cette conspiration? Est-ce que la femme retient son mari devant la foule qui le presse ou le pousse-t-elle vers son «destin»? Se peut-il aussi que le peintre lui-même se dissimule sous le masque de l'époux, plus ou moins livré à la perfidie et aux méchantes farces de son entourage? Quoi qu'il en soit, les masques donnent à Ensor l'occasion de confronter ses fantasmagories à la réalité douloureuse.

L'Intrigue est considérée à juste titre comme l'un des chefs-d'œuvre d'Ensor. Le tableau, traité en couleurs vives travaillées sans souci de la profondeur, éveille des sentiments comme la raillerie, le mépris et l'hypocrisie. C'est une œuvre résolument moderne, dans la mesure où elle offre une vision radicale de la situation tragique du peintre en état d'échec ou du moins de la précarité de son existence au sein de la société. Au-delà de ces considérations, la toile anticipe certains traits de l'expressionnisme, il suffit de penser aux travaux du peintre Emil Nolde réalisés entre 1910 et 1930.

Sur le plan pictural, on assiste maintenant à un changement de style: si *L'Intrigue* pouvait encore passer pour un tableau «réaliste», l'arrière-plan de nuages étant caractéristique du «gris des ciels du Nord», les tableaux aux mas-

Le Foudroiement des anges rebelles, 1889
Huile sur toile, 108 x 132 cm
Anvers, Koninklijk Museum voor Schone Kunsten

Cette orgie de couleurs nous montre Ensor en expressionniste passionné. Les formes des personnages et des objets sont presque dissoutes en une explosion infernale de couleurs.

ques des années 90 n'autoriseront plus cette classification. Les couleurs gagnent en clarté, en éclat tout en devenant plus agressives, alors que des éléments nettement plus fantastiques apparaissent maintenant dans sa peinture.

Le tableau réalisé en 1889 *L'Etonnement du masque Wouse* (p. 60) nous donne déjà une idée de ce que sera l'évolution ultérieure de l'artiste. Une vieille femme au visage masqué se dresse devant un amas de vêtements, de masques et d'instruments de musique jetés pêle-mêle. Si on arrive à reconnaître certaines choses – un uniforme, un haut-de-forme, un bonnet de dentelles –, d'autres ne sont que des surfaces et des taches de couleurs, se dérobant à une identification claire et sûre. Sur les bords du tableau, les personnages et les masques les plus divers se poussent à l'intérieur de la scène – un visage de noir, des masques asiatiques, un peau-rouge au nez crochu. Une tapisserie chinoise vert clair ornée de motifs végétaux et d'oiseaux couvre la moitié droite du mur de la pièce. Une bougie brûle sur le sol, à peine perceptible dans cet enchevêtrement de formes et de couleurs. La vieille semble être la seule figure réelle dans cet environnement grotesque, mais qu'en est-il de son visage, de la parure étrange qui orne son nez (mais peut-être s'agit-il d'une coulée de morve?), de ses mains en forme de serres? Et qu'en est-il de la lumière qui éclaire uniformément les plages de couleur opaques et transparentes, ce qui fait que la scène semble osciller entre la réalité et la fiction? Des éléments autobiographiques entrent-ils en jeu ici, dans la mesure où Ensor montre comment, en sa qualité d'artiste, il peut mettre au jour un univers qui n'a pas grand-chose en commun avec le monde quotidien? La vieille symbolise-t-elle, face à cela, les idées terre à terre des femmes de sa famille, et les silhouettes fantomatiques et flasques lui-même et les compagnons qu'il a imaginés? Ou le masque Wouse est-il, ainsi que l'écrit Robert L. Delevoy dans sa monographie sur Ensor, la Mort dissimulée sous des oripeaux froufroutants?

Ensor peint aussi à la même époque *Le Foudroiement des anges rebelles* (p. 61), une œuvre absolument opposée au *Masque Wouse*, tant sur le plan du sujet que de la technique. Le peintre crée ici à l'aide d'une lumière «déchaînée» une vision quasi apocalyptique qui semble dissoudre toutes les formes. Il traite le thème de la Chute des anges à l'aide d'une véritable explosion de couleurs dont la violence évoque la peinture expressive du Français Hans Hartung (1904–1989) ou de l'Américain Jackson Pollock (1912–1956). Une comparaison de ce tableau

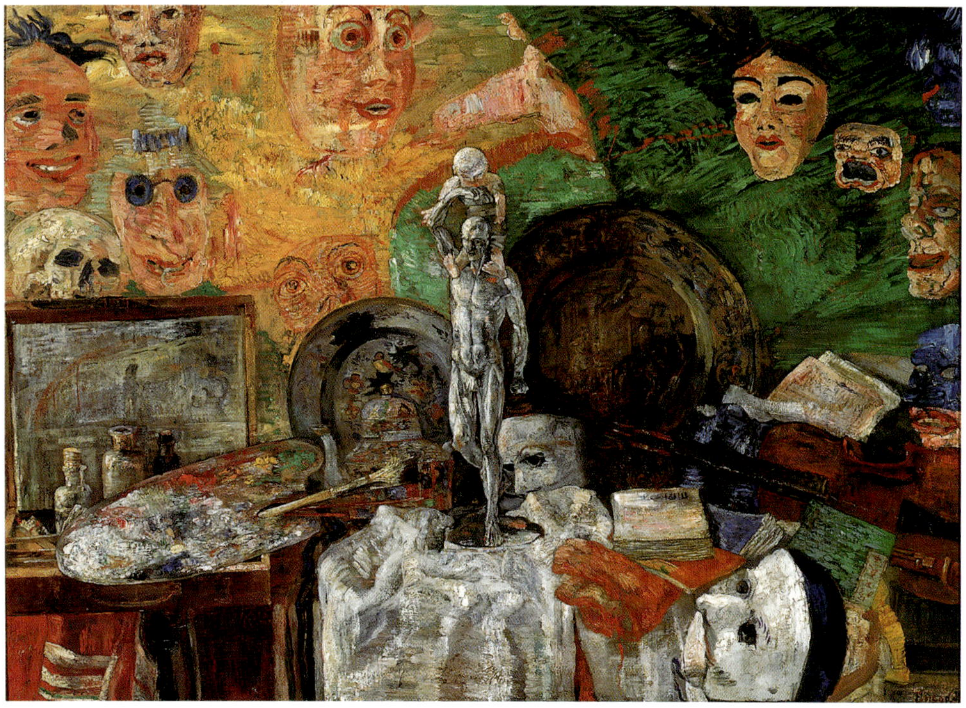

Attributs d'atelier, 1889
Huile sur toile, 83 x 113 cm
Munich, Neue Pinakothek

Un inventaire à la Prévert d'objets quotidiens et de choses fantastiques. La réalité rejoint la fiction et vice versa.

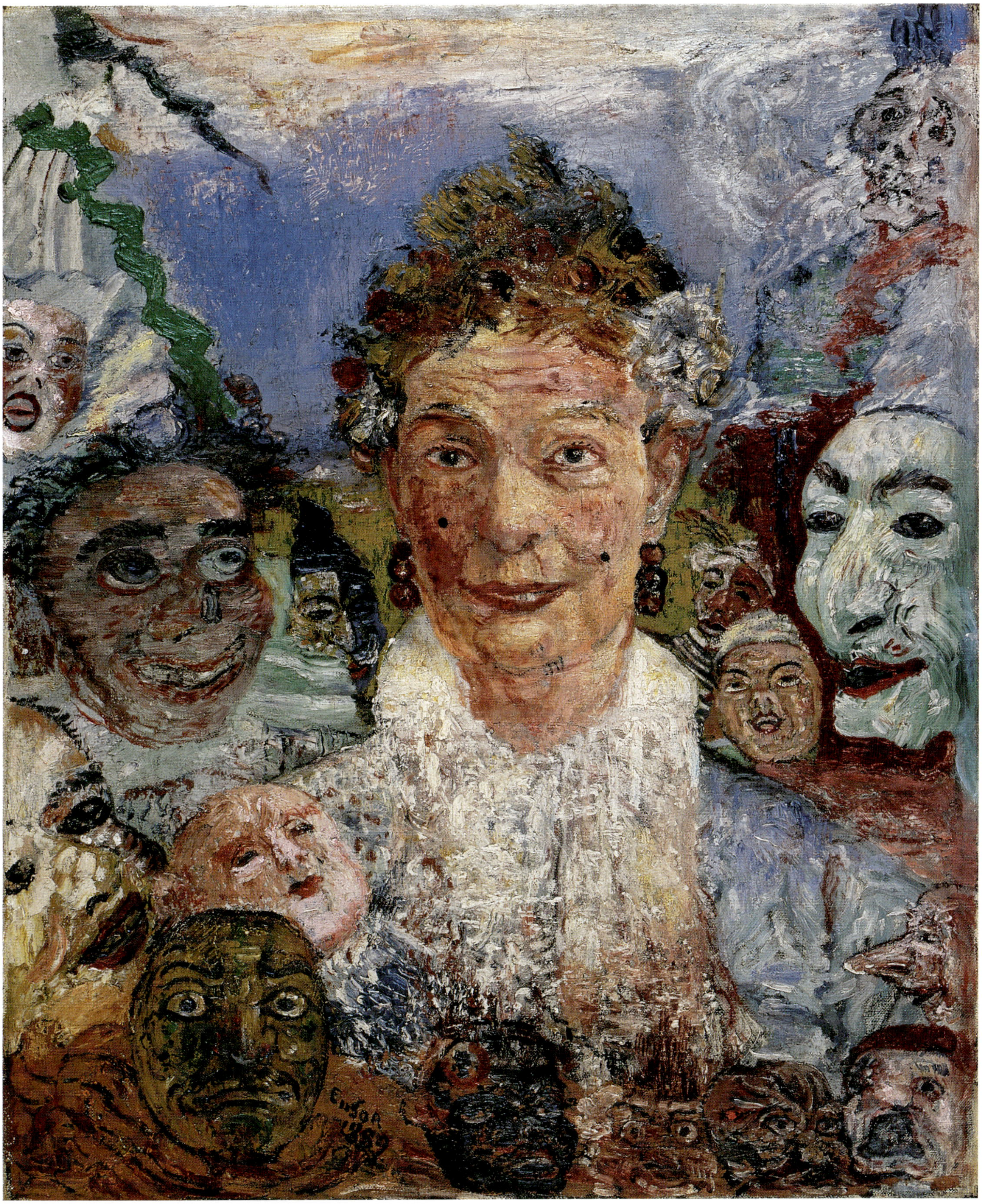

La Vieille Femme aux masques, 1889
Huile sur toile, 54 x 47,5 cm
Gand, Museum voor Schone Kunsten

« Avec la densité inhabituelle du coloris, avec son expression désillusionnée, fanée et ardente à la fois, avec son sourire forcé, son regard perdu, *La Vieille Femme aux masques* est un extrait de l'art ensorien. » (Paul Haesaerts) avec la *Les Tribulations de saint Antoine* (p. 36/37) réalisée quatre ans plus tôt, nous renseigne sur l'évolution d'Ensor vers une peinture d'une subjectivité exacerbée, chargée d'émotions et ne se tenant qu'à l'expression. Si la *Grande Marine au coucher de soleil* semblait encore influencée par Turner, avec une lumière au centre, des reflets en demi-cercle et les effets lumineux correspondants sur les vagues et dans l'air, *Le Foudroiement des anges rebelles* est, en dépit d'un agencement pictural analogue, une orgie de couleurs très expressive, une véritable vision infernale, une fin du monde mise en scène de manière dramatique et visionnaire.

Quant à *La Vieille Femme aux masques* (p. 63), réalisée aussi en 1889, elle peut également être considérée comme l'exemple d'un thème traité autrefois de manière naturaliste et «transformé» en composition fantastique. Il s'agit à l'origine du portrait de la poétesse Neel Doff, portrait commandé à l'artiste et qui fut ensuite refusé par sa commanditaire. Ensor se venge en transformant le visage de celle-ci, qui passe pour avoir été d'une grande beauté, en une face figée aux yeux fixes, la dotant de grains de beauté disgracieux, de taches et de poils. Les masques et têtes de mort ricanants ou moroses ont manifestement déjà prouvé leur pouvoirs magiques. La jeunesse et la beauté se sont enfuies sous leurs incantations, le visage de la jeune femme a perdu toute son expressivité et s'est transformé en masque grimaçant.

Le tableau *Attributs d'atelier* de 1889 (p. 62), montre une assemblée de visages et de masques très différents les uns des autres, qui semblent fixer les ustensiles du peintre réunis sur la table. Au centre du tableau, un athlète à l'antique, une poupée sur les épaules. Autour de lui, à la manière naturaliste, des assiettes, des livres ouverts, une palette et un violon – des références à la peinture, la littérature et la musique, donc aux domaines qui se trouvent au centre de l'existence d'Ensor lui-même. En même temps, on peut observer des plages de couleur qui ne correspondent pas à des objets réels – par exemple le champ rouge, vert et bleu au premier plan à droite –, mais ne semblent exister que pour elles-mêmes. L'artiste crée ainsi un plan supplémentaire, une autre réalité, altérée celle-là, qui fait que même les choses réelles sont transposées dans un point de vue modifié. La réalité et la fiction semblent passer sans transition de l'une à l'autre. L'univers pictural d'Ensor est ainsi fait qu'il reste énigmatique en de nombreux points, excluant les significations indubitables.

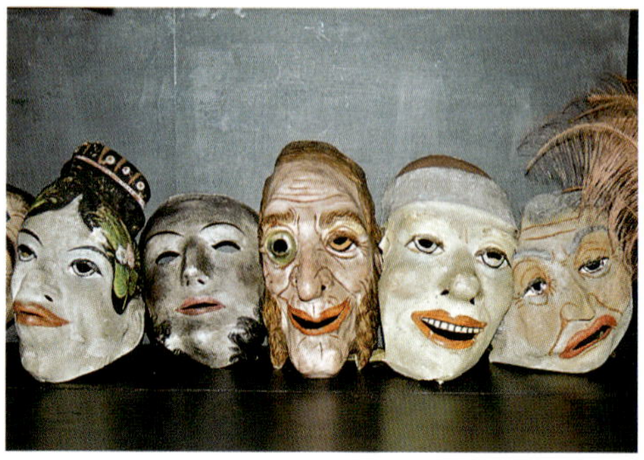

Masques dans la maison d'Ensor, Ostende

PAGE 65:
Squelettes voulant se chauffer, 1889
Huile sur toile, 74,8 x 60 cm
Fort Worth (TX), Kimbell Art Museum

Des squelettes branlants ont usé leurs dernières forces pour se réunir autour du poêle, mais la lampe éteinte et le feu refroidi anéantissent tout espoir de chaleur – et de vie. Ensor se sert ici des vêtements et des attributs des personnages pour jouer avec raffinement avec les couleurs et la lumière.

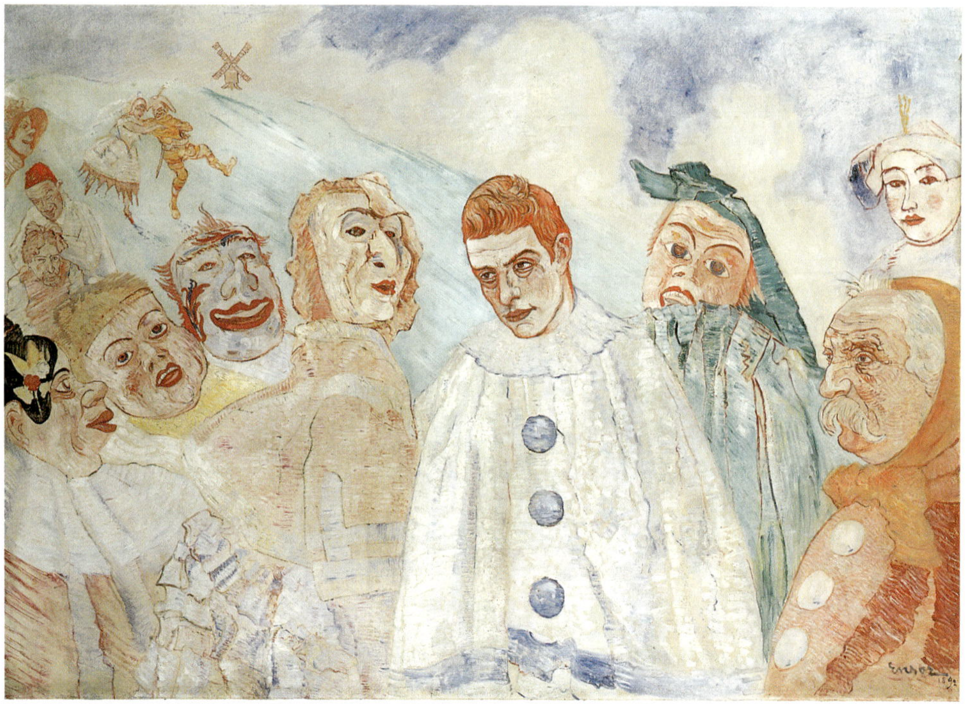

Le Désespoir de Pierrot, 1892
Huile sur toile, 144,5 x 194,5 cm
Collection particulière

Ce Pierrot offre des ressemblances avec le jeune Ernest Rousseau, la silhouette barbue, à droite, avec son père, qui lui demande des comptes à cause de ses frasques; le personnage en manteau vert pourrait être Mariette Rousseau.
Peut-être Ensor voulait-il ici exprimer ses remerciements sous forme anecdotique à la famille qui l'avait si chaleureusement accueilli à Bruxelles?

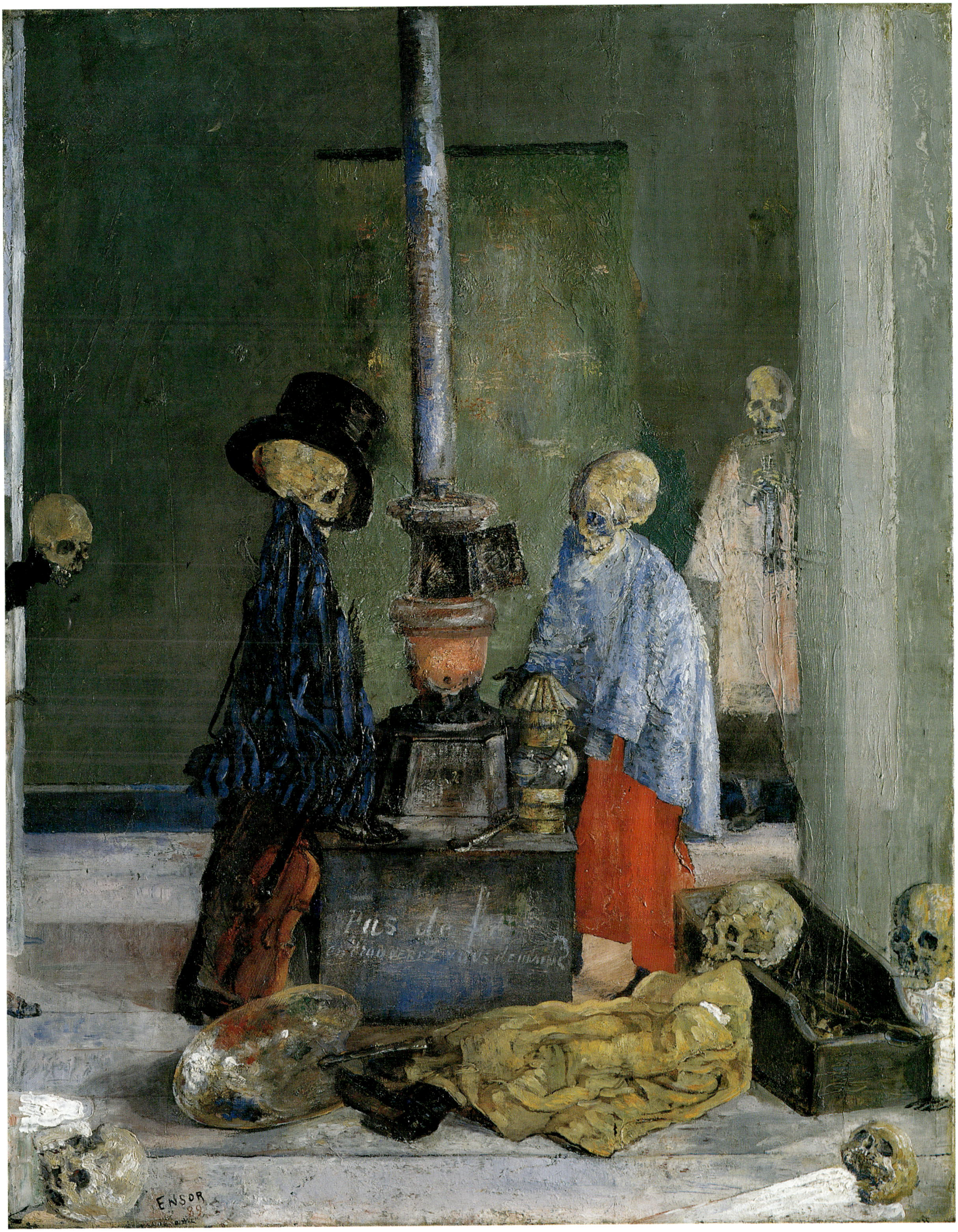
ENSOR

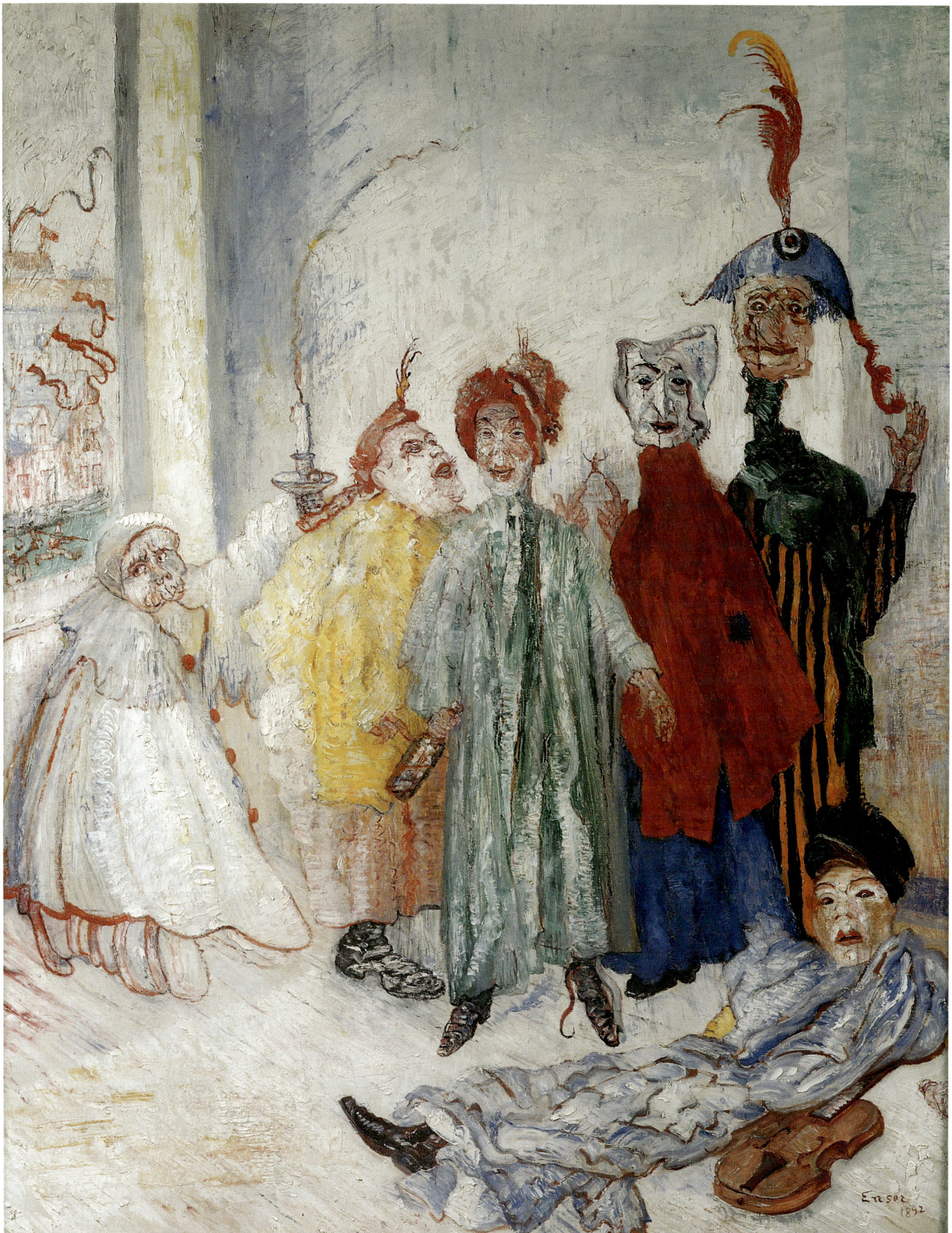
Ensor
1892

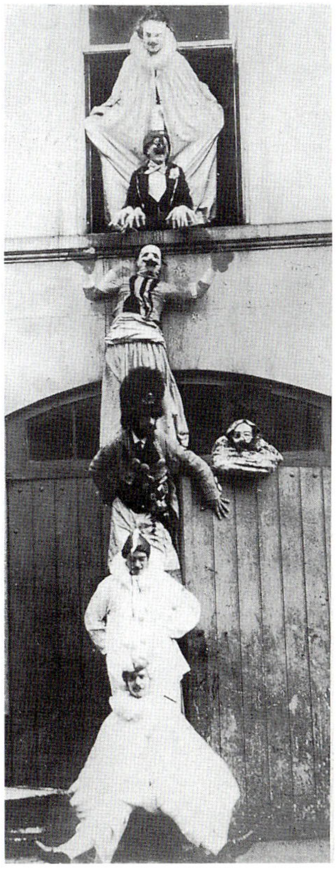

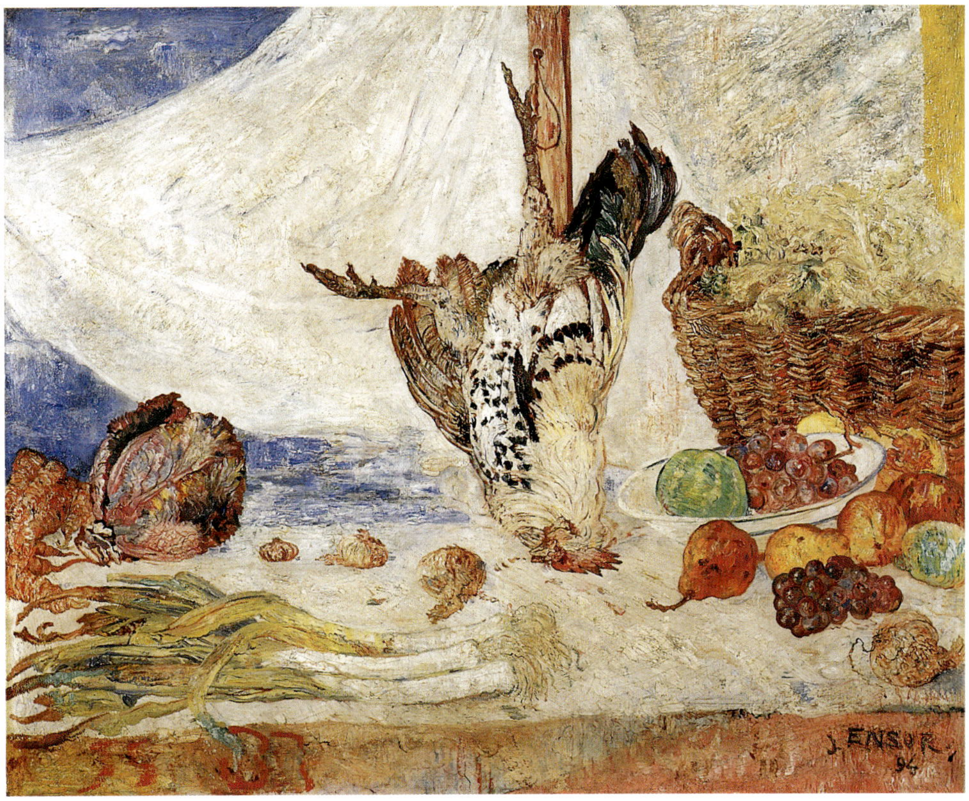

CI-DESSUS A GAUCHE:
Ensor (troisième en partant du bas) avec des amis, 1891

CI-DESSUS A DROITE:
Le Coq mort, 1894
Huile sur toile, 80 x 100 cm
Mannheim, Städtische Kunsthalle

La toile illustre clairement le rattachement conscient à la tradition de la nature morte flamande du 17e siècle par le rassemblement qui semble fortuit des objets les plus disparates.

PAGE 66:
Les Masques singuliers, 1892
Huile sur toile, 100 x 80 cm
Bruxelles, Musées royaux des Beaux-Arts de Belgique

Il faut presque comprendre ce tableau comme le pendant aux *Masques scandalisés* de 1883; une atmosphère irréelle, spiritualisée et baignée de couleurs transparentes qui évoquent Whistler, détermine l'impression d'ensemble.
La fête est finie, les masques rentrent chez eux – figures en papier mâché vides et ridicules, qui ne semblent être faites que de vêtements.

Ensor expose régulièrement au salon des XX entre 1884 et 1893, mais il y est de moins en moins reconnu. Les critiques, irrités par ses motifs inhabituels et l'inconstance de son style, ont de plus en plus tendance à le considérer comme une figure marginale. Ils s'intéressent davantage aux études de plein air de Cézanne et aux symphonies de couleurs de Van Gogh. Voir ses travaux méprisés atteint Ensor au plus profond de lui-même; il s'isole plus encore et nourrit des sentiments d'agressivité et de méfiance.

Susceptible et irritable comme il l'est, Ensor prend la mouche quand Oscar Maus s'étend longuement sur une œuvre de Fernand Khnopff dans la revue «L'Art moderne». Blessé dans son amour-propre, il écrit à Octave Maus le 13 septembre 1886: «Vous défendez fermement Khnopff, des liens solides d'amitié, peut-être de famille, vous unissent sans doute à lui. Dans ce cas, je ne blâme pas. ... L'avenir décidera et donnera à chacun sa juste place... J'ai confiance en moi et me sens fort, les succès des autres ne peuvent me troubler.» Ensor est convaincu de sa position éminente au sein de la scène artistique belge, laquelle se retourne – comme lui – contre l'académisme toujours florissant et l'art officiel. Il contemple les nouveaux courants qui s'établissent en Angleterre et en France, par exemple le symbolisme et le néo-impressionnisme, d'un œil plus que sceptique, c'est la raison pour laquelle il se montre absolument opposé à l'entrée de l'Américain James Abbott McNeil Whistler (1834–1903) dans le cercle des XX: «Pourquoi admettre Whistler? Sa peinture sent déjà le moisi et le renfermé, il est connu et reconnu, quel art et principe nouveau peut-il apporter chez nous?» N'empêche que certains tableaux d'Ensor dont *Carnaval sur la plage* ou *Les Masques singuliers* (p. 66), évoquent l'impressionnisme poétique de Whistler...

Les tensions s'aggravent entre Ensor, le cercle des XX et leur fondateur Octave Maus, même si le peintre continue d'exposer au Salon. Mais ses blessures d'amour-propre le font de plus en plus souffrir, il se retire de plus en plus souvent dans la solitude de son atelier. Ici, il peint, il dessine ou grave, réalisant entre autres une série d'autoportraits, sur lesquels il se représente en Rubens ou Rembrandt, en Christ ou en saint Antoine, en poisson, insecte ou squelette, dans la pose triomphante du vainqueur, en décapité ou en crucifié. Il est partout.

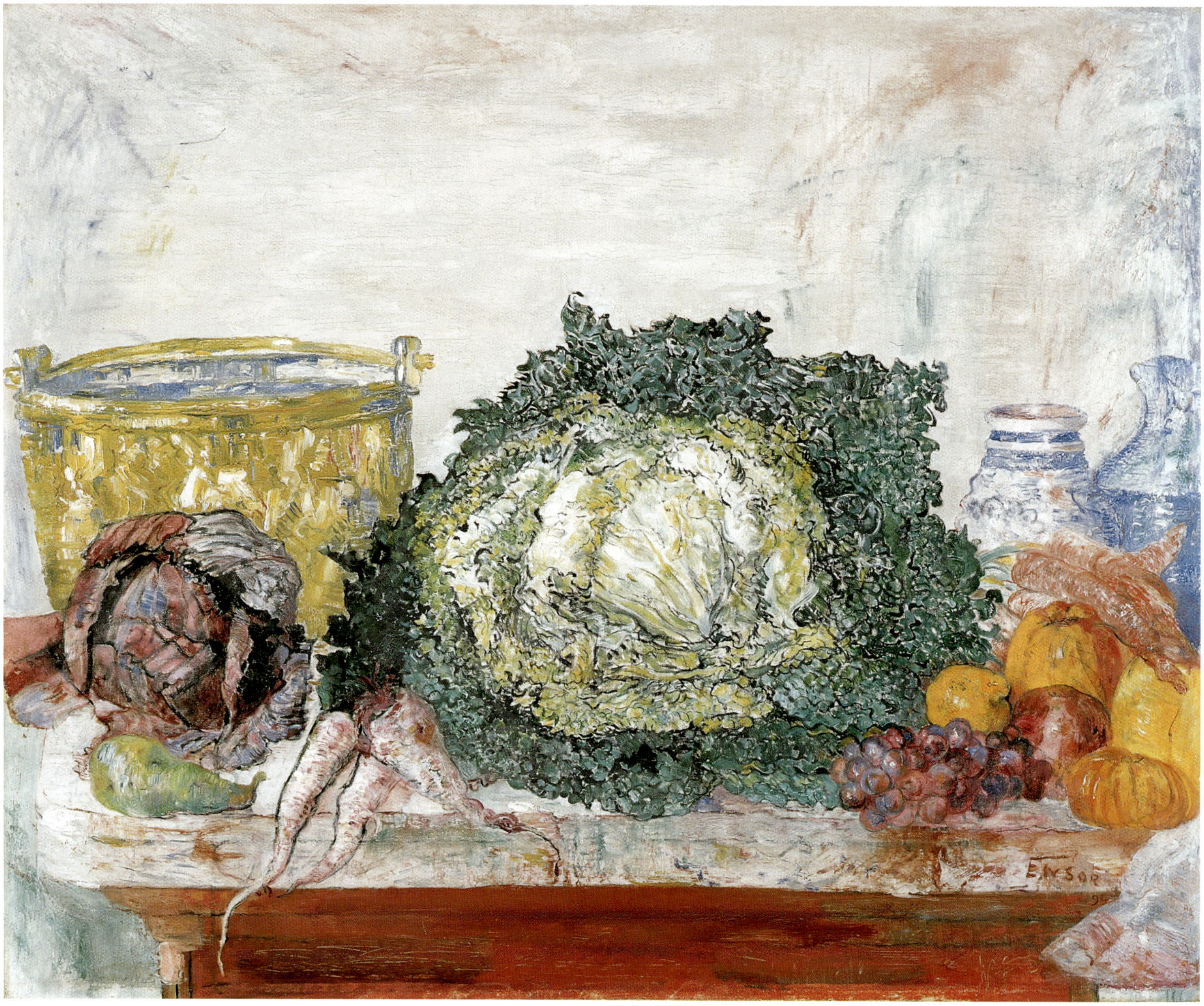

Le Chou frisé, 1894
Huile sur toile, 81 x 100 cm
Essen, Museum Folkwang

Les rôles contradictoires et changeants qu'il joue, expriment souvent le sarcasme et le découragement, mais l'autodérision et l'humour n'en sont jamais absents.

Le squelette est aussi un des grands thèmes ensoriens, un motif dont le choix se conçoit plus aisément à Ostende que dans d'autres régions, trouver des crânes et des ossements n'y ayant rien d'inhabituel. La ville avait en effet subi un siège de trois ans par les Espagnols avant d'être libérée en 1604, ce qui avait fait de nombreux morts dont on retrouvait sans cesse les restes pendant les travaux d'urbanisation. Ensor raconte qu'il a vu exhumer tout un bataillon alors qu'il était adolescent; à l'époque, voir les Ostendais côtoyer les ossements avec un tel naturel l'avait ébahi.

La Mort, à côté des masques, est omniprésente dans l'œuvre d'Ensor. Il se représente plusieurs fois lui-même en squelette. Ce motif, porté à son plus haut degré, est particulièrement impressionnant dans la gravure *Mon portrait en 1960* (p. 73) réalisée en 1888. Ensor se représente ici en squelette à demi désagrégé qui repose sur un divan et doit supporter la présence d'une araignée à ses côtés. Il faut souligner qu'il craint les araignées tout autant que les oiseaux noirs depuis son enfance. Il gardera toujours en esprit de manière très vivace l'histoire de son excursion au grenier de ses parents, où il trouva au milieu des toiles d'araignées une armoire remplie d'articles de carnaval détériorés. «En

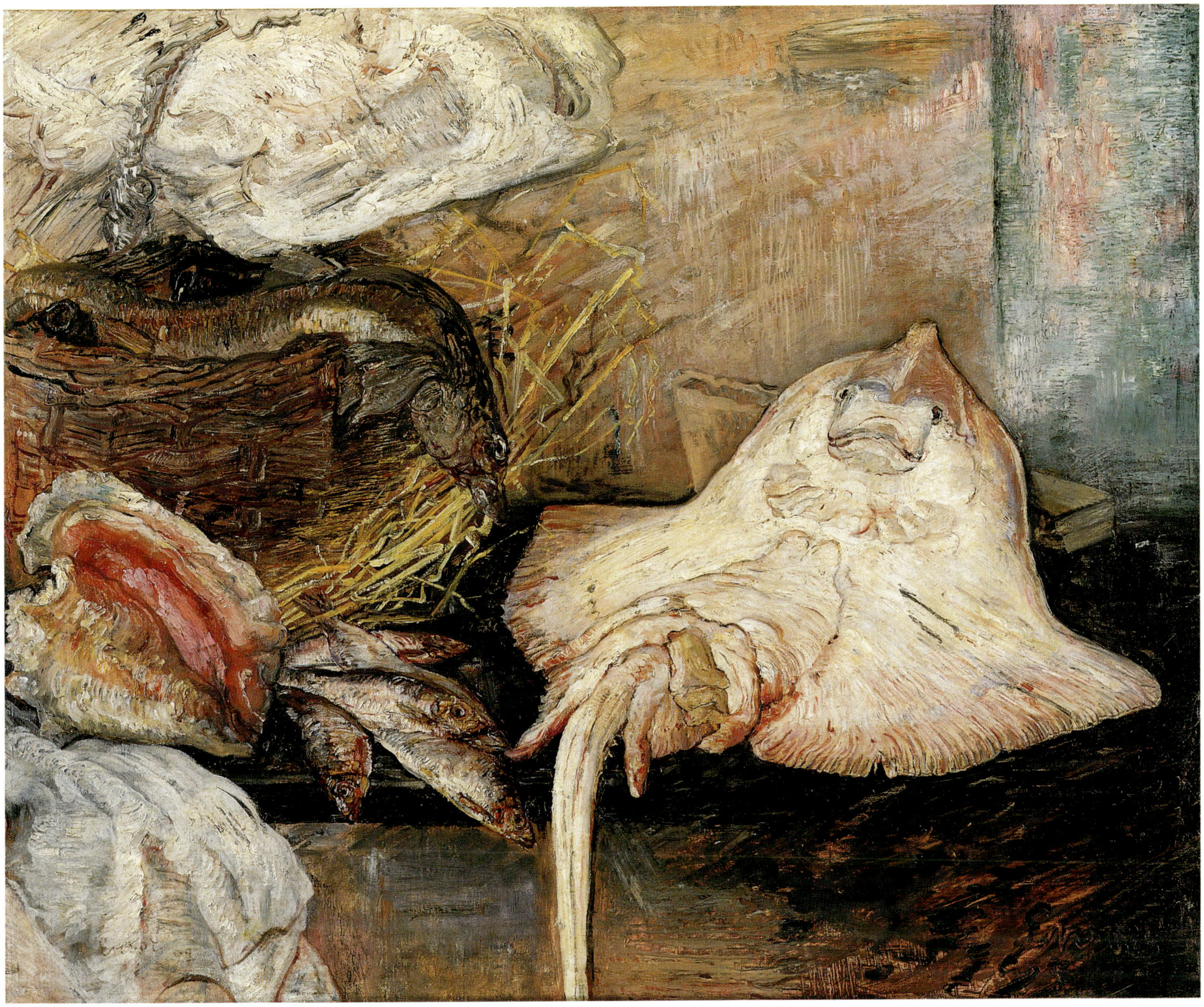

La Raie, 1892
Huile sur panneau, 80 x 100 cm
Bruxelles, Musées royaux des Beaux-Arts de Belgique

Les natures mortes mettent particulièrement en valeur le brio avec lequel Ensor manie la couleur et ses nuances. En relation avec la chair rose et nacrée du coquillage, on peut aussi attribuer ici à la raie une signification érotique. Les deux objets de couleur claire sur la gauche sont étonnants, ils ne semblent pas avoir de localisation précise. L'objet placé tout en haut surtout évoque un peu, de par son caractère énigmatique, les motifs surréalistes de René Magritte, un compatriote d'Ensor.

1960», par la force des choses, le temps de la révolte est passé et les combats aussi: que d'autodérision dans ce commentaire magnifique du peintre de vingt-huit ans!

En revanche, il traite de manière complètement différente *Mon portrait squelettisé*, de 1889 (p. 71). Il obtient celui-ci en remaniant une planche sur laquelle se trouve un portrait «normal» de l'artiste qui s'est représenté avec ses propres traits. Le point de départ, ici aussi, est une photographie prise par Ensor chez les Rousseau à Bruxelles. On observe dans cette œuvre une combinaison extrêmement irritante des deux états d'âme typiquement ensoriens: le sentiment de triomphe et celui d'être un martyr. En effet, même si le public ne le comprend pas encore et si la vie ne lui est que torture, on reconnaîtra un jour la valeur de son travail; l'ignorance et la sottise seront vaincues, il en est sûr. Comme sur l'eau-forte *Mon portrait en 1960*, il a gardé ici aussi sa chevelure bouclée dont il était très fier, commentaire ironique du peintre sur la précarité de la gloire.

Sur le tableau *La Mort et les masques* de 1897 (p. 70), Ensor représente un groupe de personnages, en une composition semblable à celle de *L'Intrigue* (p. 58/59). Mais ici la figure principale est la Mort, entourée de masques qui semblent la serrer de près. Elle tient à la main une bougie à la flamme noire de suie, symbole de la lumière vitale. Dans la zone du ciel, deux Faucheuses poursuivent une montgolfière; le conducteur jette du lest pour leur échapper. Remarquable

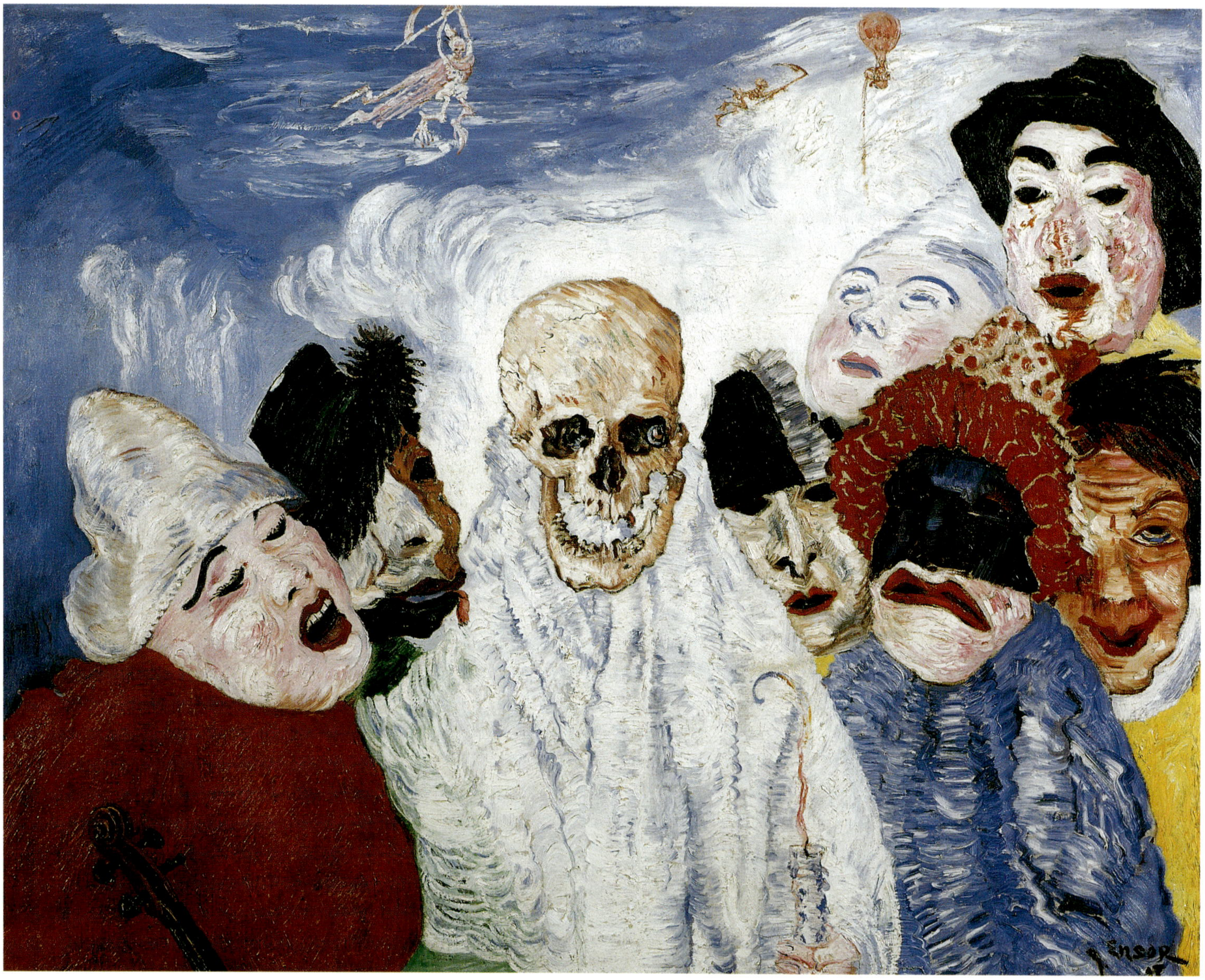

La Mort et les masques, 1897
Huile sur toile, 78,5 x 100 cm
Liège, Musée d'Art moderne et d'Art contemporain de la Ville de Liège

La Mort est invitée à une fête de Carnaval : des couleurs élémentaires, vives et puissantes déterminent l'œuvre, la Mort sert de contraste, centre blanc cerné de nuages. Dans le ciel aussi, la Mort est là, sous forme de faucheurs qui poursuivent le passager d'une montgolfière.

dans ce tableau, la répartition des tons dominants rouges, blancs et bleus : la plage rouge conique à gauche, dans le coin, correspond à la garniture gaufrée rouge du chapeau à droite ; à la zone bleue hachurée, en bas à droite, répond le ciel bleu en haut à gauche. Ces correspondances chromatiques en diagonale sont interrompues par la figure de la Mort habillée de blanc lumineux et qui domine le centre du tableau. Une nuée blanche la nimbe et s'étale vers le ciel en direction de la montgolfière.

Contrairement à ses contemporains symbolistes, entre autres Gustave Moreau (1826–1898), Arnold Böcklin (1827–1901) et surtout Fernand Khnopff (1858–1921), Ensor met rarement en scène l'aspect morbide de la Mort. Ses représentations de la Camarde sont complexes, vont de l'allégorie à la parodie. La Mort peut être une illusion mensongère – surtout si elle est associée au motif du miroir –, une silhouette grotesque et ridicule ou un démon omnipotent.

Le père d'Ensor meurt en 1887, il perd ainsi le seul membre de la famille qui comprenait ses aspirations artistiques. Tout à coup, la mort devient une réalité, une expérience concrète. Dès lors, les motifs correspondants marquent plus que jamais les travaux d'Ensor – sous les divers aspects qu'il lui donne, la Mort est une menace constante et omniprésente dans un carnaval de portée universelle qui ne tourne qu'autour de lui-même.

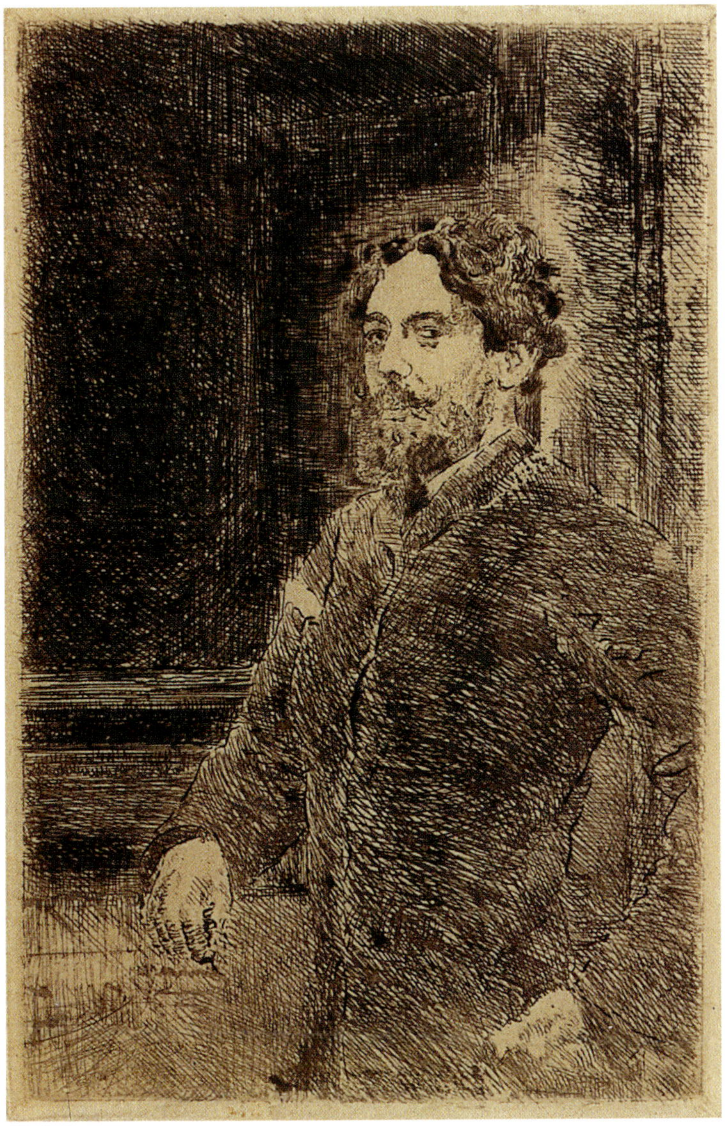

Autoportrait, 1889
Eau-forte sur parchemin, 11,6 x 7,5 cm
Ostende, Museum voor Schone Kunsten

Une photographie d'Ensor, prise chez les Rousseau à Bruxelles, a servi de modèle. Cette première version de l'eau-forte montre encore Ensor avec des traits « normaux ».
Au fil des retouches successives, il « décharne » progressivement son visage et se représente, dans une pose fière de vainqueur, telle la Mort.

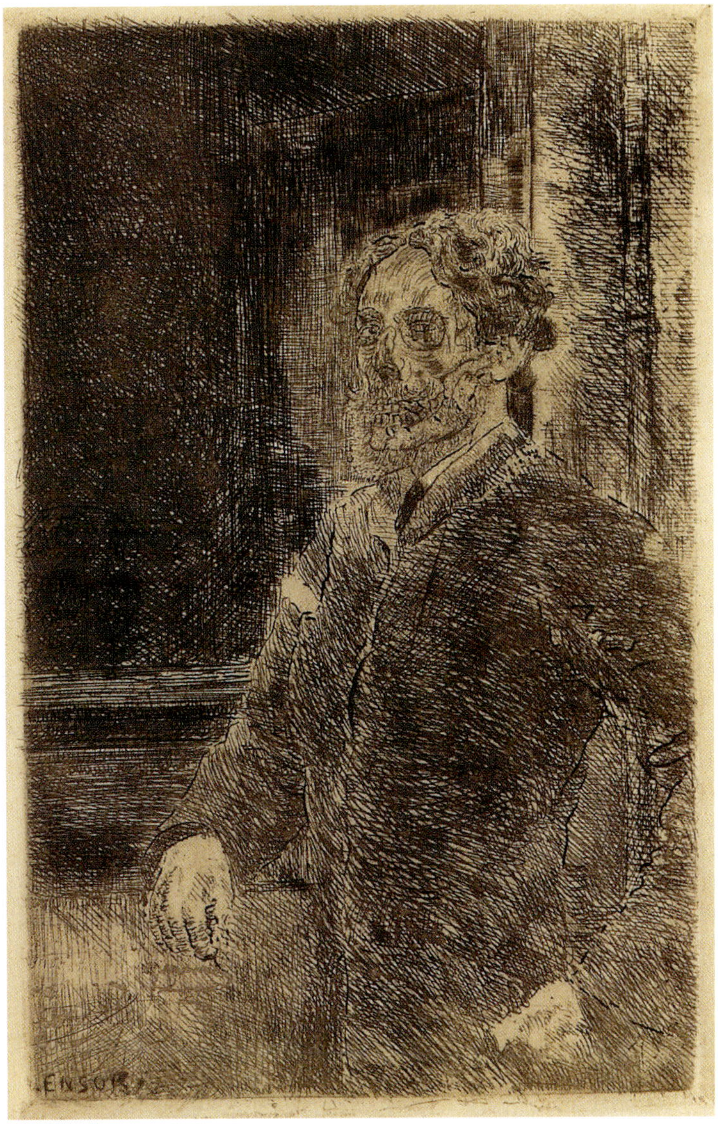

Mon portrait squelettisé, 1889
Eau-forte sur papier à la cuve, 11,6 x 7,5 cm
Ostende, Museum voor Schone Kunsten

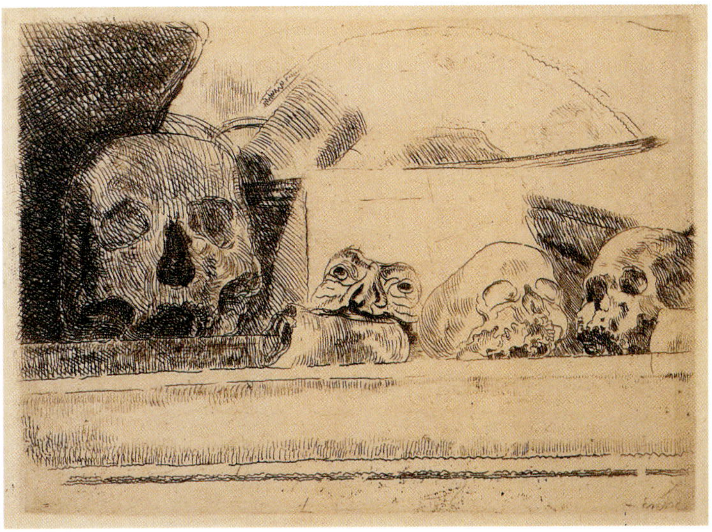

CI-DESSOUS A DROITE :
Crânes et masques, 1888
Eau-forte sur papier Japon, 9,1 x 12,9 cm
Slijpe (Belgique), James Ensor Archief, P. Florizoone

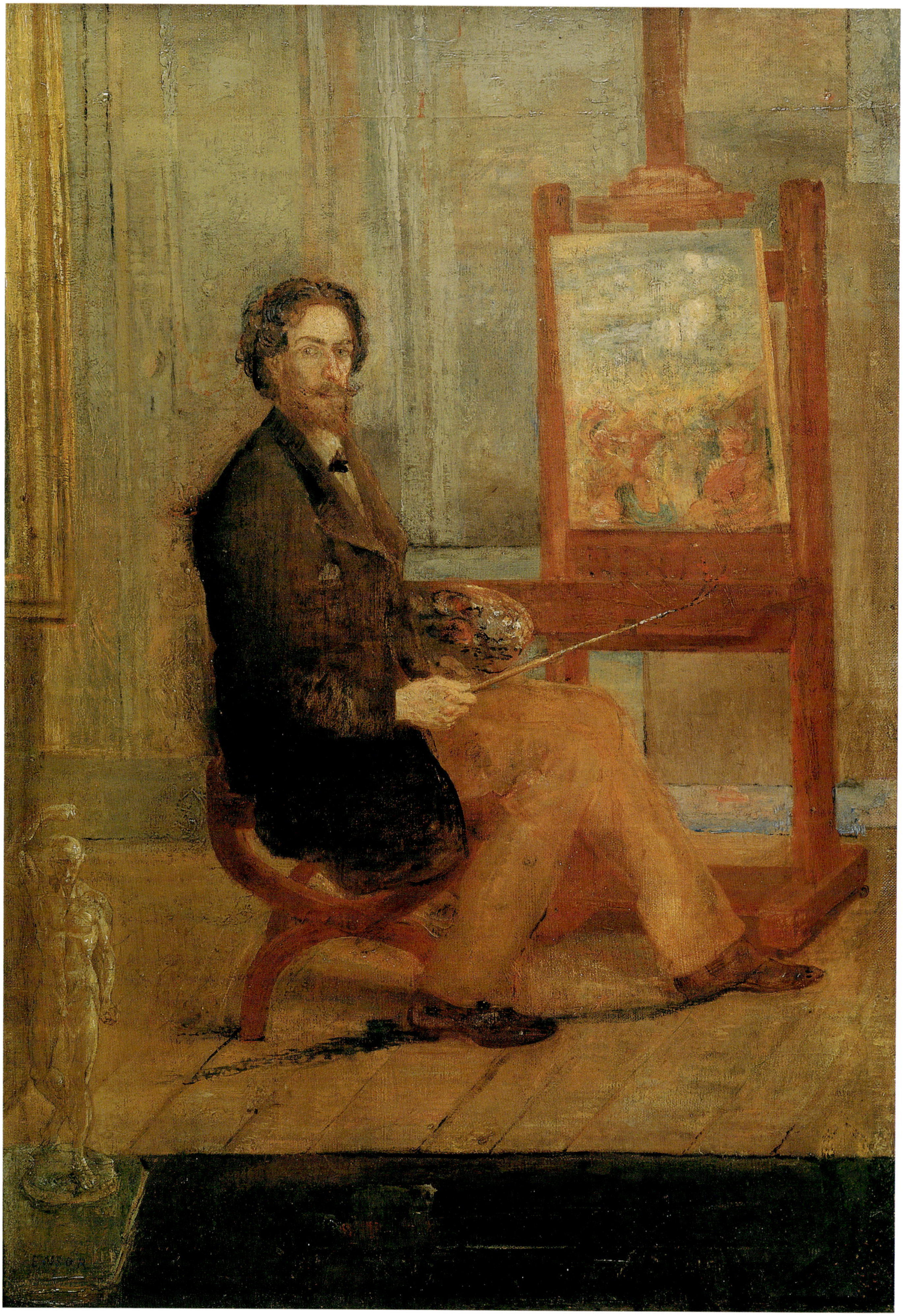

Hareng saur – Satire et caricature

C'est en 1893 que s'ouvre à Bruxelles le dixième et dernier Salon des XX. En effet, Octave Maus a réussi à convaincre les membres du cercle que les groupes d'avant-garde ne doivent pas exister trop longtemps s'ils veulent garder leur crédibilité. Pour lui, dix ans, c'est assez! Maus annonce alors pour l'année 1894 la création d'un nouveau groupe intitulé «La Libre Esthétique». Ensor proteste vivement contre la dissolution du cercle «Les XX», car celui-ci représente pour lui un lien essentiel avec le public. Mais la voix des autres membres l'emporte finalement sur la sienne; il semblerait d'ailleurs qu'il n'ait même pas été invité à assister à la réunion décisive. Cela ne l'empêche pas d'être l'artiste des XX le plus controversé de ce dernier Salon. La revue «L'Art moderne» écrira que son art devient plus énergique, plus tumultueux, plus impitoyable aussi, ajoutant que le grotesque caricatural s'y pousse nettement en avant et que les couleurs vivent des tons blancs stridents et rouges et bleus d'une pureté qui attire impérieusement le regard sur elle.

Bien qu'Ensor participe aussi aux expositions de La Libre Esthétique, il connaîtra au cours des années 90 une crise profonde, il doutera de lui et de sa créativité. Durant cette phase de dépression, il ira jusqu'à mettre en vente son atelier et toutes ses toiles pour la somme de 8500 francs. Malgré tous ses efforts, aucun acheteur ne se présentera, même quand il aura baissé le prix sur le conseil de sa mère.

Ensor n'a jamais cessé de peindre des autoportraits qui expriment ses états d'âme et nous renseignent sur l'opinion qu'il a de lui-même en tant qu'artiste. Sur un de ces portraits réalisés en 1890, nous le voyons assis, raide et distant, dans son atelier (p. 72). Le regard à la fois fier et fermé qu'il jette au miroir ressemble à celui des autoportraits antérieurs. Le pinceau trop long qu'il tient à la main pointe vers le chevalet. Cette toile, au premier abord un tableau d'atelier traditionnel, occupe pourtant une position particulière dans les autoportraits de James Ensor en raison de sa composition et de l'agencement de la lumière et de la couleur.

Cette mise en scène du peintre par lui-même, que nous observons déjà dans *Ensor au chapeau fleuri* (p. 9), est rendue évidente ici par l'attitude d'Ensor et le cadre «noble» d'un atelier qui n'a vraiment rien de commun avec la réalité de sa mansarde. Ensor se présente ici comme un «prince des peintres» plein d'assurance. L'atelier est baigné d'une lumière imaginaire, jaune-brun, la tête et la main du peintre ainsi que le tableau sur le chevalet sont particulièrement éclairés, ce qui les met en valeur. La toile placée sur le chevalet représente un groupe de personnages sur fond de paysage; au centre du groupe on croit reconnaître un Christ entouré d'une couronne de rayons. On retrouve un dégradé de couleurs semblables à celles de l'auréole sur la tête et le dos du peintre. Cette analogie illustre une fois encore les relations particulières qu'Ensor s'est créées avec le Christ, même si elles sont ici beaucoup plus cryptiques que sur *L'Entrée du Christ à Bruxelles en 1889*.

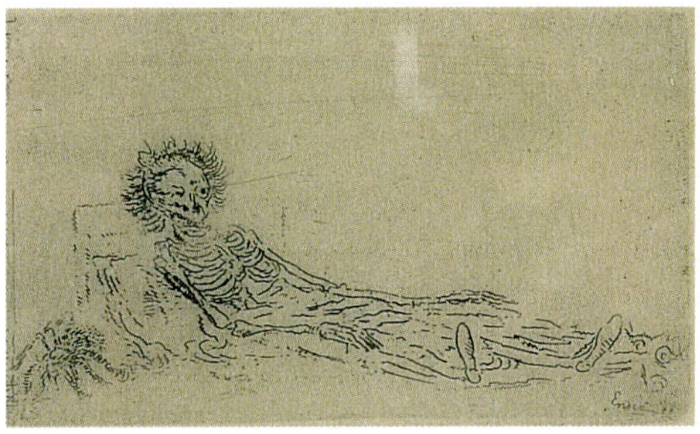

Mon portrait en 1960, 1888
Eau-forte sur papier à la cuve, 6,4 x 11,4 cm
Bruxelles, Collection Crédit Communal – Dexia

PAGE 72:
Ensor au chevalet, 1890
Huile sur toile, 59,5 x 41 cm
Anvers, Koninklijk Museum voor Schone Kunsten

Comme de nombreux autres autoportraits d'Ensor, celui-ci dévoile aussi sa recherche d'une identité artistique. La référence au Christ (que l'on reconnaît vaguement sur le tableau posé sur le chevalet), les couleurs symbolistes et l'agencement spécifique de l'espace pictural le montrent comme un peintre des mondes imaginaires, qui souffre beaucoup plus de la critique de ses contemporains que son expression fière et butée ne le laisse paraître.

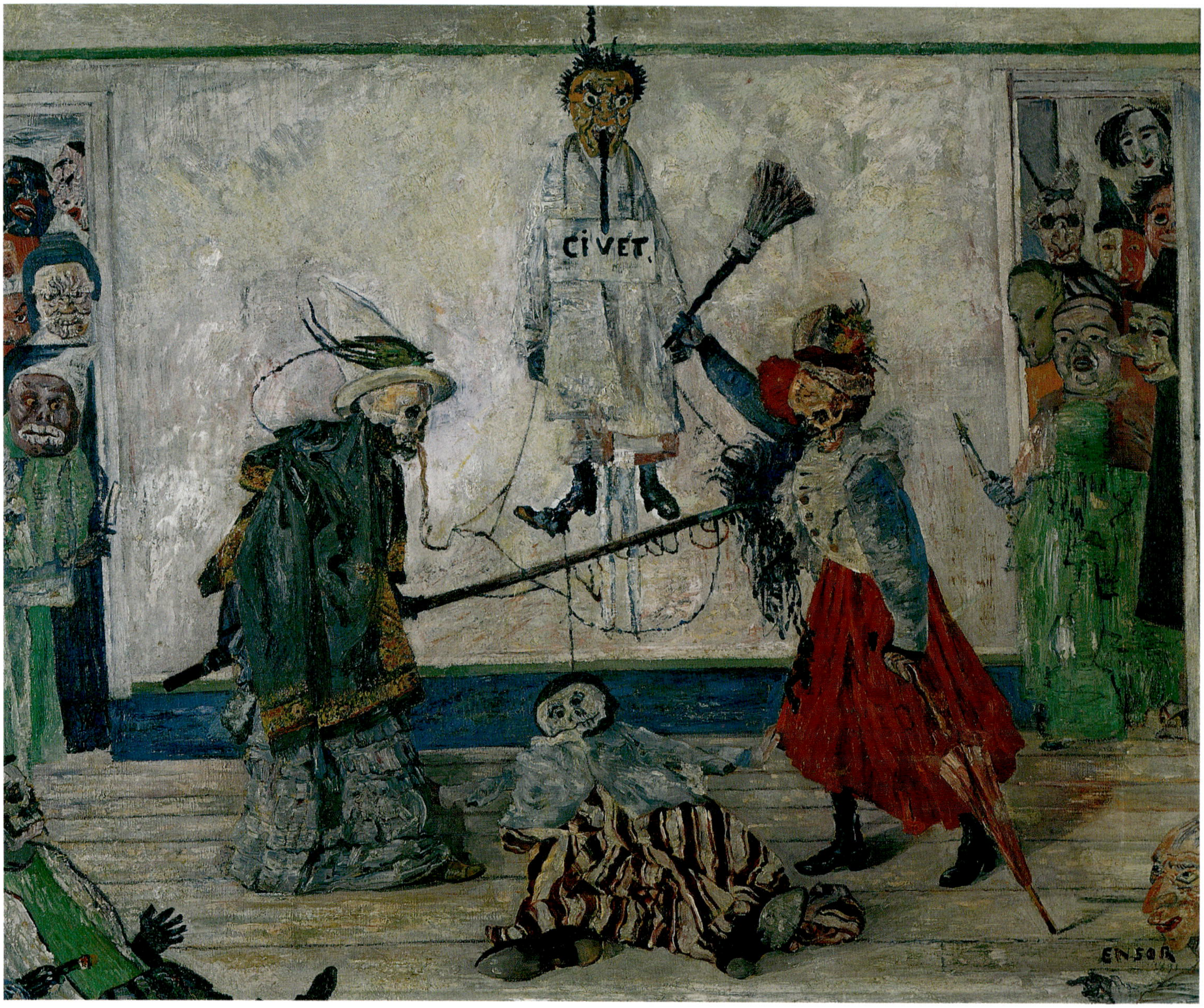

La composition d'*Ensor au chevalet* est infiniment complexe. Divers éléments picturaux ne peuvent être qu'insuffisamment affectés à une réalité spatiale définie. Par exemple, qu'est-ce que cette zone sombre en bas du tableau qui embrouille la situation spatiale de la représentation ? Et la bande étroite qui monte le long du bord gauche ? Fait-elle partie du miroir dans lequel le peintre se contemple ? Et sur quel «meuble» Ensor a-t-il placé «l'athlète» qui semble presque transparent ? Sur le cadre d'un miroir ? D'ailleurs à quoi sert-il, lui qui paraît avoir si peu de choses en commun avec le motif principal du tableau et semble bizarrement étranger à ce qui l'entoure ? Ce genre de mannequin sert normalement à dessiner des nus à l'Académie. On peut donc supposer avec raison que cet autoportrait d'Ensor vise à thématiser l'incompatibilité qui existe entre l'art académique et la liberté de l'artiste et veut montrer au spectateur le contraste entre les conventions picturales et l'imagination élémentaire et sans entraves.

Ce tableau, «traditionnel» au premier abord, n'est, en ce qui concerne son appartenance, qu'au premier coup d'œil en parfaite contradiction avec les thèmes picturaux vers lesquels Ensor se tourne maintenant de manière renforcée. Ensor est un peintre pluraliste sur le plan du sujet, du style et du genre. Pouvoir exprimer sa compréhension du monde en toute liberté créatrice, voilà qui est

Masques se disputant un pendu, 1891
Huile sur toile, 59 x 74 cm
Anvers, Koninklijk Museum voor Schone Kunsten

Quel est ce spectacle ridicule qui se déroule sous les yeux d'un public ricanant ? On a supposé qu'il s'agissait de l'adaptation d'une photographie montrant Ensor et son ami Rousseau dans les dunes d'Ostende (page 94).

PAGE 75 EN HAUT :
Ensor et Leman discutant peinture, 1890
Encre de chine, crayon et crayon de couleur sur papier, 12 x 17,5 cm. Collection particulière

PAGE 75 EN BAS :
Démons me turlupinant, 1895
Gravure rehaussée sur papier, 11,4 x 15,4 cm
Ostende, Museum voor Schone Kunsten

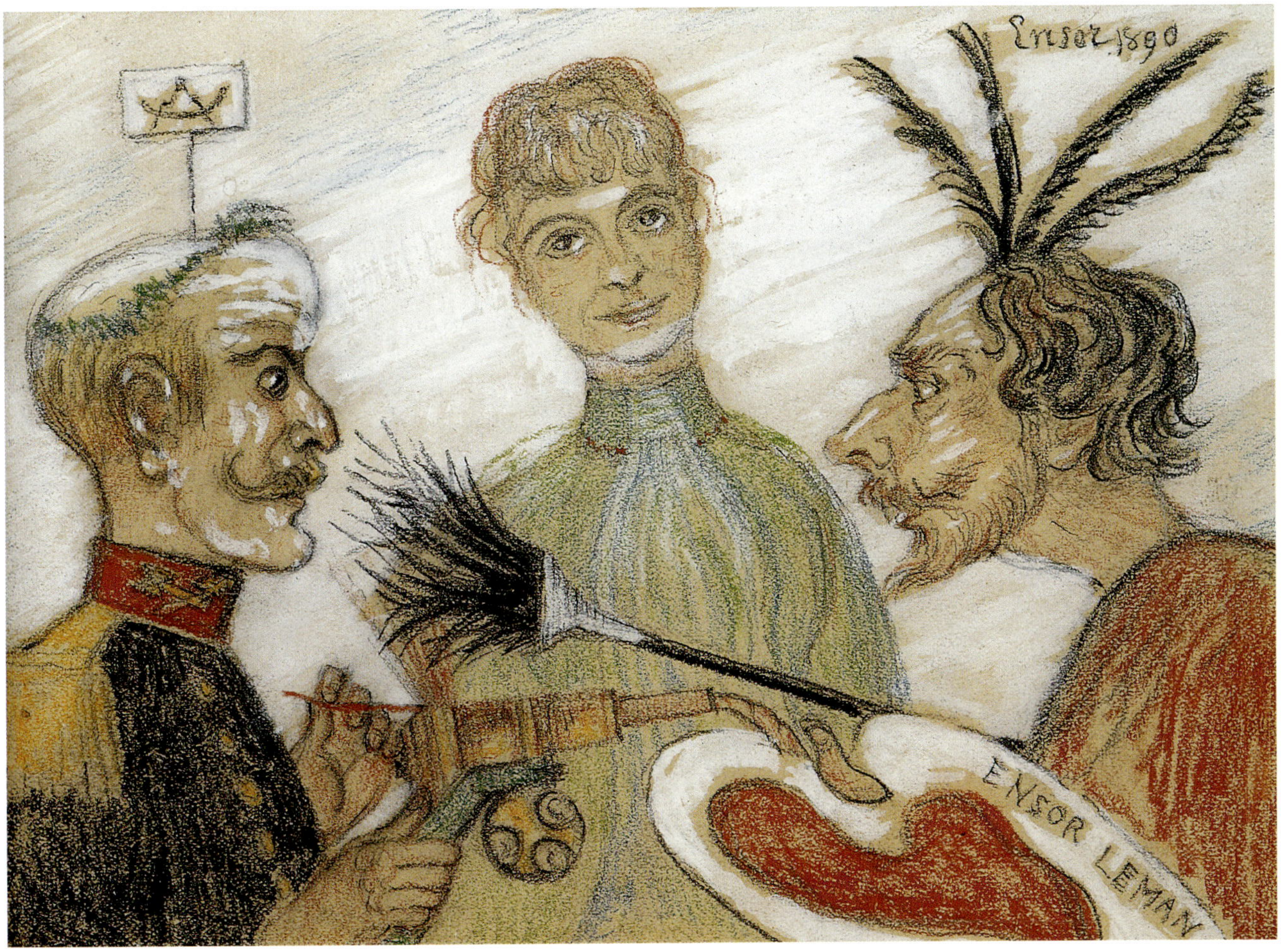
Ensor 1890
ENSOR LEMAN

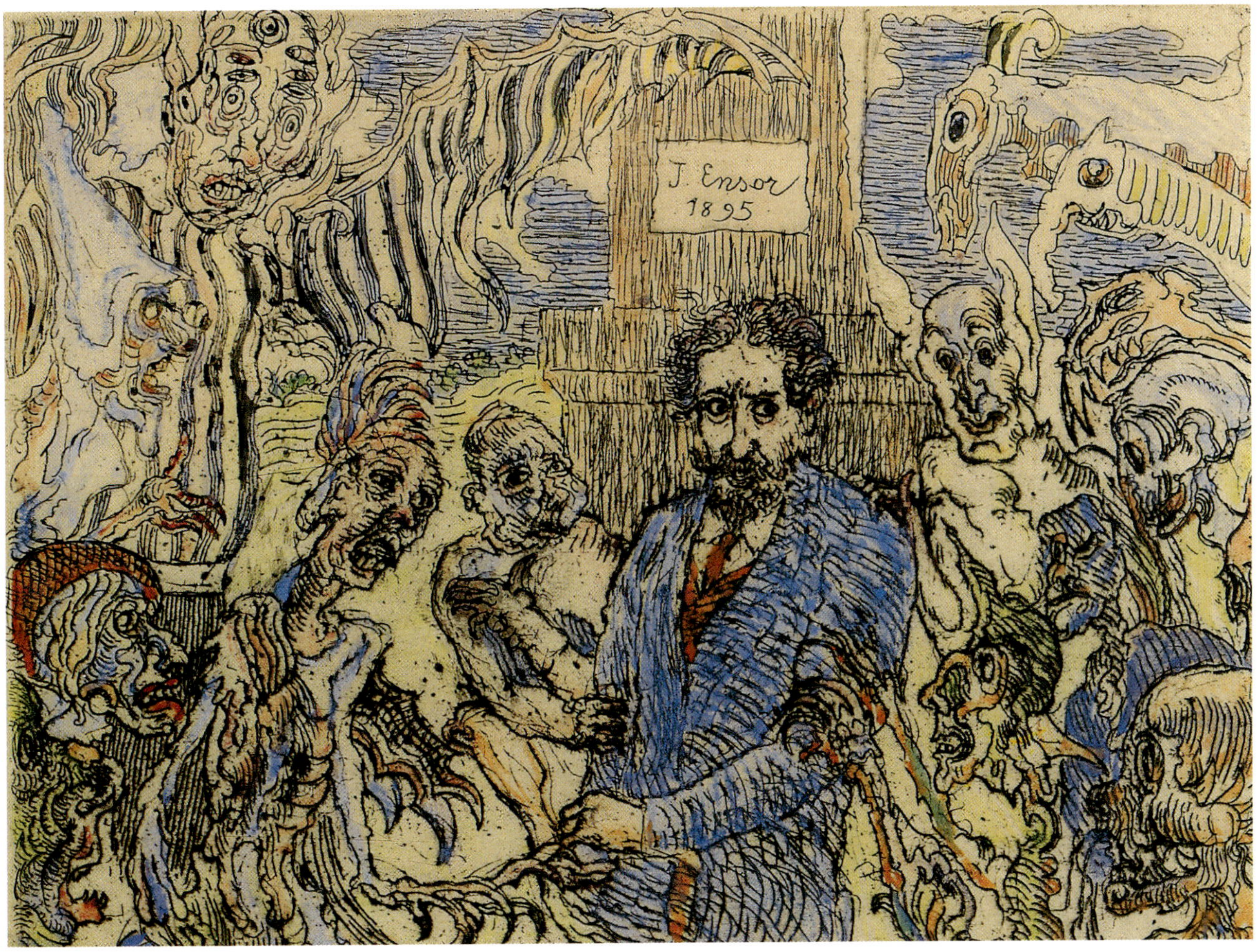
J. Ensor
1895

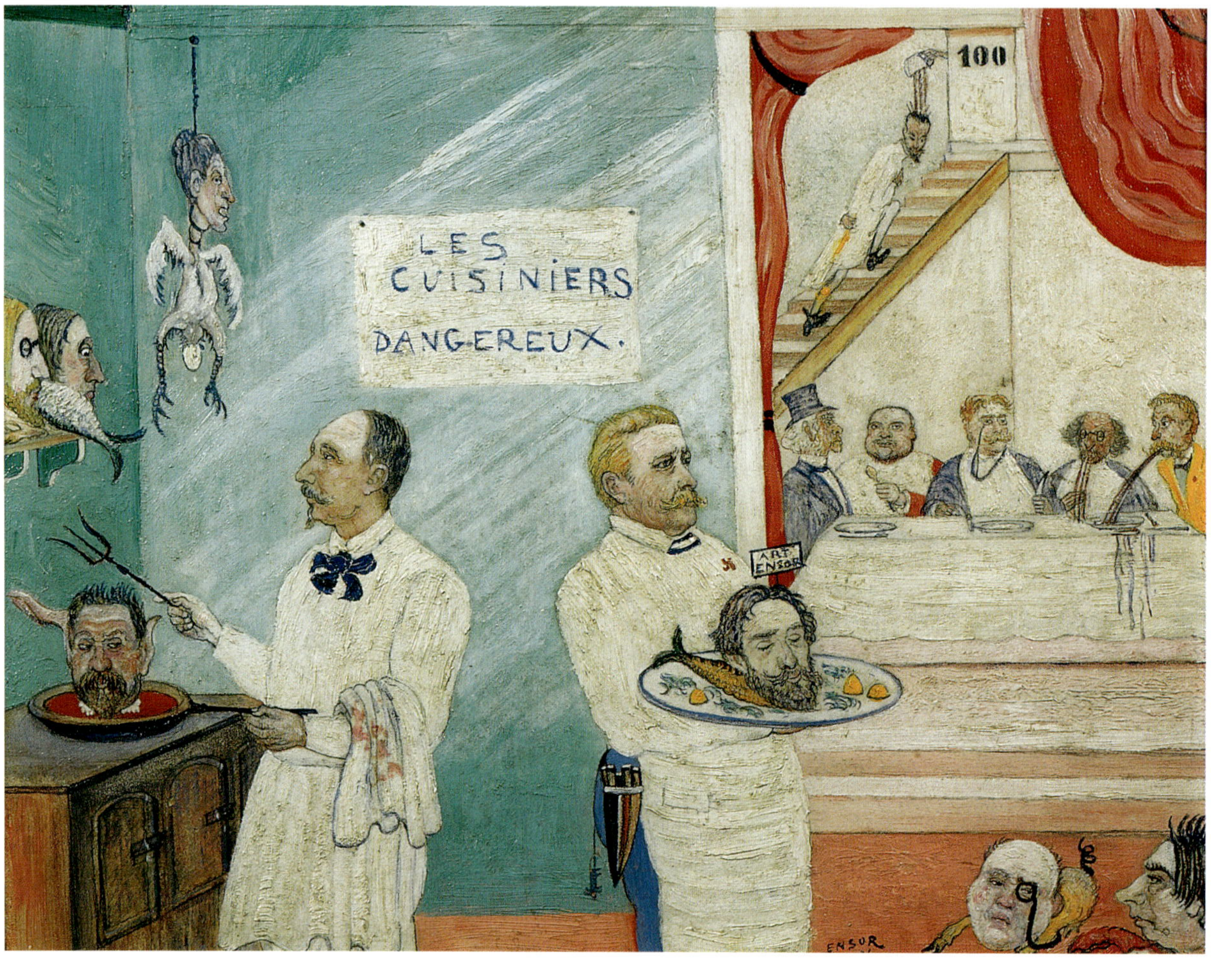
LES CUISINIERS DANGEREUX.
100
ART ENSOR
ENSOR

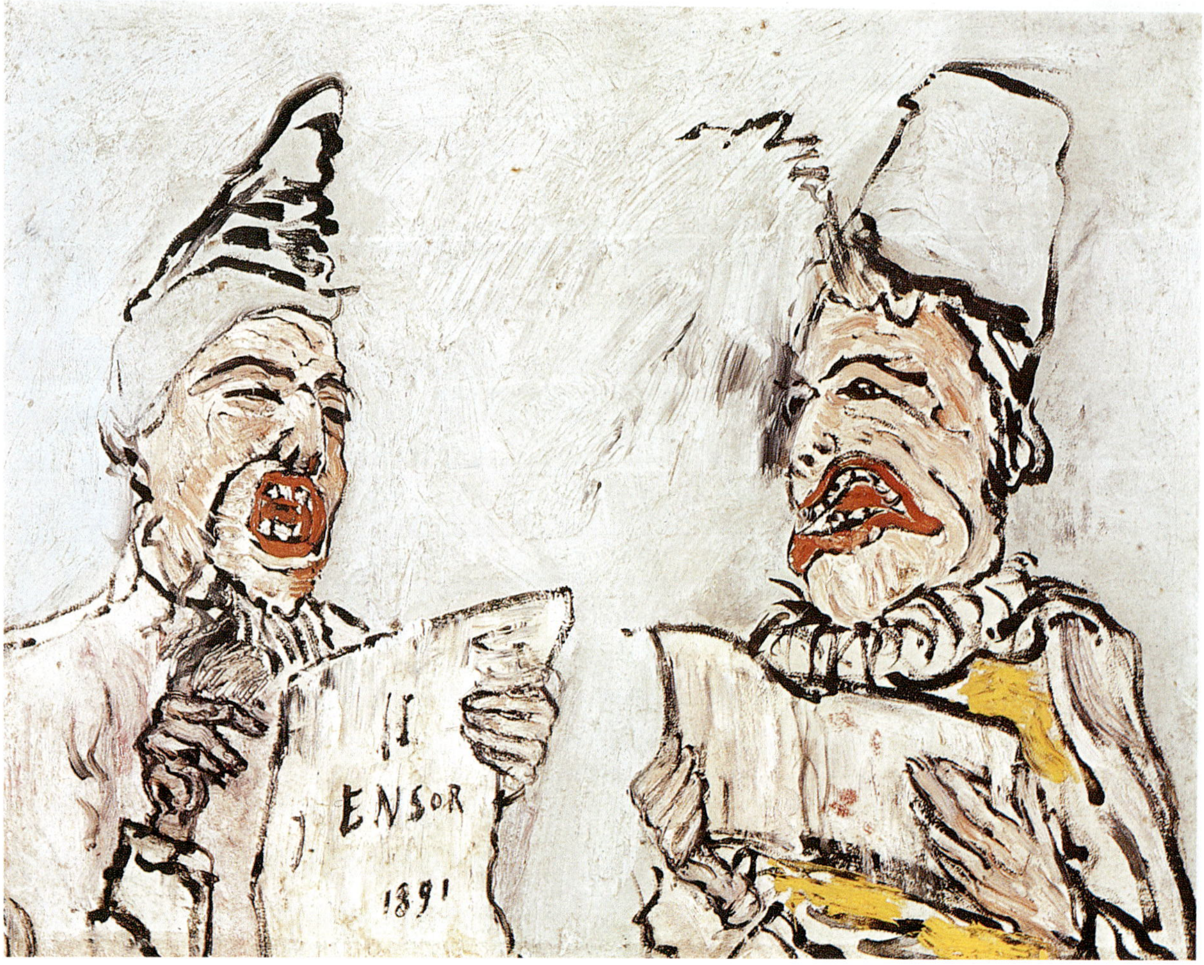
ENSOR
1891

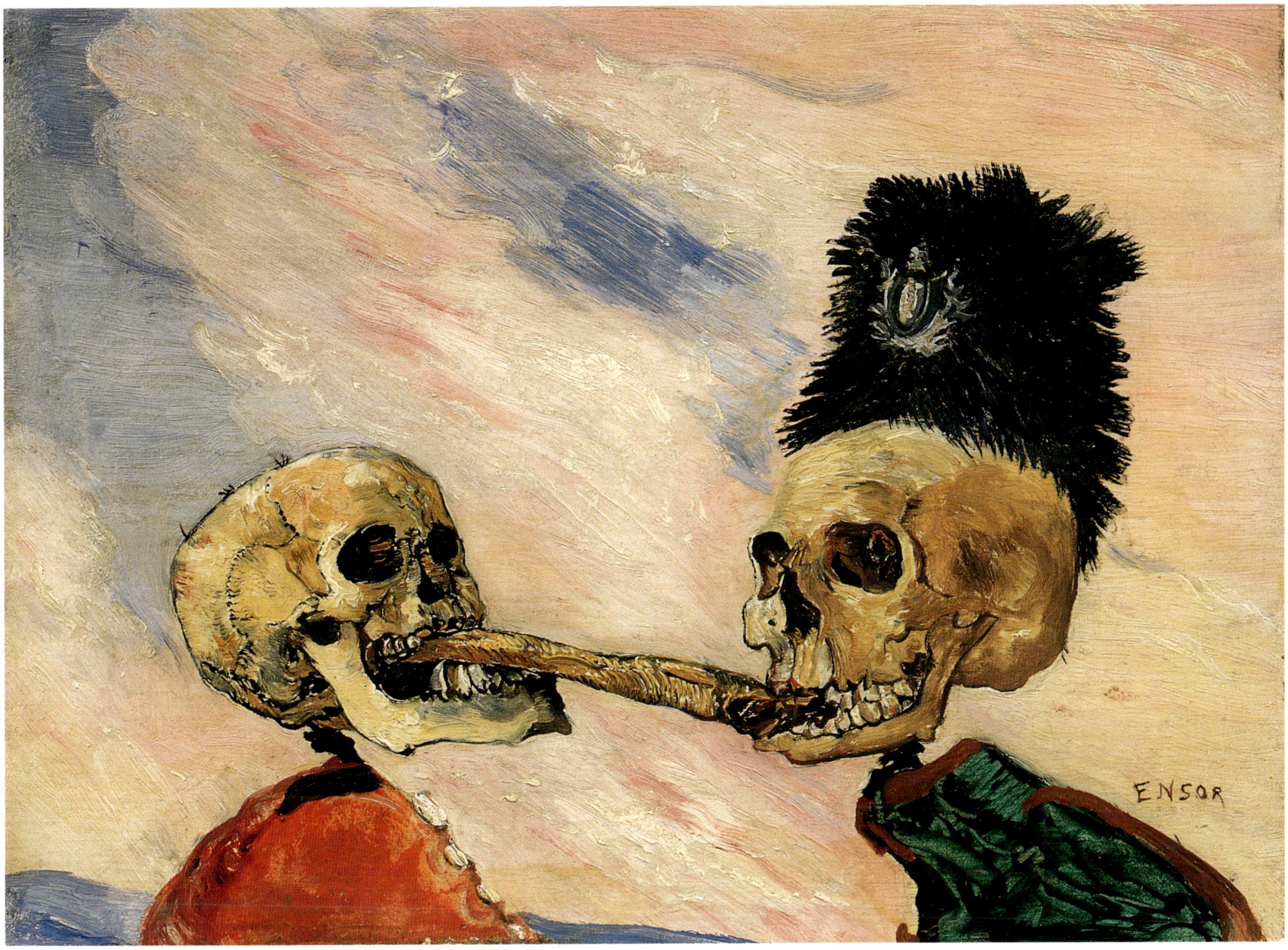

Squelettes se disputant un hareng saur, 1891
Huile sur panneau, 16 x 21 cm
Bruxelles, Musées royaux des Beaux-Arts de Belgique

Un jeu de mots aux belles sonorités sur «Art Ensor» – «Hareng saur». Celui-ci est une représentation métaphorique du peintre «déchiré» par ses critiques.

PAGE 76 EN HAUT:
Les Cuisiniers dangereux, 1896
Huile sur panneau, 38 x 46 cm
Collection particulière

PAGE 76 EN BAS:
Les Chanteurs grotesques, 1891
Huile sur panneau, 16 x 21 cm
Collection particulière

crucial à ses yeux; que ce soit par le biais de natures mortes, d'autoportraits ou de caricatures est secondaire. Tous les genres et les techniques lui semblent appropriés sous une forme ou une autre s'ils lui permettent de s'extérioriser à sa manière spécifique, aussi complexe qu'ambiguë, sur des thèmes artistiques, sociaux ou mondains.

Au début des années 90, Ensor présente un style de dessin narratif, le plus élaboré jusqu'ici, et montre des «histoires» qui tournent souvent au grotesque et au macabre. Le tableau *Squelettes se disputant un pendu* de 1891 (p. 74), en fait partie. Cette toile, réalisée de main de maître, tant sur le plan de la composition que des coloris, montre le spectacle ridicule que livrent deux squelettes vêtus de haillons. On a supposé qu'il s'agit de la version peinte d'une photographie montrant Ensor et son ami Ernest Rousseau fils jouant dans les dunes avec des os et des fragments de squelette (p. 94). Il est néanmoins tout aussi possible que la peinture soit antérieure; les deux amis en auraient ensuite fait un «tableau vivant».

Ensor trouvera les modèles de ses dessins satiriques chez les caricaturistes anglais entre autres, nous ne citerons que William Hogarth (1697–1764), Thomas Rowlandson (1756–1827) et James Gillray (1757–1815), dont les travaux furent publiés à de nombreuses reprises à la fin du 19e siècle et qui étaient également fort appréciés sur le continent.

Il faut rappeler ici aussi la personnalité tragi-comique de James Ensor que ses amis appelaient de manière significative «Pierrot la Mort». Ensor peut jouer de la flûte avec son nez, présenter avec son ami Rousseau sous des déguisements grotesques des scènes dramatiques dans les dunes, écrire des textes qui évo-

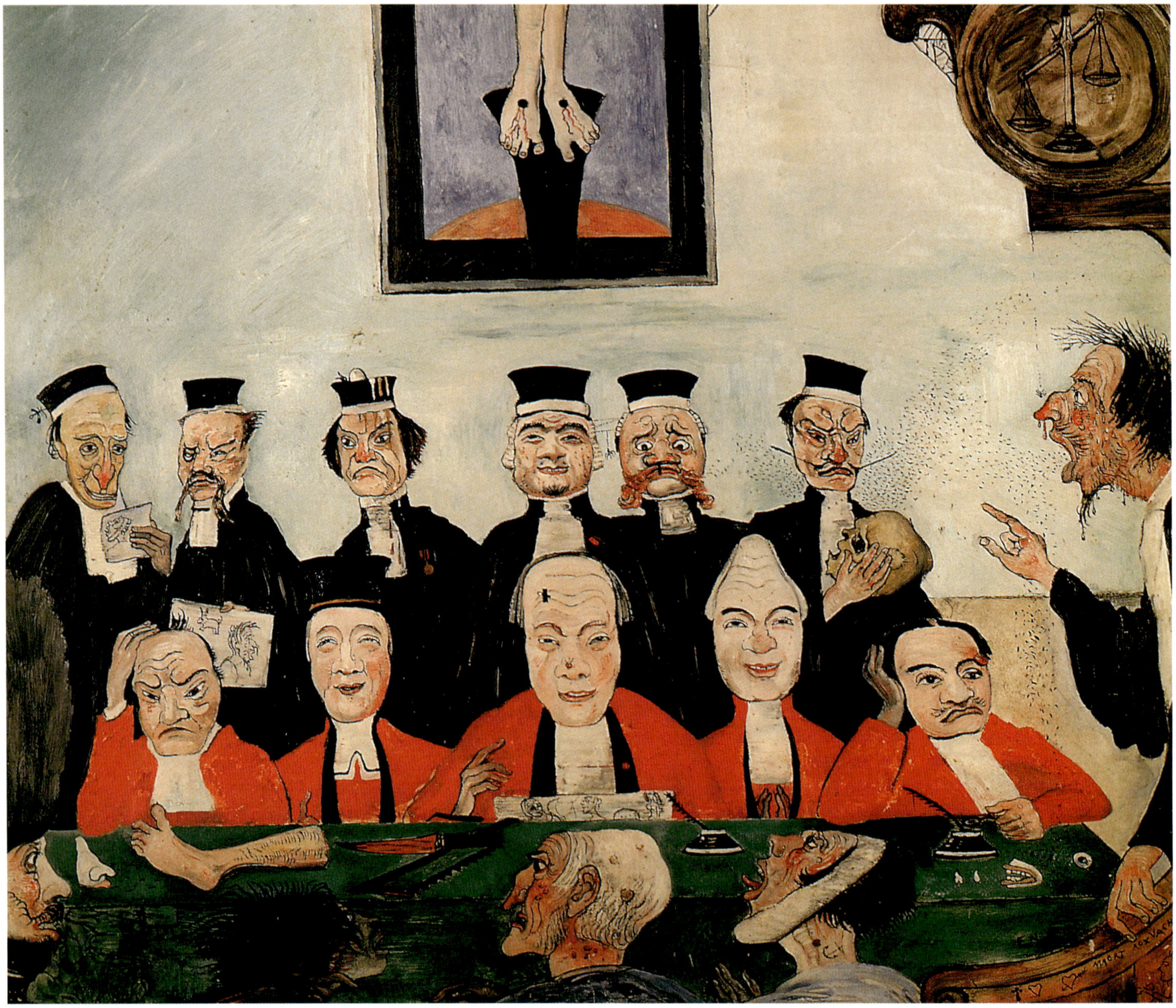

Les Bons Juges, 1891
Huile sur panneau, 38 x 46 cm
Collection particulière

L'arme d'Ensor est la caricature. Un esprit anarchique, l'ironie et la raillerie sont ses ressorts. Il ne croit évidemment pas les juges simples d'esprit capables de traiter correctement ce cas difficile : « Mon occupation favorite est de faire le portrait des autres, de les défigurer, de les enjoliver. »

quent Dada, par exemple sur son séjour à l'Académie ou sur les femmes ; il aime les railleries en tout genre et les bouffonneries absurdes. Les gens de son âge aimaient par exemple la « zwanze », à l'origine particulièrement répandue à Bruxelles, une sorte de discours moqueur, ubuesque, pré-dadaïste, ou tout simplement les idioties et les radotages.

Ensor s'en prend volontiers aux piliers de la société bourgeoise, par exemple les juges, les médecins et les prêtres. Il se moque d'eux dans ses caricatures qui clouent au pilori l'hypocrisie, la sottise et l'envie. Son humour est corrosif et macabre, parfois répugnant. On pète et on pisse dans ses tableaux, il n'épargne au spectateur ni la morve ni le vomi, ce qui choque parfois même ses amis. Ainsi Eugène Demolder, un de ses compagnons les plus étroits du cercle de Bruxelles réuni autour des Rousseau, lui écrit de Paris : « Les caricatures ne sont pas appréciées du tout. On les trouve puériles et communes. »

Lui-même, l'artiste incompris qui entre en campagne pour la liberté de l'art, est souvent le sujet de ses satires. Dans le tableau *Ensor et Leman discutant peinture* (p. 75, en haut), par exemple, l'artiste se sert de son pinceau ébouriffé comme d'une arme. Son antagoniste a bien un canon miniature à sa disposition mais celui-ci ne semble pas fonctionner. Mariette Rousseau est au centre de la scène et joue le rôle de l'arbitre bienveillant. En réalisant cette caricature, Ensor se réfère de manière explicite aux attaques dont sa peinture est l'objet. Le critique est un adversaire couronné de lauriers qui agit sous le signe de l'ordre et du calcul ; Ensor, quant à lui, est un être plein de fantaisie, ce dont témoignent les plumes qui ornent sa tête. Une fois de plus, il montre à quel point il est spirituel et sait se moquer de lui-même.

Mais il va plus loin encore dans la représentation satirique de son rôle personnel d'artiste méprisé. Dans le tableau *Squelettes se disputant un hareng saur* de 1891 (p. 77), le centre thématique du tableau est un hareng saur, jeu de mots sur « art-Ensor » : les squelettes incarnent les critiques qui déchirent l'artiste. Cette œuvre, dans laquelle le dessin et son contenu très critique se marient harmonieusement avec le coloris presque lyrique de l'arrière-plan, est bien davantage qu'une simple caricature. Elle témoigne une fois de plus que le talent d'Ensor n'a rien perdu de sa fraîcheur et de son originalité impressionnante. Son indépendance stylistique, la puissance hors du commun de son imagination ont créé un univers pictural dont la complexité et l'humour restent à découvrir.

Des créations d'un tout autre genre, moins radicales et mises en scène de manière plutôt narrative se font jour dans le tableau sarcastique *Les Cuisiniers dangereux* de 1896 (p. 76, en haut), dans lequel Ensor parodie les dîners entre artistes appréciés à l'époque. Le peintre se représente ici aussi – à côté d'autres

Les Mauvais Médecins, 1892
Huile sur panneau, 50 x 61 cm
Bruxelles, Université Libre de Bruxelles

L'aversion d'Ensor pour les politiciens ou les prêtres, les médecins ou les juges, s'exprime dans des caricatures acerbes. Ici, il se moque des médecins en les représentant prompts à l'ouvrage, sans aucun doute, mais aussi sots et incompétents.

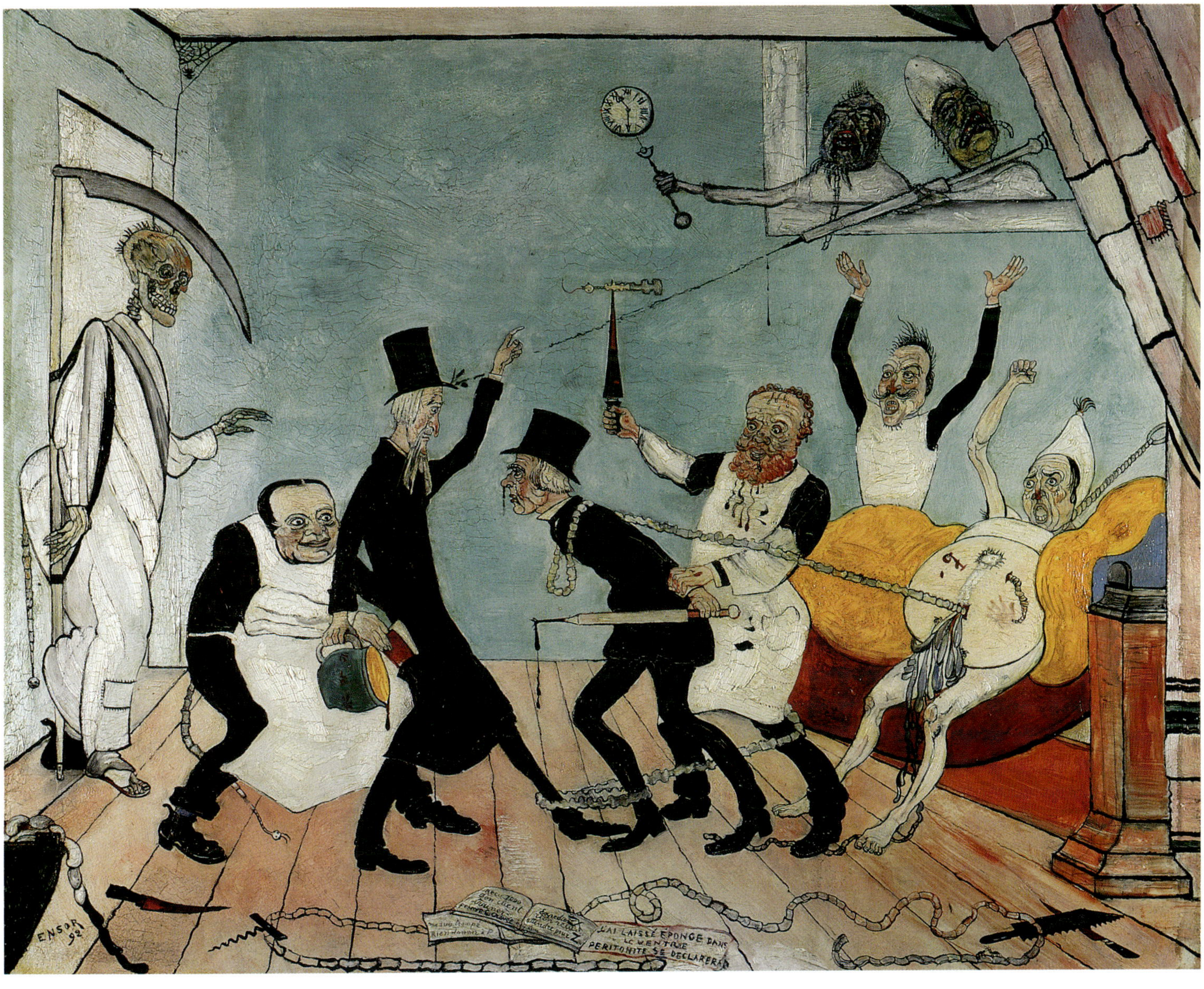

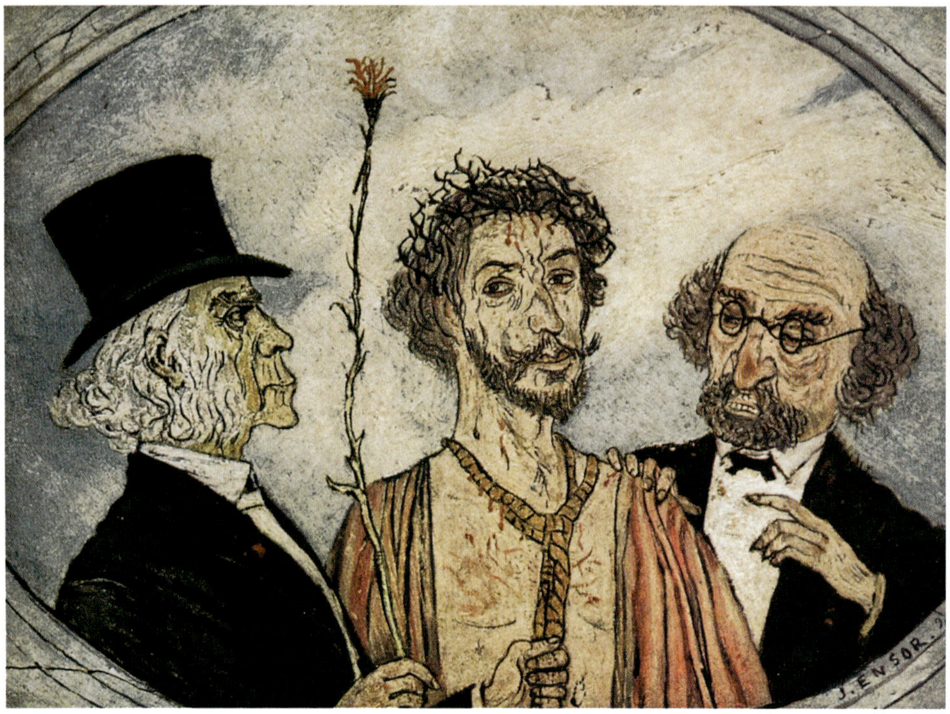

Ecce Homo (Le Christ et les critiques), 1891
Huile sur panneau, 12 x 16 cm
Collection particulière

Ensor s'est représenté ici en Christ de douleur, raillé par ses «vrais» ennemis, les critiques Edouard Fétis et Max Sulzberger.

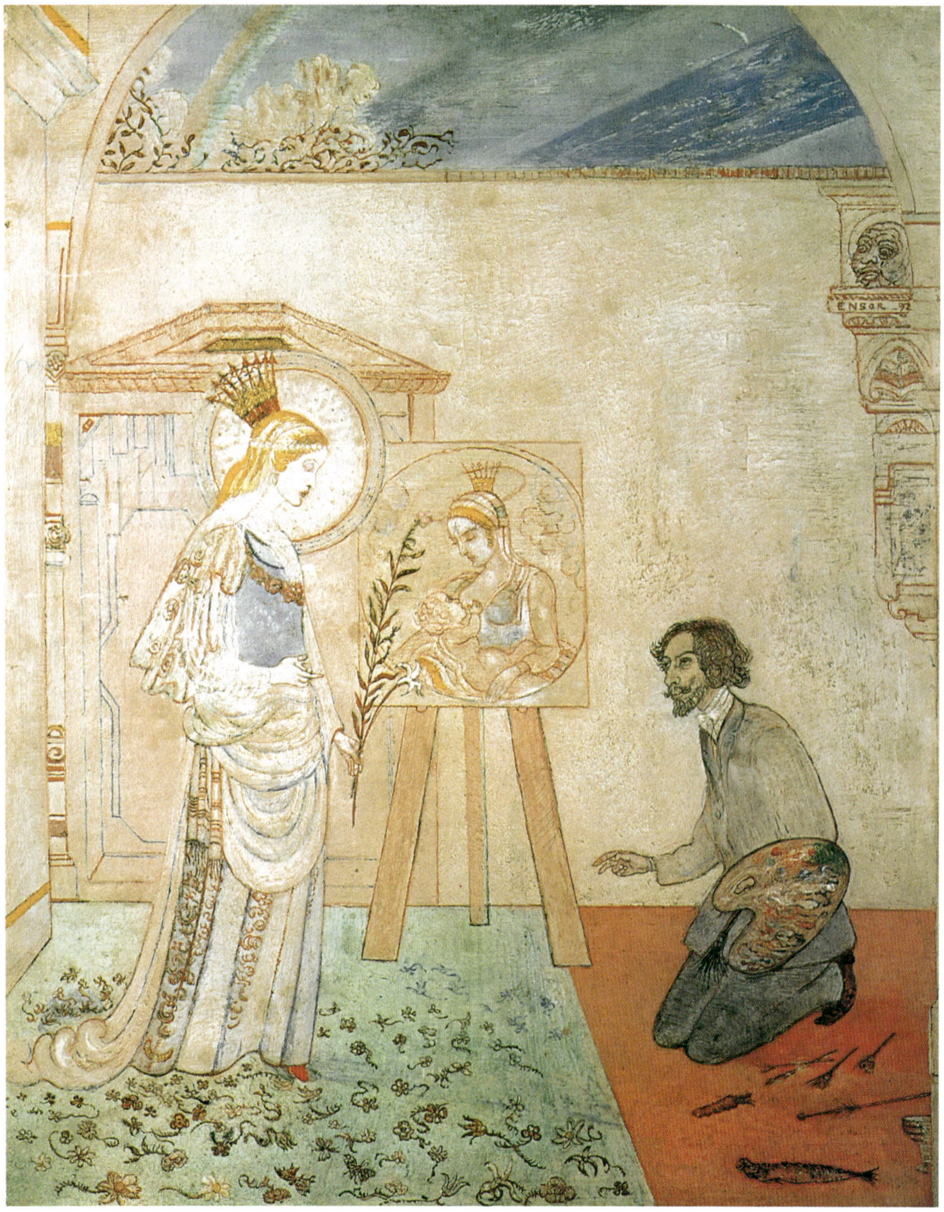

La Vierge consolatrice, 1892
Huile sur panneau, 40 x 38 cm
Collection particulière

Ensor est ici l'humble adorateur de la peinture. Agenouillé, il prie pour que lui soit accordée l'illumination divine, c'est-à-dire l'inspiration artistique.

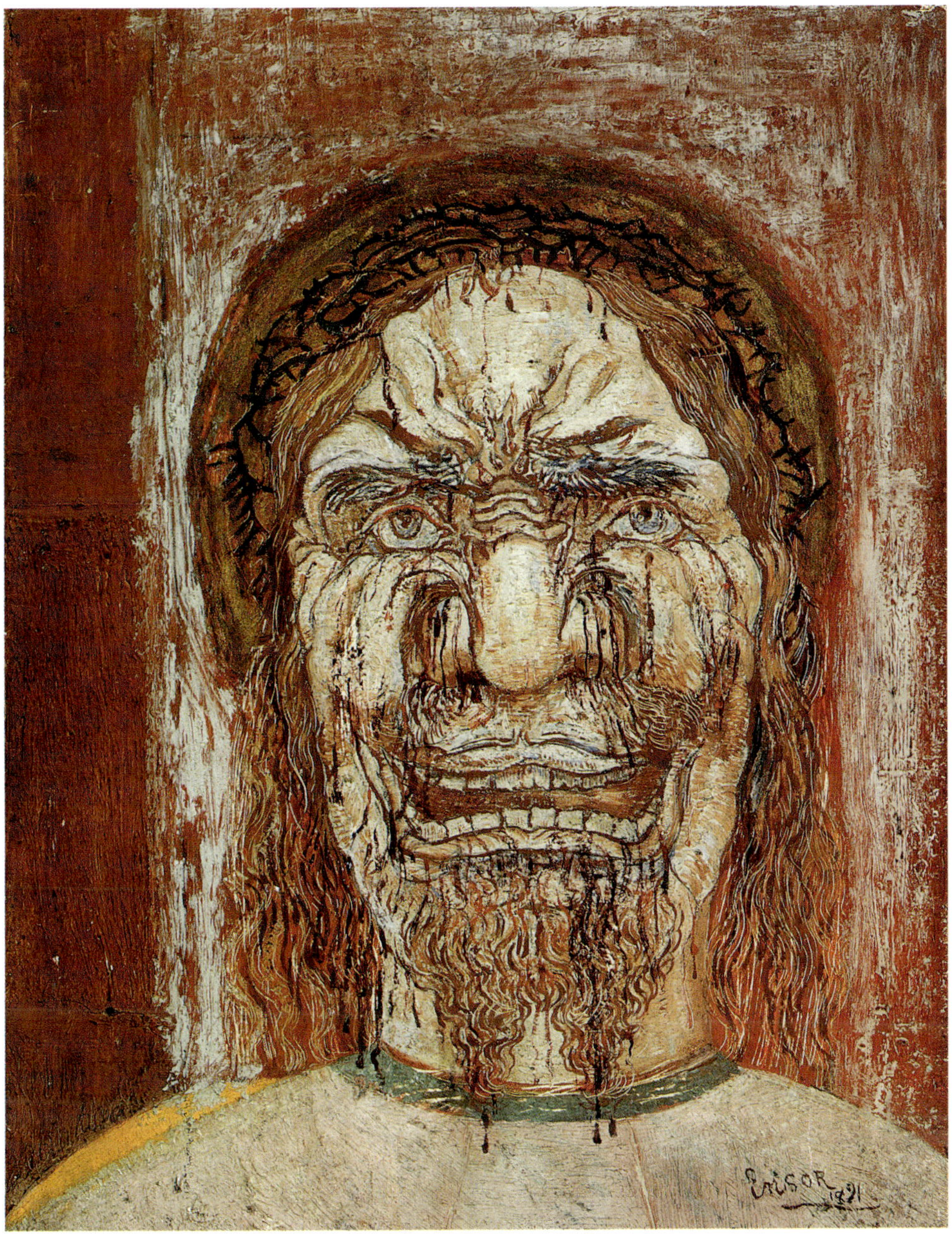

L'Homme de douleur, 1892
Huile sur panneau, 21,5 x 16 cm
Anvers, Koninklijk Museum voor Schone Kunsten

Ce visage déformé par la souffrance et la colère reflète la profonde crise existentielle qu'Ensor connaît au début des années 90.

artistes belges et de membres des XX –, victime de la persécution, des calomnies et de la bêtise de son entourage. Cette fois-ci, sa tête repose sur une assiette à côté d'un hareng saur et une étiquette, plantée dans le front, «Art-Ensor». Octave Maus, cofondateur du cercle des XX et fondateur de La Libre Esthétique présente ce mets de choix aux convives. Le second «cuisinier dangereux» est Edmond Picard, avocat connu et éditeur de la revue «L'Art Moderne». Les deux hommes étaient considérés comme les plus influents au sein de l'avant-garde belge. Les plats sont garnis pour servir les critiques Edouard Fétis, Eugène Demolder, Camille Lemmonier, Max Sulzberger ainsi qu'Emile Verhaeren (de gauche à droite), ami et admirateur d'Ensor – c'est sur son assiette que crache Sulzberger.

Dans *Ecce Homo (Le Christ et les critiques)* de 1891 (p. 80, en haut), Ensor se fait représenter en martyr entre deux de ses critiques les plus virulents, Max Sulzberger (à droite) et Edouard Fétis (à gauche). L'allusion à une station de la Passion du Christ – avec le peintre en Christ, la Couronne d'épines, la corde et le sceptre qu'on lui donne pour se moquer de lui – est poussée à son comble. L'identité du «bourreau», Fétis, qui arbore le même air pincé et désapprobateur que dans *Les Cuisiniers dangereux*, et Sulzberger montrant les dents, tous deux en habit et portant haut-de-forme, indiquent combien cette peinture caricaturan-

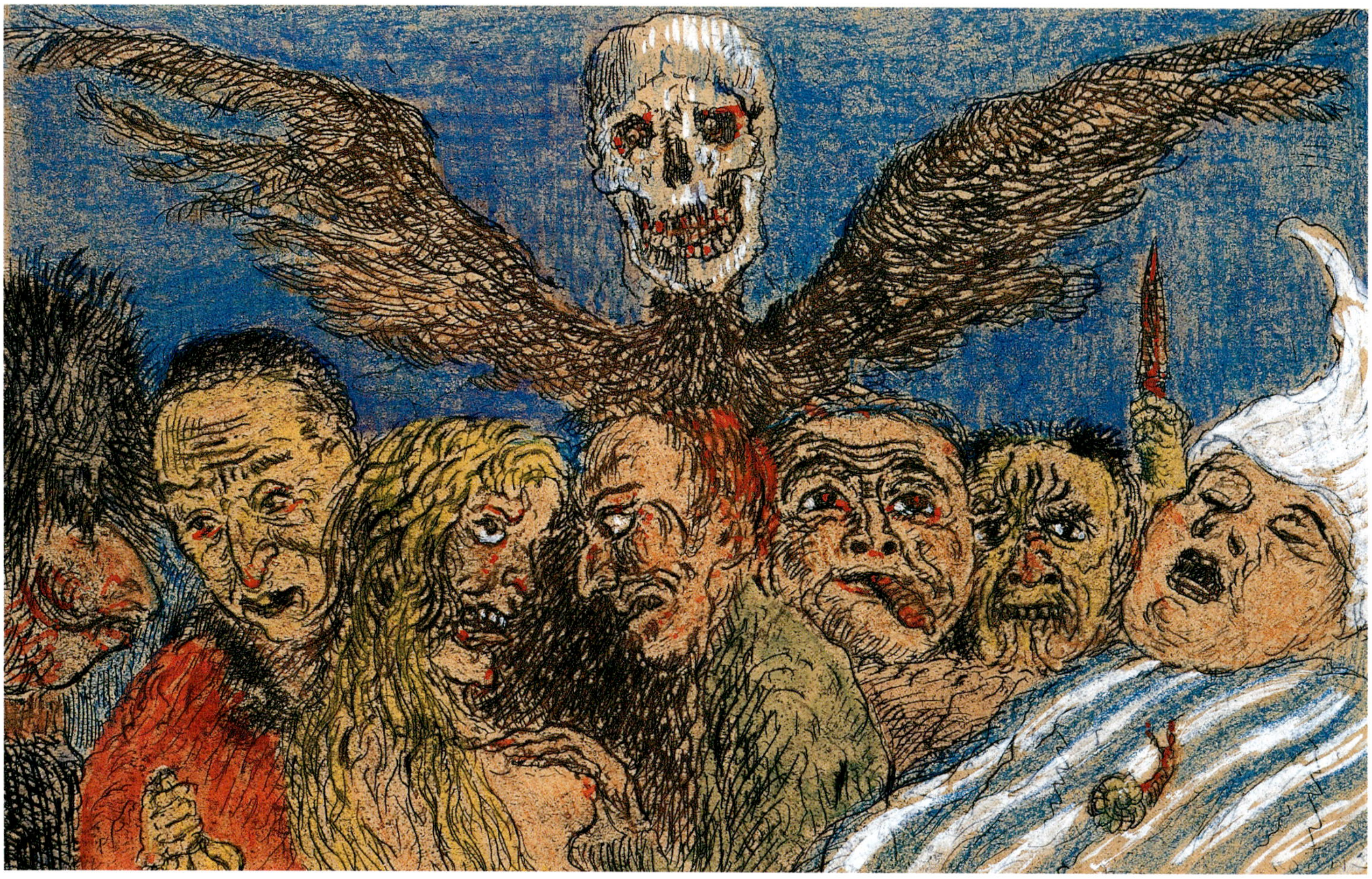

te était alors d'actualité. Ensor ne révèle pas seulement son inventivité foisonnante et qu'il adore faire des expériences sur le plan des thèmes choisis, sa technique picturale témoigne des mêmes qualités. Pour traduire ses idées comme il l'entend, il amalgame les styles et emprunte les techniques les plus diverses. Il peint sur de la toile, du bois, du papier et du carton, utilise par exemple des couleurs à l'huile ou des aquarelles, des craies et des crayons de couleur. En outre, il n'hésite pas à marier ses techniques de manière très libre et audacieuse dans ses tableaux. Il travaille avec le couteau à palette et les pinceaux les plus fins, mais aussi avec la spatule, par exemple dans *L'Entrée du Christ à Bruxelles en 1889*. Avec Ensor, on n'est jamais sûr de rien. «Chaque œuvre nouvelle devrait présenter un procédé nouveau», écrit-il à André de Ridder.

Nous avons déjà rencontré ce pluralisme stylistique dans nombre de ses œuvres. Il frappe particulièrement dans deux tableaux on ne peut plus différents sur le plan du style et du thème qu'il a réalisés au début des année 90, *L'Homme de douleur* (p. 81) et *La Vierge consolatrice* (p. 80, en bas). *Dans L'Homme de douleur*, on observe des lignes d'une incroyable expressivité gravées avec une pointe sèche acérée dans la couleur étalée de manière irrégulière; elles expriment la douleur et la colère avec une grande intensité. Sur un fond rouge sang, Ensor représente un visage incroyablement défiguré et crispé, qui montre encore la colère nue et la douleur. Le spectateur cherche en vain un quelconque aspect positif dans cette représentation; *L'Homme de douleur* d'Ensor n'est rien de moins que le signe d'une profonde crise morale. L'artiste souffre, qu'il peigne ou pas. Il écrit au critique Dujardin: «Pour moi aussi l'art est fille de la douleur et, sauf en de rares instants, j'ai pactisé avec l'amertume et les désillusions.»

La Vierge consolatrice, en revanche, dégage une impression de calme presque lyrique. Dans un style qui évoque le symbolisme de Fernand Khnopff ou d'Edward Burne-Jones (1833–1898), Ensor agenouillé – l'artiste rempli d'humi-

Les Péchés capitaux dominés par la mort, 1904
Eau-forte sur papier Japon, rehaussée à la gouache blanche, à l'aquarelle et aux crayons de couleur, 8,4 x 13,4 cm
Slijpe (Belgique), James Ensor Archief, P. Florizoone

Ensor a ajouté cette page de garde à la série des *Sept Péchés capitaux* éditée en 1904 par Eugène Demolder: la Mort déploie ses ailes au-dessus des personnages incarnant les péchés capitaux. De gauche à droite: l'orgueil, l'avarice, la colère, la luxure, la gourmandise, l'envie et la paresse.

lité – fait face à la Vierge, allégorie de la Peinture. Il pense trouver ici la consolation, c'est-à-dire l'inspiration et la nourriture spirituelle. La facture est décorative et les teintes plates, les personnages et les objets sont représentés à l'aide de lignes soulignant leurs contours.

Ensor est considéré à raison comme l'un des peintres les plus complexes de son temps, à la fois amer et plein d'humour, aussi craintif qu'agressif, mais c'est aussi avec sensibilité et raillerie qu'il pose son sceau sur ses œuvres. L'incroyable éventail de ses possibilités d'expression est manifeste dans son œuvre gravée. En 1934, il explique à Albert Croquez pourquoi l'eau-forte tient une si grande place dans son œuvre: « La matière picturale m'inquiète alors (en 1886). Je redoute la fragilité de la peinture exposée aux méfaits du restaurateur, à l'insuffisance, aux calomnies des reproductions... Je veux survivre, parler longtemps encore aux hommes de demain. Je songe aux cuivres solides, aux encres inaltérables, aux reproductions faciles et j'adopte l'eau-forte comme moyen d'expression. » Sur la bonne centaine de planches qui voient le jour à partir de

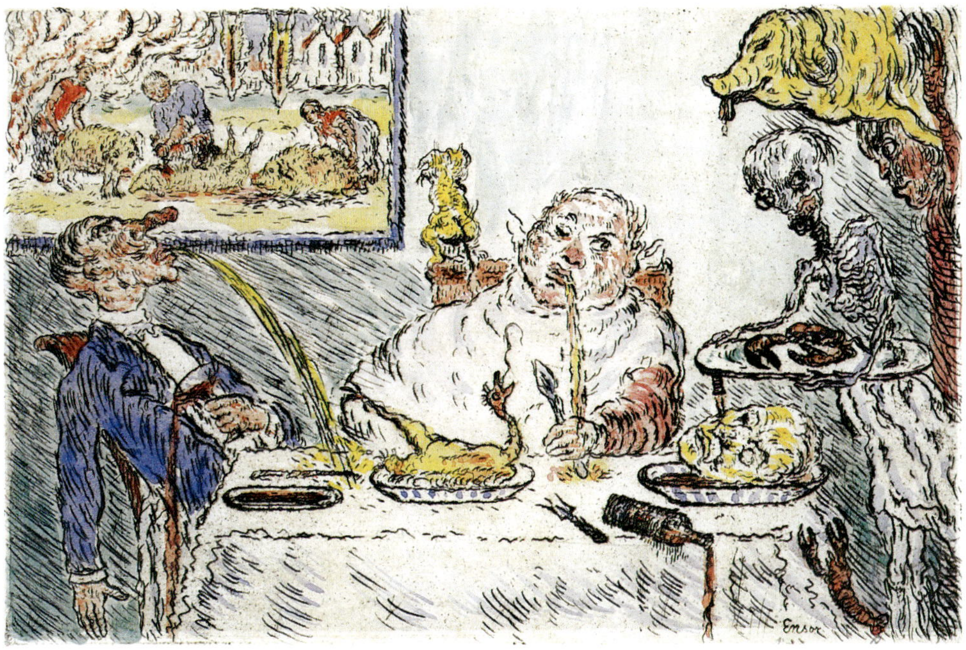

La Gourmandise, 1904
Eau-forte sur papier Japon, rehaussée à l'aquarelle et aux crayons de couleur, 9,1 x 14,5 cm
Ostende, Museum voor Schone Kunsten

Ensor a réalisé une série d'eaux-fortes qui traitent des vices humains montrant ceux-ci retouchés de manière satirique et exagérés de manière grotesque.

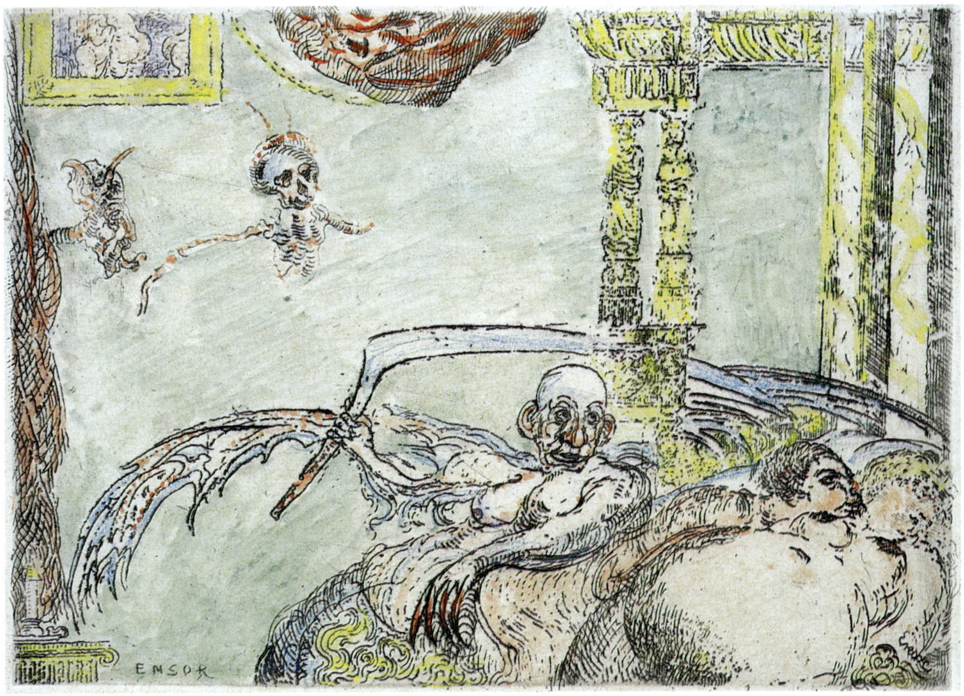

La Luxure, 1888
Eau-forte sur papier Japon, rehaussée à l'aquarelle et aux crayons de couleur, 9,2 x 13,1 cm
Ostende, Museum voor Schone Kunsten

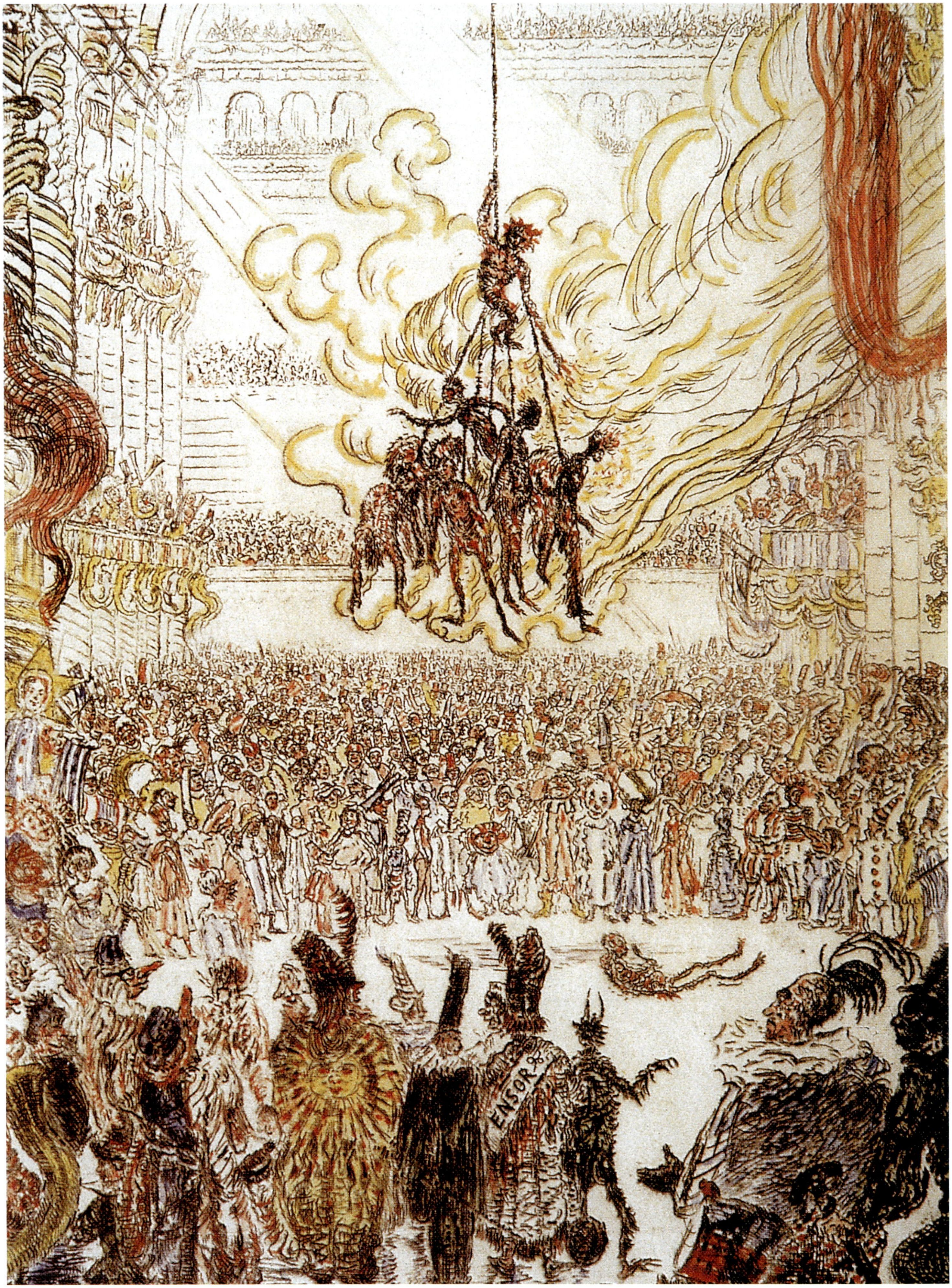
ENSOR 88

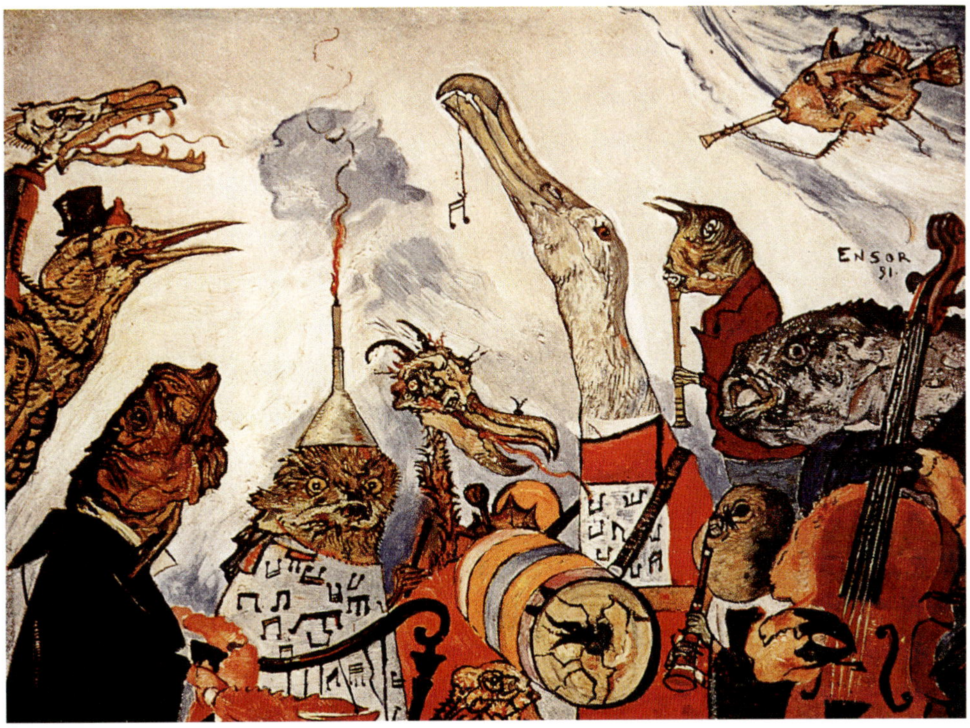

Les Musiciens terribles, 1891
Huile sur panneau, 16 x 21 cm
Collection particulière

Quelle fantastique collection d'animaux bizarres et inquiétants que ne dédaigneraient pas Bosch ou Brueghel ! On sent le plaisir qu'éprouve Ensor à inventer ces êtres fabuleux et grotesques qui entonnent un air échevelé avec leurs instruments.

1886, il met en scène les thèmes les plus divers : paysages, natures mortes, scènes tirées des Evangiles, portraits, scènes fantastiques. Ses eaux-fortes les plus importantes seront réalisées en l'espace de seulement trois ans ; après 1896 il ne se servira pratiquement plus de cette technique. Dans ce contexte, il cite ou adapte souvent des tableaux déjà existants, mais le contraire est également vrai puisqu'il transpose des eaux-fortes en peinture.

Ensor puise aussi parfois son inspiration dans la littérature. Le dessin *Le Diable dans le clocher* ou l'eau-forte *La Vengeance de Hop-Frog* (p. 84) sont issus de modèles littéraires, la dernière est tirée par exemple des « Histoires extraordinaires » d'Edgar Allan Poe ; son thème fantomatique et effrayant fascinait Ensor. L'écrivain américain a adapté de manière fantastique un compte rendu de Froissart sur un événement qui s'était déroulé pendant un bal masqué à la Cour du roi de France, Charles VI. Un nain, qui doit supporter les injures et les avanies des courtisans, leur suggère de se déguiser en singes, avec des costumes faits de goudron et de chanvre. Dans son récit publié en 1849, Poe rapporte que le nain, enchaîné à un candélabre, se laisse tirer avec eux vers le plafond. Prétendant vouloir contempler de plus près le Roi qui se trouve aussi parmi les déguisés, il approche sa torche de la gaine de chanvre qui l'entoure. Un instant plus tard, elle s'enflamme et une demi-minute plus tard, tous les orangs-outans brûlent comme des torches. La foule lève les yeux, et crie terrifiée, impuissante. Après avoir ainsi savouré sa vengeance, Hop-Frog grimpe au plafond et disparaît par une fenêtre de la voûte.

Ensor semble visiblement fasciné par la nouvelle de Poe écrite d'après ce modèle historique : d'une part, le thème du déguisement et le spectacle cruel de la foule hurlante l'enchante, d'autre part celui de l'être humilié se vengeant de ses persécuteurs présente des parallèles évidents avec sa situation personnelle.

PAGE 84 :
La Vengeance de Hop-Frog, 1898
Eau-forte sur papier Japon, rehaussée à l'aquarelle, 35,4 x 24,5 cm
Collection Mira Jacob, Paris

Cette eau-forte repose sur un récit d'Edgar Allan Poe. Le nain Hop-Frog, qui doit supporter les injures et les tortures du roi et des courtisans, se venge à l'occasion d'un bal masqué en les persuadant de se déguiser en orangs-outans avec des costumes de goudron et de chanvre. Les courtisans brûleront comme des torches sous ses yeux dans l'incendie qu'il a allumé.
Le thème (le masque d'un proscrit) correspond tout à fait aux sentiments d'Ensor. Comme dans *La Cathédrale*, il réussit ici à représenter la foule comme une entité compacte faite d'individus.

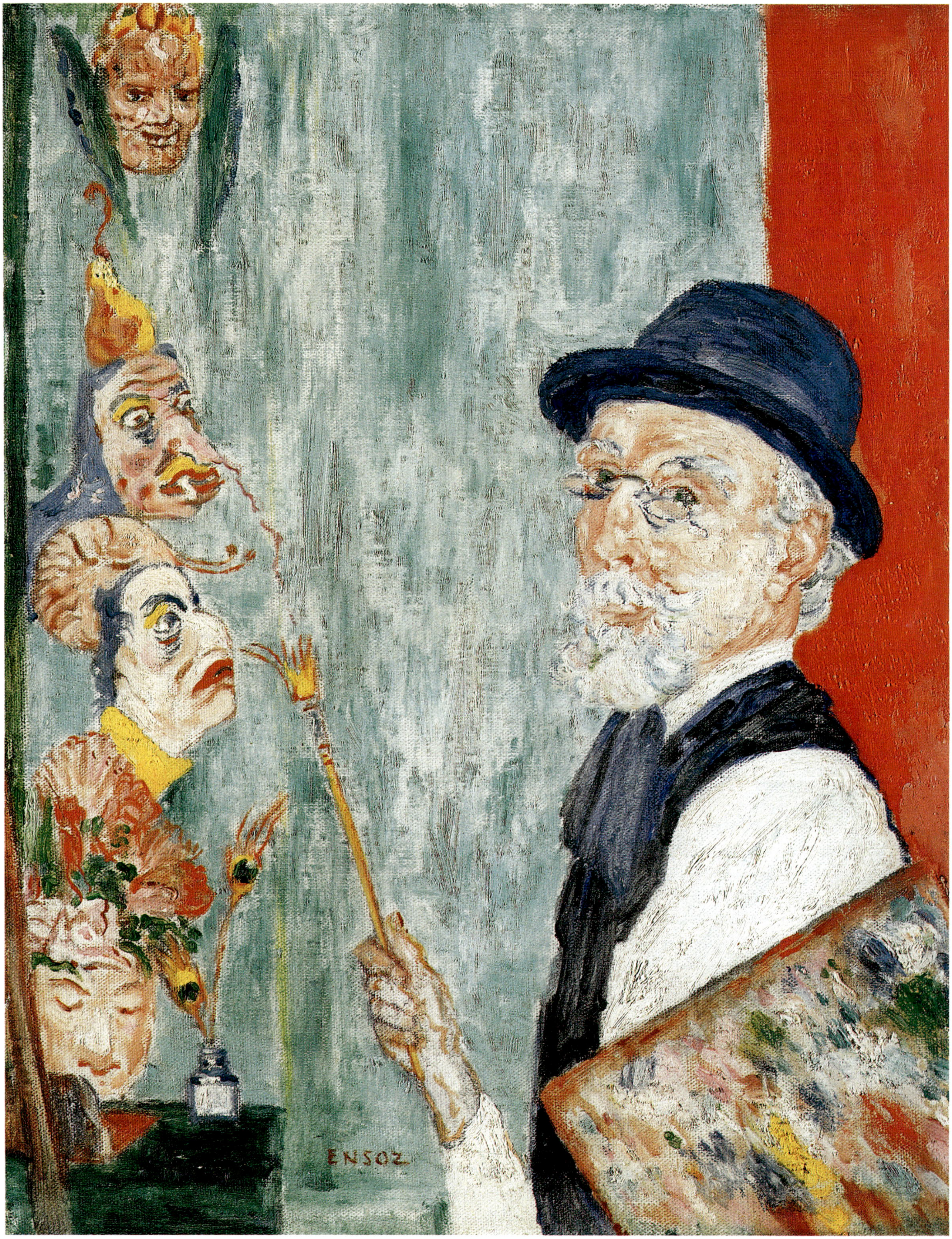
ENSOZ

Le baron Ensor – La gloire tardive

Le tournant du siècle approche quand James Ensor se retrouve sous les feux de l'actualité. Quelques événements attirent l'attention du public. En 1895–96, Eugène Demolder lui consacre une exposition au Comptoir des Arts Industriels de Bruxelles, il s'agit de la première exposition personnelle de l'artiste ; l'année suivante, l'Etat acquiert *Le Lampiste* (p. 19) destiné au Musée des Beaux-Arts de Bruxelles ; en 1898, sa première exposition personnelle de dessins et de gravures est organisée à Paris, au Salon des Cent et, en 1899, le magazine d'avant-garde « La Plume » lui consacre un numéro spécial. La même année, l'Albertina de Vienne lui achètera une centaine de gravures.

Jusqu'ici, l'artiste ostendais n'a vendu que peu de tableaux, sa peinture ne lui apporte pas la sécurité matérielle. A près de quarante ans, il dépend encore financièrement de sa mère. Seuls les Rousseau acquièrent ici et là un tableau pour l'encourager. Le public n'apprécie absolument pas ses travaux récents, trop agressifs à son goût. D'ailleurs, le fait que le Musée des Beaux-Arts de Bruxelles ait justement choisi *Le Lampiste* en 1896, est éloquent. Ne s'agit-il pas d'une œuvre traditionnelle de sa période précoce, plus « mesurée » ?

La situation économique d'Ensor ne changera qu'en 1904. A cette époque, il fait la connaissance d'Emma Lambotte (1878–1963) qui publiera quelques articles sur lui et lui achètera plusieurs tableaux dont *La Mangeuse d'huîtres* de 1882 et l'*Autoportrait aux masques* de 1899. Elle lui présentera le commerçant anversois François Franck, fondateur de la revue « Art contemporain », qui devient un admirateur du peintre et un fervent collectionneur de ses œuvres ; les tableaux de la collection Franck forment aujourd'hui la base du département Ensor du Musée des Beaux-Arts d'Anvers.

Vers 1896, Ensor se représente en squelette devant un chevalet sur lequel se trouve un tableau minuscule peint dans des tons jaune soufre et bleu-gris rehaussés de blanc (p. 89). Il s'est inspiré d'une photographie réalisée la même année et le montrant assis devant son chevalet, entouré de ses tableaux, gravures et dessins. Pour Ensor – et c'est aussi le cas de nombreux autres artistes de son époque – réaliser des tableaux d'après des photographies n'a rien d'inhabituel, et ses autoportraits tardifs, en particulier, ont souvent une photographie pour modèle. Le fait qu'il se représente ici en squelette prête à cette mise en scène une dimension à la fois ironique et tragique : un mort n'est-il pas « délivré » de toutes ses craintes et de ses obsessions ? La peinture est toute sa vie, et la peur d'échouer et surtout de perdre sa créativité artistique reste omniprésente. Dix années plus tôt, il écrivait « J'ai vingt-six ans, je ne suis pas heureux. Penser à survivre m'effraie. La précarité du matériau pictural me met en émoi. »

Après 1900, le « fauvisme » d'Ensor, qui avait surtout marqué ses tableaux de masques s'assagit progressivement. Les couleurs sont plus atténuées, moins dramatiquement expressives, ses tableaux montrent maintenant des teintes quasi « lyriques » et évoquent des périodes antérieures. Il se tourne manifestement vers le passé et revient aux thèmes picturaux de sa jeunesse, qu'il reprend mainte-

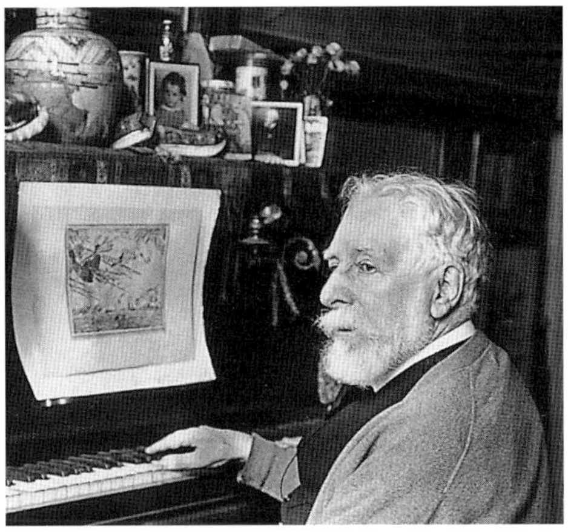

Ensor à l'harmonium, vers 1940

PAGE 86 :
Mon portrait aux masques, 1937
Huile sur toile, 31 x 24,5 cm
Philadelphie (PA), Philadelphia Museum of Art, The Louis E. Stern Collection

« Ce vieux peintre nous inquiète, il chevauche son dada, il fait des sauts, il volette comme un papillon, il fourre son nez partout, il nous bombarde de flèches acérées, distribue des morsures à gauche et à droite, il est malicieux, un plaisantin miaulant, plutôt méchant et se sert à l'occasion de la satire », dira Ensor de lui-même en 1931. En vérité, il est un « vieillard blanchi sous le harnais » à qui sa palette échappe. Il tient son pinceau comme une lance pointée astucieusement sur les créatures imaginaires et bouffonnes de son passé.

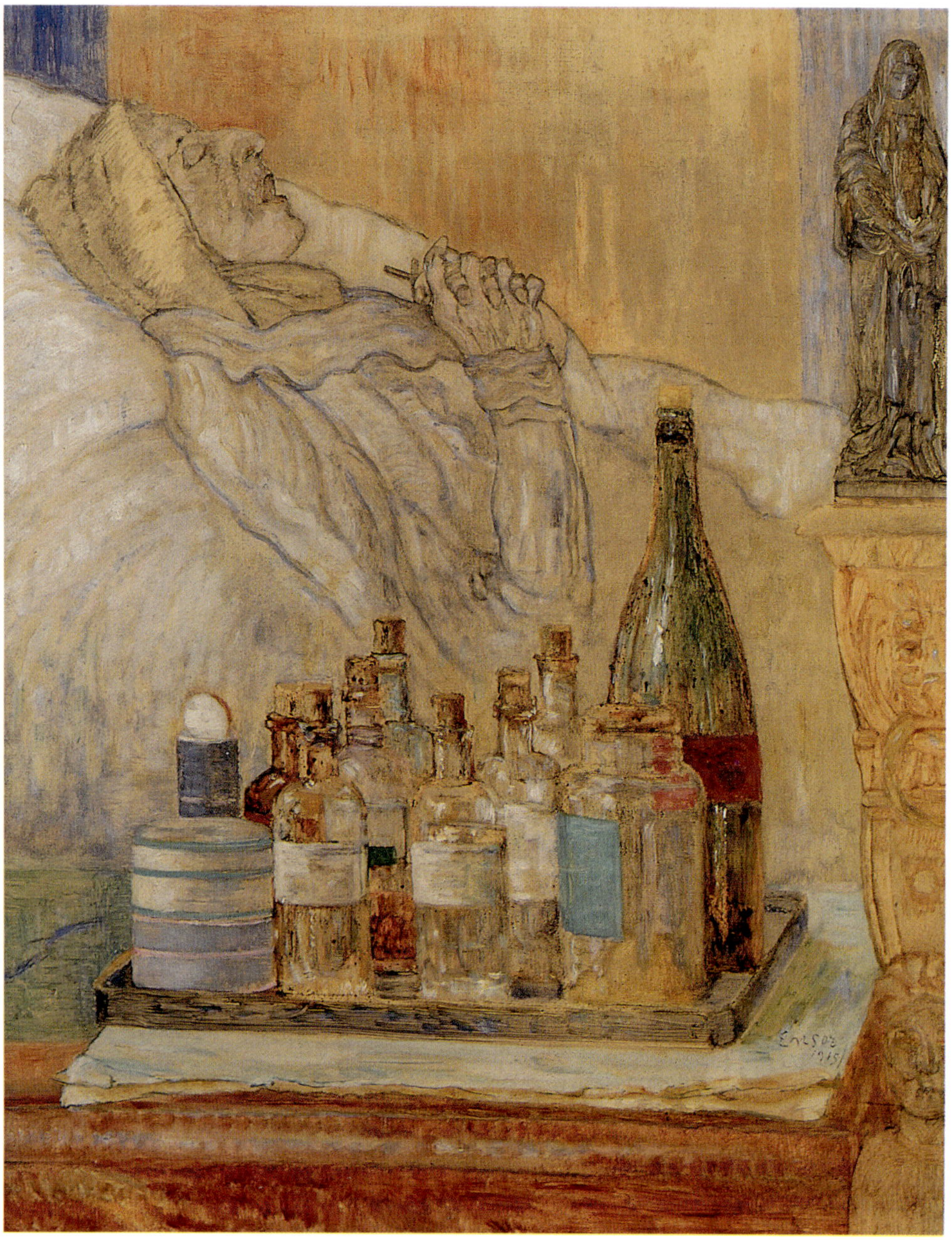

Ma mère morte, 1915
Huile sur toile, 75 x 60 cm
Ostende, Museum voor Schone Kunsten

Ensor a dessiné au moins quatre fois sa mère sur son lit de mort. Dans cette version, la morte passe à l'arrière-plan ; le premier plan est dominé par un plateau plein de médicaments qui semble être une nature morte à part entière grâce à la magnifique différenciation sur le plan de la couleur et le rendu de la lumière.

nant en couleurs plus claires. Comme il ne se sépare pas volontiers de ses œuvres des années 80 et 90, mais que celles-ci intéressent de plus en plus le public, il réalise, de lui-même ou sur demande, des copies de ses peintures antérieures, par exemple *La Mangeuse d'huîtres* de 1882 (p. 29), *Les Tribulations de saint Antoine* de 1887 (p. 36/37), *Le Salon bourgeois* de 1880 (p. 17). Francine-Claire Legrand pense qu'un « Pierrot triste et ironique » a remplacé le « Don Quichotte » des débuts, le héros, le rebelle qui partait en guerre contre les moulins à vent. Dans *Mon portrait aux masques* de 1937 (p. 86), l'artiste se représente en vieillard aimable qu'une complicité malicieuse allie aux créatures qu'il a imaginées.

Ses œuvres ont perdu leur caractère passionné et intransigeant, mais le peintre, qui n'a jamais relâché sa vigilance à l'encontre des injustices sociales et des développements préoccupants, reste engagé et continue de critiquer les abus. Quand, par exemple, une discussion sur la protection animale est soulevée en Belgique, Ensor réagit aux expériences sur les animaux par un tableau, *Les Infâmes Vivisecteurs* (p. 90). Puisant à nouveau dans son répertoire de masques, squelettes et silhouettes grotesques, il commente à sa manière radicale et sarcastique en mettant à nu les responsables, ce que les grenouilles vivantes et les chiens ont à supporter sous le couvert d'expériences zoologiques et médicales.

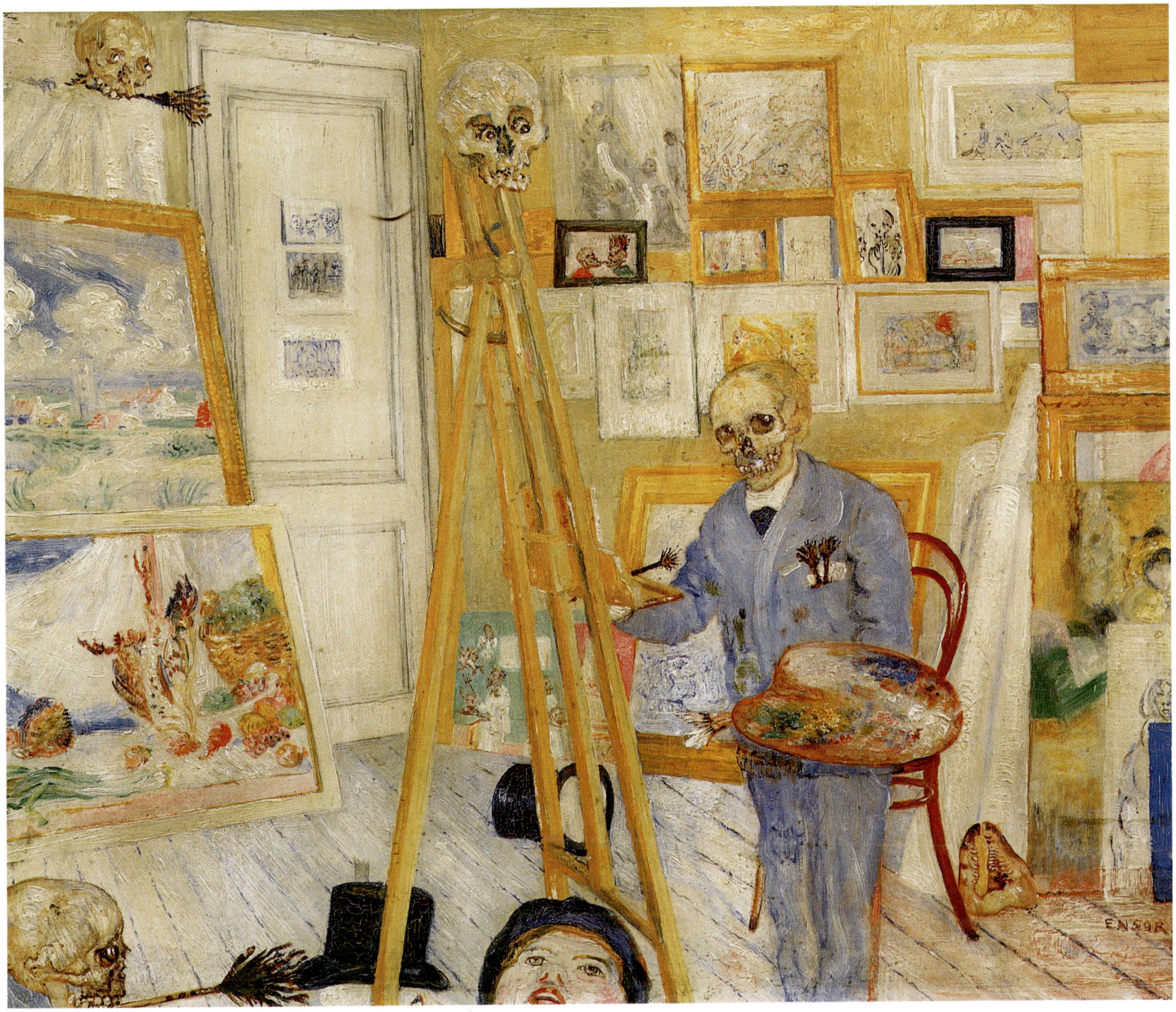

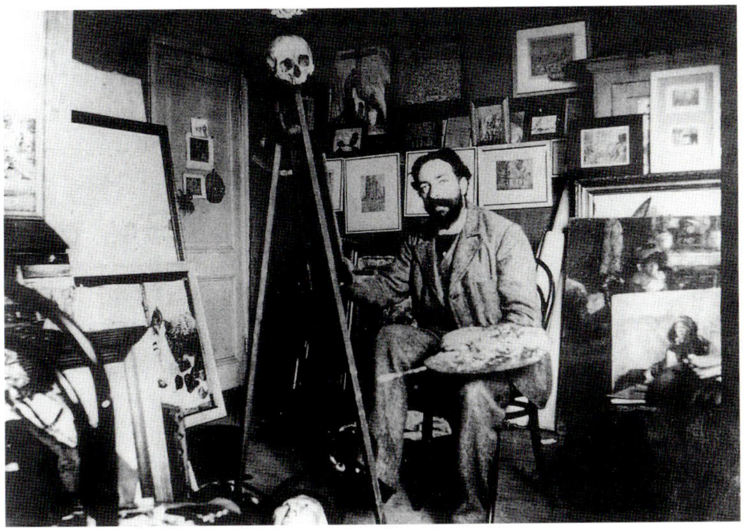

Ensor dans son atelier, vers 1897

Le Squelette peintre, 1896/97
Huile sur panneau, 37,5 x 45,5 cm
Anvers, Koninklijk Museum voor Schone Kunsten

Dans une lumière d'un jaune sulfureux, Ensor se représente devant une sélection de ses tableaux comme un squelette peintre au pinceau inutilisable; une toile minuscule est posée sur le chevalet. Le dos courbé et le regard empli de doute, qui n'ont plus rien de commun avec la photo qui servit de modèle, illustrent la peur de l'artiste de perdre son imagination créatrice.

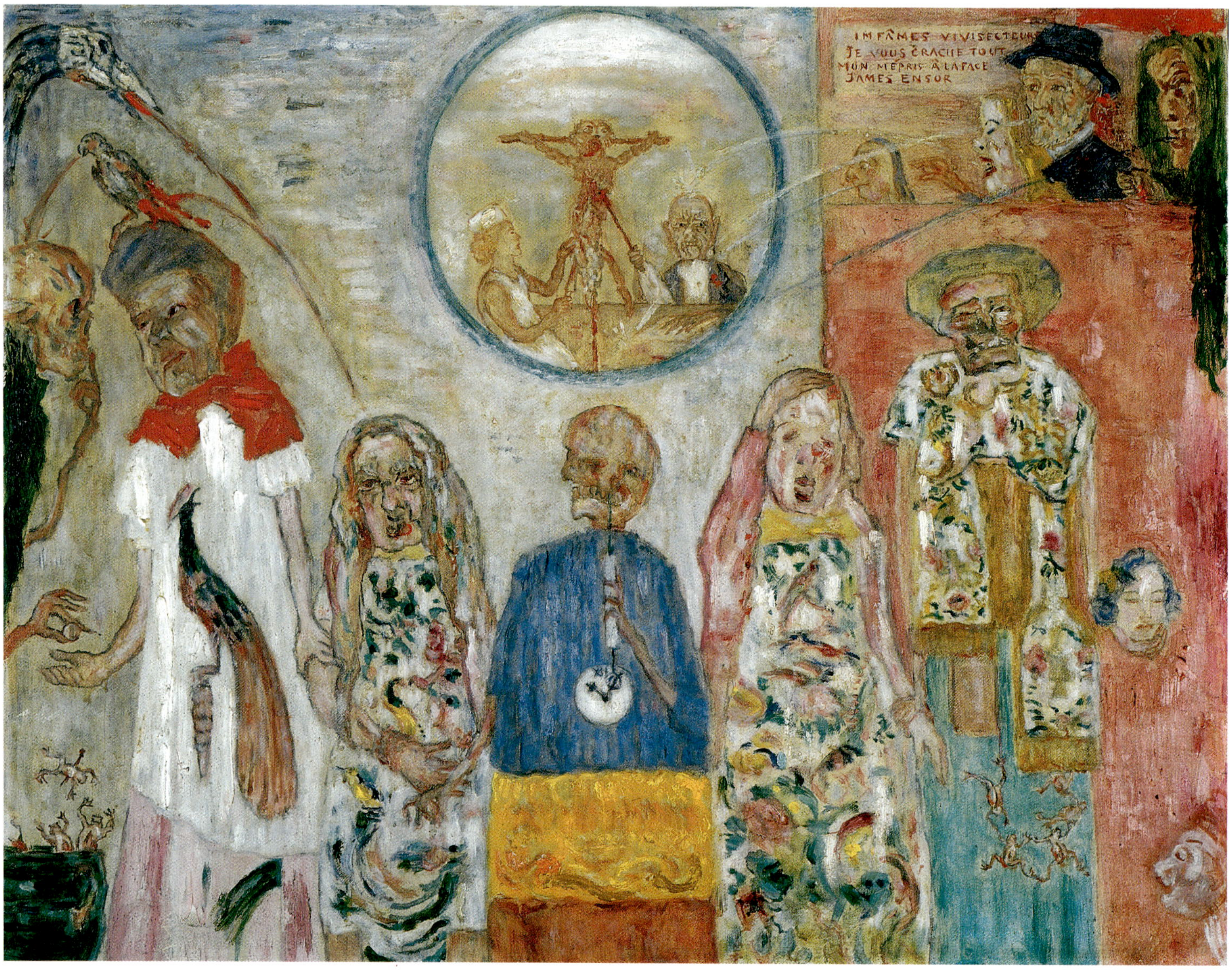

On peut ainsi voir à gauche un prêtre (vénal); un oiseau est en train de déféquer sur sa tête et un superbe paon décore son habit. Ensor exprime ici son indignation devant l'attitude de l'Eglise qui ne se prononce pas définitivement contre la vivisection. Une légende, en haut à droite mentionne «Infâmes vivisecteurs, je vous crache tout mon mépris à la face». Quand, en 1929, une loi sur la protection animale est enfin adoptée en Belgique, Ensor peint une seconde version des *Infâmes Vivisecteurs*. Cette seconde version correspondant à peu de choses près à la première, nous comprenons le peu de bien qu'il pense de cette loi.

Ensor manifeste aussi sa désapprobation par des pamphlets violents, éloquents et riches en métaphores. Orateur passionné, il ne perd aucune occasion pour exprimer son point de vue en public: «Je vous aime, mots rouges et jaunes comme des citrons d'Espagne, mots comme des mouches élégantes d'un bleu acier, parfumés comme de la soie fluide,... mots du vent, mots du roseau, mots sages des enfants, mots de la pluie et mots pleurants, vous mots sans rime ni raison, je vous aime, je vous aime.» L'artiste se considère comme «l'apôtre d'un nouveau langage». On retrouve dans ses discours énigmatiques - des propos louangeurs peuvent très bien se transformer à brûle-pourpoint en invectives - l'ambiguïté qui caractérise ses tableaux. Les écrits d'Ensor et sa correspondance n'ont malheureusement pas encore été répertoriés intégralement, mais ce qui a déjà été publié montre qu'il était extrêmement inventif dans ce domaine.

La même remarque vaut aussi pour la musique dont le thème revient sans cesse dans ses tableaux, parfois sous forme de persiflage, ainsi qu'on l'observe

Les Infâmes Vivisecteurs, 1925
Huile sur toile, 62 x 80 cm
Collection particulière

Même en son âge mûr, Ensor continue de s'intéresser aux questions socio-politiques de son époque. Ici, il prend parti pour les initiateurs d'une loi visant à interdire les expériences à des fins médicales et zoologiques sur des animaux vivants. Le chien écartelé en haut, au centre, illustre les méthodes barbares courantes alors et contre lesquelles l'Eglise, à la grande indignation d'Ensor, ne formulait pas d'objections.

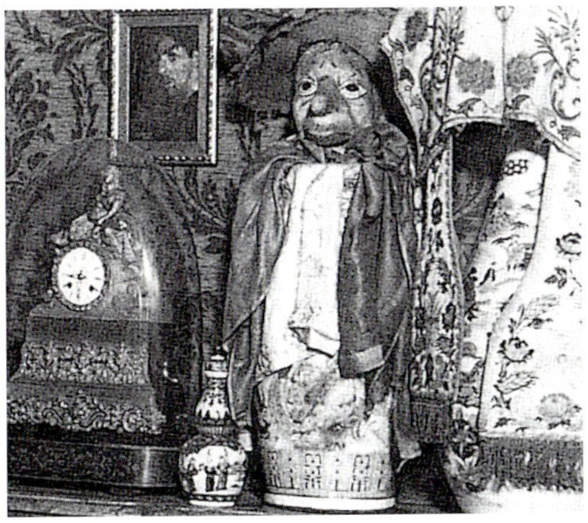

Le manteau de la cheminée dans le séjour d'Ensor, vers 1930

par exemple dans *Les Chanteurs grotesques* (p. 76) ou *Les Musiciens terribles* (p. 85), réalisés tous deux en 1891. Ensor a l'oreille très musicale bien qu'il ne sache pas lire de partitions. Son approche de la musique est purement intuitive. Il joue de la flûte et du piano, et quand le couple Lambotte lui offre un harmonium en 1903, il apprendra seul à s'en servir. Cet harmonium qu'Ensor appelle «le compagnon précieux de ma solitude» le console toujours quand il souffre de sa situation peu enviable sur le plan artistique et humain. En 1911, il compose (en accords mineurs, vu qu'il ne veut jouer que sur les touches noires) la musique d'un ballet-pantomime «La Gamme d'amour», dont il créera aussi les costumes et les décors. Il cherche manifestement à créer une «œuvre d'art totale», dans laquelle de multiples moyens d'expression artistiques interviennent dans un contexte où ils s'interpénètrent et se fécondent réciproquement. Mais, une fois de plus, James Ensor restera incompris. A Paris, on refuse catégoriquement de montrer la pièce, et il faudra attendre 1924 et l'intervention de François Franck pour que le public puisse assister à la première de «La Gamme d'amour» à l'opéra d'Anvers.

En 1917, la tante d'Ensor, avec qui il s'était retrouvé seul avec sa sœur après la mort de sa mère en 1915, meurt. Ensor a cinquante-sept ans, il quitte enfin la maison familiale et l'atelier de la mansarde où il a peint pendant des décennies pour emménager dans une modeste maison bourgeoise héritée de son oncle au 17 (aujourd'hui 27) de la rue de Flandre. Le rez-de-chaussée y abrite aussi une boutique de jouets et de souvenirs. Ensor ne touche pas au magasin et aménage un appartement et un atelier dans les pièces restantes. C'est ici qu'il vivra jusqu'à sa mort avec deux serviteurs et recevra ses visiteurs maintenant nombreux. Ses invités lui demandent souvent de leur jouer quelque chose, un désir qu'Ensor satisfait volontiers. Son don de l'improvisation et son tempérament fougueux impressionneront toujours ses visiteurs. L'un d'eux, le musicien August de Boeck, dira même: «Ensor ne sait absolument rien de la technique musicale, mais il est musicien.»

Comme si décidément la vie voulait se moquer de lui, Ensor, si longtemps méconnu, est maintenant, à près de soixante-dix ans, submergé d'honneurs offi-

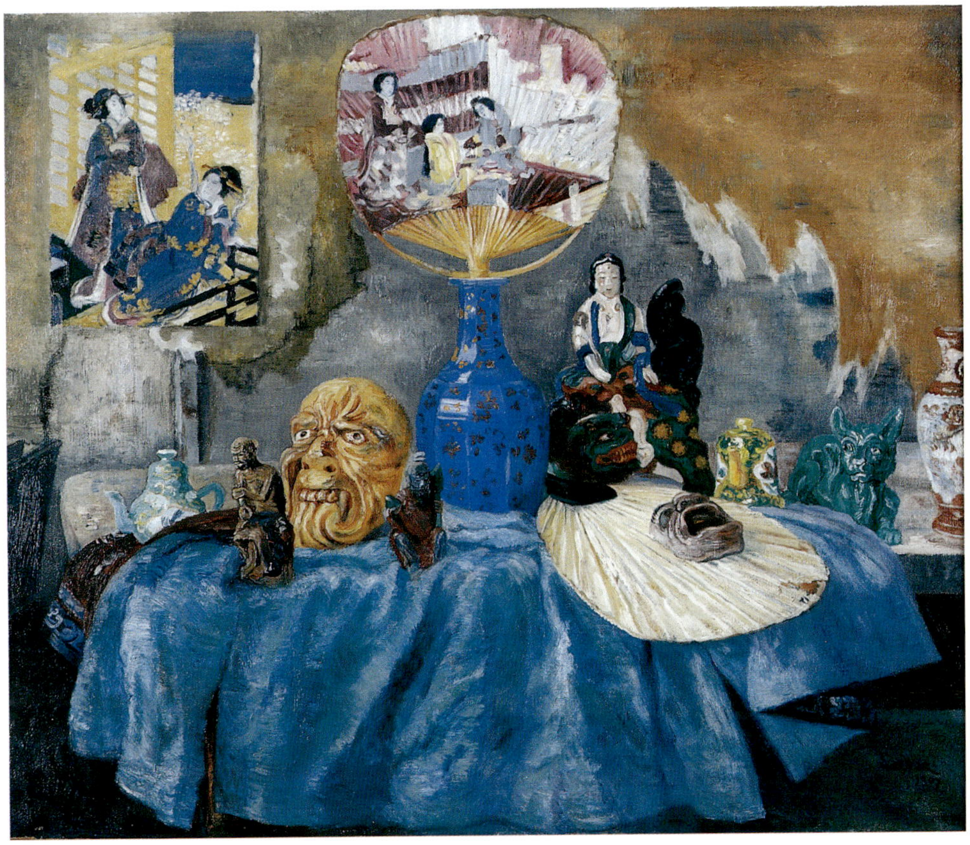

Chinoiseries, 1907
Huile sur toile, 62 x 75 cm
Deurle (Belgique), Museum Dhondt-Dhaenens

Ensor puise maintenant dans un fonds de sujets classiques des paysages, des vues urbaines, des natures mortes et des portraits. Il fait des offres correspondantes pour des «commandes» de ses admirateurs prêts à lui acheter des tableaux, comme l'Anversois François Franck.

ciels. Le roi Léopold II l'élève à la baronnie en 1929, sur quoi Ensor s'empresse de détruire toutes les feuilles encore disponibles de l'*Alimentation doctrinaire* (p. 8). Au cours des années 20 ont lieu de nombreuses expositions rassemblant nombre de ses œuvres. En 1931, les Ostendais lui élèvent un monument. Le peintre est nommé membre de la Légion d'honneur en 1933.

Tous les jours, on le voit passer sur la Promenade d'Ostende, digne vieillard aux cheveux blancs, tout de noir vêtu. Dans sa maison remplie de bibelots rares et des tableaux qu'il a lui-même peints, il tient salon, reçoit des artistes, des scientifiques, des écrivains et des politiciens. L'un d'eux, Werner Schmalenbach, décrit sa visite au peintre alors âgé de quatre-vingt-cinq ans comme une expérience infiniment bizarre, Ensor ayant fait de lui-même une légende vivante.

En 1942, la radio belge annonce son décès par erreur. Ensor qui s'est senti toute sa vie «attaqué» par la mort, savoure véritablement cette fausse nouvelle et pousse même la plaisanterie jusqu'à se rendre à son monument, un crêpe noir en brassard, disant à tous ceux qu'il rencontre qu'il porte son deuil. Il mourra finalement le 19 novembre 1949, à près de quatre-vingt-dix ans, et aura droit à des funérailles nationales grandioses auxquelles tout le pays prendra part.

La reconnaissance tardive à laquelle Ensor a droit ne change rien au fait qu'il est resté sa vie durant un marginal en tant qu'artiste mais aussi en tant qu'homme. Il ne fondera pas d'école et ne formera pas d'élèves, restant un solitaire jusqu'à sa mort. Son œuvre, ancrée entre la tradition et l'avant-garde, influencera néanmoins de nombreux artistes du 20e siècle: Emil Nolde reconnaît l'imagination expressive d'Ensor, et ses tableaux de masques sont très marqués par l'influence de celui-ci. Paul Klee trouvera dans les gravures d'Ensor et dans la ligne en tant qu'élément pictural autonome une nouvelle voie pour son évolution personnelle. Les «foules» et l'humour noir d'Ensor inspireront George Grosz et Alfred Kublin, ses motifs de masques et de mort stimuleront Felix Nussbaum venu chercher refuge en Belgique; Bernard Schulze admire le fantastique des toiles d'Ensor et le citera dans ses tableaux.

La diversité irritante, tant sur le plan thématique que stylistique, de son œuvre où l'on ne décèle rien de ce que ses contemporains reliaient en esprit à une unité de style classique, rend difficile, aujourd'hui encore, une réception appropriée du peintre belge, et c'est probablement la raison pour laquelle il apparaît souvent

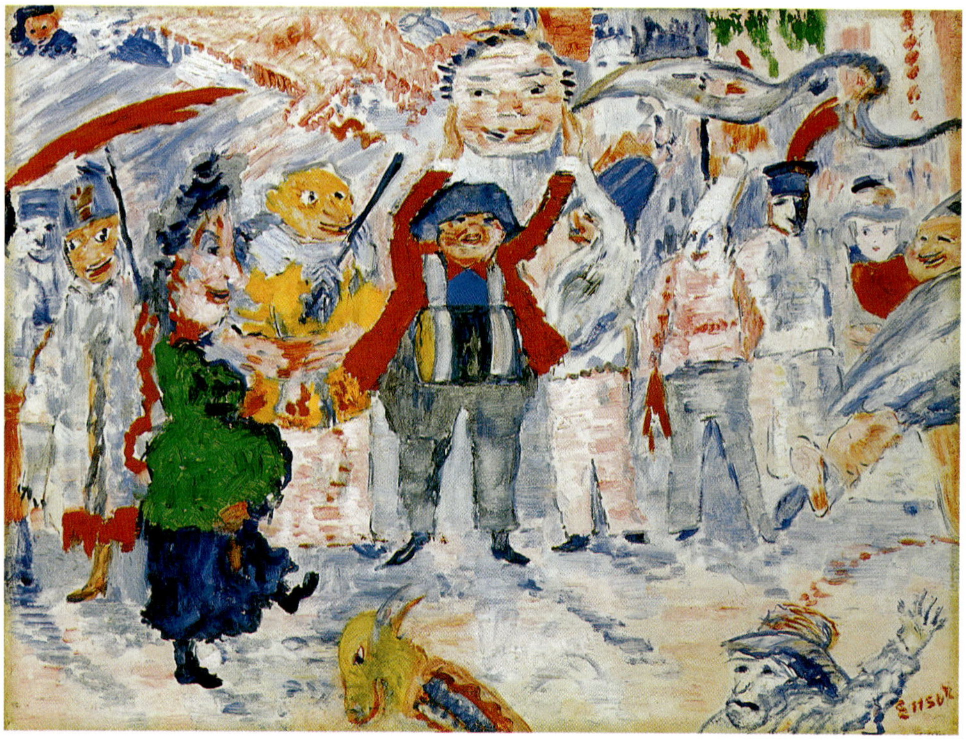

Carnaval en Flandre, après 1920
Huile sur panneau, 27 x 36 cm
Zurich, Kunsthaus Zürich

Durant les dernières décennies de son existence, Ensor reprend souvent les thèmes des tableaux qu'il a peints autrefois ou les cite de manière fragmentaire. Les couleurs vigoureuses font vibrer la scène, mais les personnages semblent figés dans leurs mouvements.

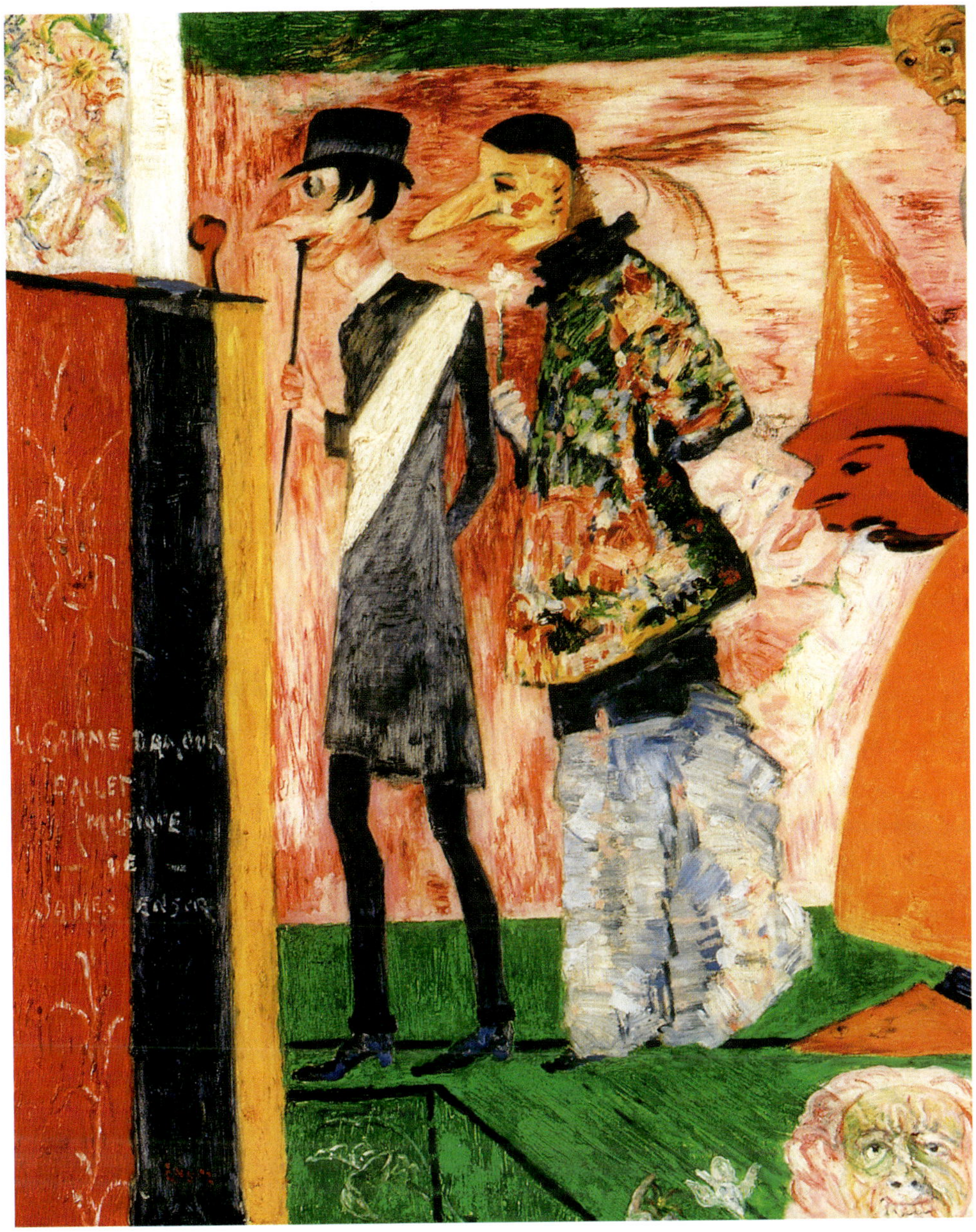

Personnages devant l'affiche de La Gamme d'Amour, vers 1925–1929
Huile sur toile, 86 x 71 cm
Bruxelles, Musées royaux des Beaux-Arts de Belgique

Ensor cite ici le public d'une tribune de *L'Entrée du Christ à Bruxelles en 1889*. Les spectateurs ne s'intéressent plus au Christ/Ensor mais au ballet-pantomime «La Gamme d'Amour», composé par lui en 1911, et que mentionne l'affiche.

«en marge» de l'histoire de l'art européenne. Une grande partie des tableaux d'Ensor se trouvent dans des collections privées et sont donc inaccessibles au public. A l'exception des musées belges, la plupart des collections publiques ne possèdent en tout et pour tout qu'une seule œuvre d'Ensor; elles ne sont donc généralement pas en mesure de témoigner de la complexité de l'artiste.

L'œuvre majeure d'Ensor, et la plus grande de par ses dimensions, *L'Entrée du Christ à Bruxelles en 1889* est aujourd'hui accrochée dans un des plus jeunes musées des Etats-Unis, apothéose éclatante de l'art du 19e siècle!

«Parfois», explique Ensor en 1925 à l'occasion d'un discours d'admission à l'Académie royale de Belgique, «j'ai dû manœuvrer envers et contre tous: vents contraires ou alizés, marées d'équinoxe, courants chauds, courants froids, mais jamais tempérés...» Plus loin: «J'ai vu naître, passer et mourir plus d'une école et plus d'un éleveur d'éphémères: cubistes, futuristes, expressionnistes, constructivistes, orphistes, dadaïstes, encadreurs et échancreurs, chicaneurs, en plus les jambistes, éphémistes, arabesquants de la Mecque, égyptiatiques, agglutinistes, crocodilistes, cocottistes, caramélistes, rachistes, crabistes, franco-spontanéistes. Alors j'ai crié à pleins poumons: Les suffisances matamoresques appellent la finale crevaison grenouillère.»

Vie et œuvre

1860 James Ensor naît le 13 avril à Ostende. Son père, James Frederic Ensor est un ingénieur d'origine anglaise, sa mère, Maria Catharina Haegheman est de souche ostendaise modeste et tient à Ostende une boutique de souvenirs, de chinoiseries, de coquillages et de masques de carnaval.

1861 Naissance de Mariette («Mitche»), la sœur d'Ensor. Elle posera souvent pour ses tableaux et ses dessins.

1873 Ensor fréquente deux années durant le lycée Notre-Dame d'Ostende. Il suit des cours de dessin chez deux artistes ostendais : Edouard Dubar (1803-1879) et Michel van Cuyck (1797–1875).

1875 La famille Ensor emménage dans une maison située au coin de la rue de Flandre/boulevard van Iseghem. Le peintre y vivra jusqu'en 1917.

1876 Ensor peint ses premiers petits tableaux sur carton. Ce sont surtout des vues de paysages, de dunes et des marines. Il suit des cours de dessin à l'Académie d'Ostende.

1877 Ensor étudie à l'Académie de Bruxelles. Il fait la connaissance des peintres Willy Finch, Fernand Khnopff et Guillaume Vogels et se lie d'amitié avec la famille Rousseau qui le fait entrer dans les milieux intellectuels et anarchiques de Bruxelles. Il rencontre Eugène Demolder qui écrira la première biographie d'Ensor en 1892.

1880 Retour à Ostende mais reste en contact avec ses amis bruxellois. Ensor installe son atelier dans la mansarde de la maison familiale. Il peint des portraits réalistes et des paysages influencés par l'impressionnisme : *Le Lampiste, Rue de Flandre sous la neige.*

1881 Première exposition avec le cercle d'avant-garde belge «La Chrysalide» à Bruxelles. Il réalise de sombres tableaux d'intérieur : *Après-midi à Ostende, Le Salon bourgeois.*

1882 Expositions au Salon des Beaux-Arts de Paris et à «L'Essor», cercle artistique de Bruxelles qui n'apprécie pas ses tableaux. Ensor peint *La Mangeuse d'huîtres* qui sera refusé au Salon d'Anvers.

1883 Octave Maus fonde le cercle artistique d'avant-garde «Les XX» avec, entre autres, Ensor, Khnopff, Finch, Van Rysselberghe et Vogels. Ensor peint son premier tableau de masques *Les Masques scandalisés* et un autoportrait *Ensor au chapeau fleuri* où le chapeau n'a pas encore été ajouté.

1884 Voyages en Hollande et à Paris. L'envoi d'Ensor pour le Salon de Bruxelles est refusé. Dans «L'Art moderne» paraît une satire d'Ensor sur l'Académie.

1885 Des motifs fantastiques apparaissent dans ses œuvres : *Squelette regardant chinoiseries, Le Meuble hanté.*

1886 Il réalise ses premières gravures : *Le Christ insulté, La Cathédrale.* Tensions dans le cercle des XX : Ensor s'isole de plus en plus.

1887 Son père meurt à 52 ans ainsi que sa grand-mère maternelle.
Il semble avoir abandonné sa phase sombre et peint des paysages clairs et fantastiques : *Les Tribulations de saint Antoine, Adam et Eve chassés du Paradis.*

1888 Ensor réalise son œuvre majeure *L'Entrée du Christ à Bruxelles en 1889.* Ensor fait la connaissance d'Augusta Bogaerts, la fille d'un hôtelier. «La sirène», ainsi qu'il l'appelle, restera son amie jusqu'à sa mort.

1889 *L'Entrée du Christ à Bruxelles en 1889* est refusée au Salon des XX. Il est question de l'exclure du cercle. Il peint de nombreux tableaux de masques La *Vieille Femme aux masques, L'Etonnement du masque Wouse.*

1892 Séjour de quatre jours à Londres. Mitche, la sœur d'Ensor, épouse un Chinois qui la quitte

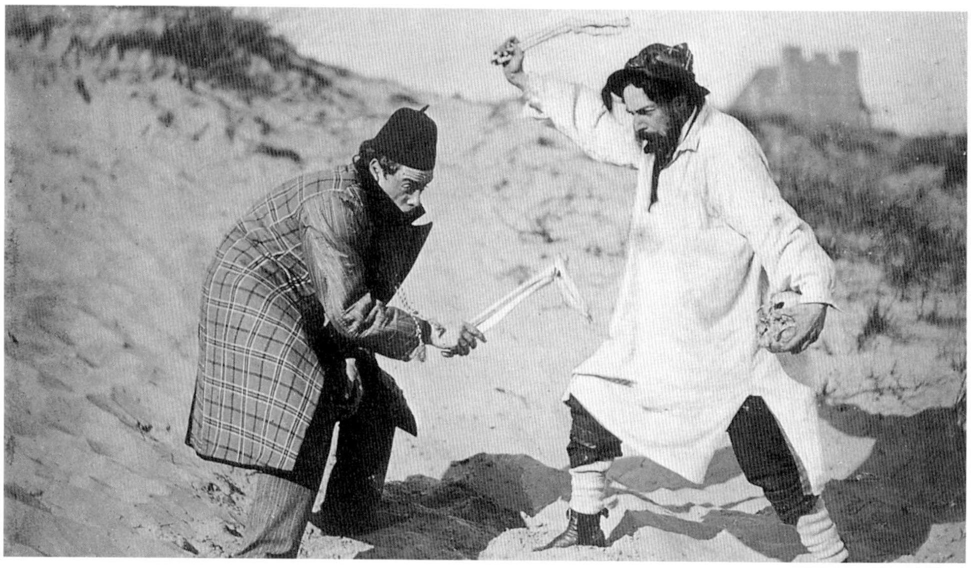

Ensor avec Ernest Rousseau fils dans les dunes d'Ostende, 1892

Ensor dans son atelier, 1889

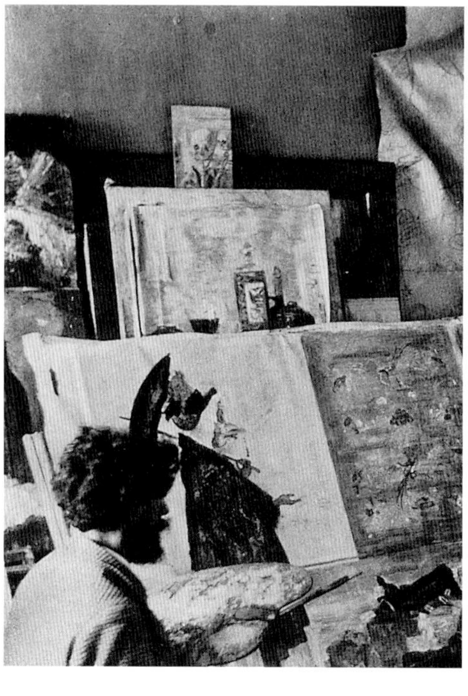

Ensor, vers 1880

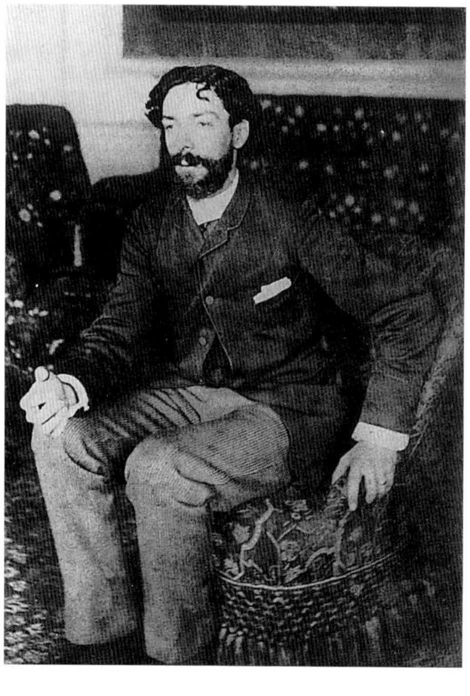

peu après le mariage. Elle en aura une fille, Alexandra. Ensor souffre d'une pneumonie.

1893 Dernière exposition des XX. De plus en plus isolé, Ensor essaie de vendre son atelier complet pour 8500 francs, mais aucun acheteur ne se présente.

1894 Dissolution des XX et fondation de «La Libre Esthétique».

1895 Le Musée des Beaux-Arts de Bruxelles acquiert *Le Lampiste* et le Cabinet des Estampes des eaux-fortes. L'écrivain Eugène Demolder organise la première exposition personnelle du peintre dans le comptoir de son père à Bruxelles.

1898 Première petite exposition personnelle au «Salon des Cent» à Paris. Elle restera sans écho.

1899 La revue parisienne «La Plume» consacre un numéro spécial à Ensor. Il ne sera pas remarqué lors de sa parution. Le «Cercle Artistique» d'Ostende montre 52 gravures. L'Albertina de Vienne lui achète une série complète d'une centaine de gravures.

1903 Ensor est nommé Chevalier de l'Ordre de Léopold.

1904 Il fait la connaissance de l'écrivain Emma Lambotte. Les époux Lambotte lui achèteront plusieurs tableaux.

1905 Grâce à Emma Lambotte, Ensor rencontre François Franck qui protège et encourage sa peinture, faisant organiser des expositions dans l'association de «L'Art Contemporain». Grâce à lui, le Musée d'Anvers sera plus tard en possession de nombreuses œuvres d'Ensor.

1906 Les Lambotte offrent à Ensor un harmonium avec lequel il passera beaucoup de temps.

1908 Emile Verhaeren publie une monographie sur Ensor. Alexandra, la nièce d'Ensor, épouse à 14 ans le chômeur Richard Daveluy, ce qui causera beaucoup de soucis au peintre.

1909 Naissance de Jules, le fils de sa nièce Alexandra et de Richard Daveluy. L'expressionniste allemand Emil Nolde lui rend visite à Ostende. Il s'inspirera d'Ensor dans ses tableaux de personnages et de masques.

1911 Ensor achève de composer la musique du ballet «La Gamme d'Amour», pour lequel il a aussi écrit les textes et créé les décors et les costumes.

1913 Rik Wouters réalise un buste d'Ensor.

1914 Malgré les conseils de ses amis, Ensor reste à Ostende pendant la guerre.

1915 Ensor est arrêté pour avoir insulté Guillaume II. Sa mère qu'il a longtemps soignée meurt à l'âge de 80 ans.

1916 Mort de Mimi, sa tante bien-aimé

1917 Ensor emménage dans une maison de la rue de Flandre héritée de son oncle. Il conserve la boutique de souvenirs du rez-de-chaussée sans l'utiliser à des fins commerciales. C'est ici qu'il vivra jusqu'à sa mort avec deux serviteurs.

1920 Première grande rétrospective à la Galerie Georges Giroux de Bruxelles. Première publication des Ecrits d'Ensor par les Editions Sélection à Bruxelles.

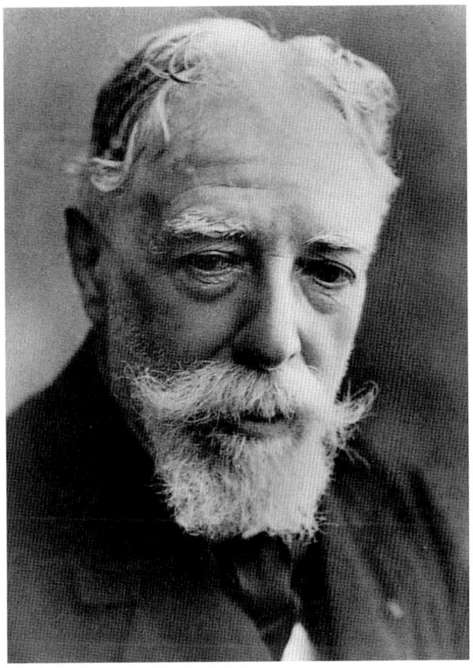

Ensor, vers 1940

En Allemagne, Paul Colin publie une monographie sur le peintre.

1921 Importante exposition à Anvers. F. Franck lègue huit travaux d'Ensor au Musée d'Anvers.

1922 Le musée Plantin-Moretus d'Anvers achète l'ensemble de l'œuvre gravé d'Ensor.

1926 Le Pavillon belge de la Biennale de Venise présente l'œuvre d'Ensor.

1927 Première exposition Ensor en Allemagne à la Kestner-Gesellschaft de Hanovre (plus tard à Berlin et à Dresde) avec 50 tableaux et l'œuvre gravé complet.

1929 Ensor est élevé à la baronnie par le roi Albert Ier. *L'Entrée du Christ à Bruxelles en 1889* est exposé pour la première fois dans une rétrospective au Palais des Beaux-Arts de Bruxelles. Kandinsky rend visite à Ensor à Ostende.

1930 Un monument dédié à Ensor est inauguré près du Kursaal d'Ostende en présence de l'artiste.

1932 Exposition à Paris au Musée National du Jeu de Paume.

1933 Ensor est proclamé «prince des peintres» à Bruxelles et la France le nomme Grand Officier de la Légion d'Honneur.

1940 Trois tableaux et de nombreuses estampes sont détruits au Musée d'Ostende lors des bombardements allemands.

1942 La radio belge annonce par erreur le décès d'Ensor.

1945 Sa sœur meurt à l'âge de 84 ans.

1946 Exposition «The Works of James Ensor» à la National Gallery de Londres.

1948 Création de la société «Les Amis de James Ensor». Elle veut propager son œuvre et fonder un musée Ensor à Ostende. (Au cours des années 50, «Les Amis de James Ensor», en collaboration avec la Municipalité d'Ostende, ont créé un musée dans la maison d'Ensor. Il abrite des gravures, quelques copies de ses œuvres dont *L'Entrée du Christ à Bruxelles en 1889*, ainsi que de nombreux souvenirs.

1949 Ensor meurt le 19 novembre après trois semaines de maladie. Il sera enterré à Mariakerke dans le cimetière de l'église Notre-Dame-des-Dunes.

La carte de visite de l'artiste

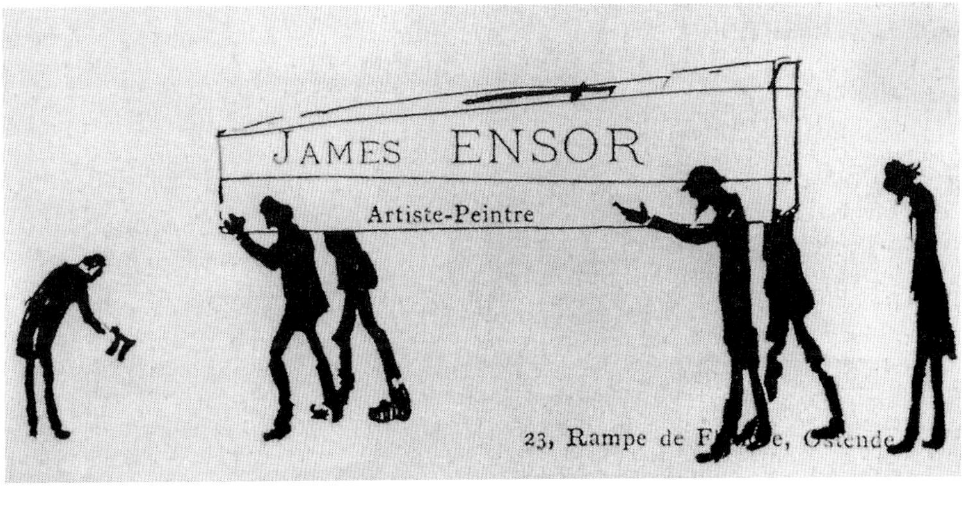

Crédits photographiques

La maison d'édition remercie les musées, les archives, les collectionneurs ainsi que les photographes qui l'ont autorisée à reproduire les illustrations et lui ont apporté leur aimable soutien lors de la réalisation de ce livre. Nous tenons à remercier plus particulièrement Sophie Van Vliet, (Musées royaux des Beaux-Arts de Belgique, Bruxelles) Xavier Tricot et Patrick Florizoone. Le copyright des œuvres reproduites se trouve dans les collections et les institutions mentionnées dans les légendes, ou dans les archives des éditions Benedikt Taschen.

Archiv für Kunst und Geschichte, Berlin: 42; Bibliothèque Royale Albert 1er, Bruxelles: 45; Bruxelles, Collection Crédit Communal - Dexia, Bruxelles: 31 en haut, 52, 73; Collection Mira Jacob, Paris: 8 en haut, 10, 51, 84 (Photo Boris Veignant: 51); Courtesy Christie's, Amsterdam: 90; Courtesy Galerie Ronny van de Velde, Anvers: 55; Courtesy Takika, Paris: 64 en bas; Ensoreanum, Collection Xavier Tricot, Ostende: 7, 40; Fondation Socindec, Vaduz: 23, 41; James Ensor Archief, P. Florizoone, Slijpe (Belgique): 2, 12 en haut et en bas, 28 en bas, 45 au milieu, 53, 71 en bas, 82, 89 en bas, 94 en bas, 95; Kimbell Art Museum, Fort Worth (TX), Photograph Michael Bodycomb: 65; Koninklijk Museum voor Schone Kunsten, Anvers: Dos de couverture, 1, 11 en haut et en bas, 14, 16, 17, 24, 29, 30 en bas, 39, 50, 57–61, 72, 74, 81, 89 en haut; Kunsthaus Zürich, Zurich: 6, 34, 92; Michael Konze: 64 en haut; Musée d'Art moderne et d'Art contemporain de la Ville de Liège, Liège: 70; © Musée des Beaux Arts, Tournai: 25; Musée d'Orsay, Paris, © Photo RMN - Jean Schormans: 32; Musées royaux des Beaux-Arts de Belgique, Bruxelles, Photo Cussac, Bruxelles: 18, 19 en bas, 69; Musées royaux des Beaux-Arts de Belgique, Bruxelles, Photo d'art Speltdoorn et fils, Bruxelles: 13, 38, 56, 66, 77, 93; Museum Dhondt-Dhaenens, Deurle (Belgique): 91; © Museum Folkwang, Essen: 68; Museum voor Schone Kunsten, Gand: 43, 44, 63; Museum voor Schone Kunsten, Ostende: 9, 20, 21 en bas, 45 en haut, 51, 54, 71 en haut à gauche et à droite, 75 en haut et en bas, 83 au milieu et en bas, 88; Neue Pinakothek, Munich, Blauel/Gnamm - Artothek, Peissenberg: 62; Philadelphia Museum of Art, The Louis E. Stern Collection, Philadelphie (PA): 86; Photo Antony, Ostende: 49, 87; Städtische Kunsthalle, Mannheim: 67 en haut à droite ; The J. Paul Getty Museum, Malibu (CA): 46/47, 48 à gauche et à droite; The Museum of Modern Art, New York, Photograph © 1998 The Museum of Modern Art, New York ; Wallraf-Richartz-Museum, Cologne, © Rheinisches Bildarchiv, Cologne: 26, 35